HAMBURGER GEOGRAPHISCHE STUDIEN

Herausgegeben von Albert Kolb, Erich Otremba, Wilhelm Brünger
Schriftleitung Wilhelm Brünger

Heft 17

SÜDOST-ANGOLA

LANDSCHAFT, LANDSCHAFTSHAUSHALT UND ENTWICKLUNGSMÖGLICHKEITEN IM VERGLEICH ZUM ZENTRALEN HOCHLAND VON MITTEL-ANGOLA

von

GÜNTER BORCHERT

Hamburg 1963

Im Selbstverlag
des Instituts für Geographie und Wirtschaftsgeographie
der Universität Hamburg
In Kommission bei Cram de Gruyter & Co., Hamburg

Als Habilitationsschrift hat diese Abhandlung am 31. Januar 1962 der Mathematisch-Naturwissenschaftlichen Fakultät der Universität Hamburg unter dem Dekanat von Prof. Dr. C. Kosswig auf Antrag von Prof. Dr. A. Kolb vorgelegen.

Druck: A. F. Blöcker, Hamburg-Wandsbek

VORWORT

Von November 1958 bis Juni 1959 bereiste ich den wenig erschlossenen und geographisch kaum bearbeiteten Südosten von Angola und das besiedelte zentrale Hochland Mittelangolas. In diesen beiden unterschiedlichen Naturräumen stellte ich Untersuchungen zum Landschaftshaushalt an. Ausgehend von hydrographischen Arbeiten wurde unter Berücksichtigung des Klimas der Wasserhaushalt analysiert und dazu die Entwicklung der Vegetation, der Böden und der Talformen in Beziehung gesetzt.

Die Expedition wurde mit Unterstützung der Deutschen Forschungsgemeinschaft durchgeführt; mein Dank gilt Herrn Ministerialrat Gentz. Für weitere finanzielle Hilfe bin ich Herrn Generaldirektor Dr. Curt Wolff sowie dem Vorsitzenden der Hamburgischen Wissenschaftlichen Stiftung, Herrn Kurt Hartwig Siemers, sehr verbunden. Darüber hinaus gewährte der Forschungsrat der Freien und Hansestadt Hamburg ein zinsloses Darlehen. Ein großer Teil der Gesamtkosten wurde selbst getragen.

Herrn Professor Dr. A. Kolb, Herrn Professor Dr. E. Otremba und Herrn Professor Dr. W. Brünger habe ich meinen besonderen Dank für ihre stete Unterstützung und ihren verständnisvollen Rat bei den Vorbereitungen und bei der Abwicklung der Expedition zu sagen. Hervorgehoben sei vor allem die Hilfe, die mir vom Instituto de Investigações Científicas de Angola und von der Missão Geográfica de Angola zuteil wurde, wofür ich Herrn Professor Dr. C. Martins und Dr. M. Feio herzlich danken möchte. An dieser Stelle gedenke ich auch der treuen Dienste meines Begleiters, des Eingeborenen Paulino Nunis; ohne seine aufopferungsvolle Arbeit hätte sich das Unternehmen nicht durchführen lassen. Ebenso wurde mir von den wenigen Postenstationen und Kaufleuten im Südosten Angolas jede nur mögliche Hilfe gewährt; der Dank an Senhor Secretário Rodrigues da Costa und den Arzt in Vila Serpa Pinto, Senhor Figueiredo, möge allen gewidmet sein. Ich bin aber auch Herrn Dr. H. Flachs von der Fazenda Canata und Frau Ch. Böbs, Quipeio, für ihre Gastfreundschaft zu Dank verbunden.

Die Farbenfabriken Bayer und die Firma Beyersdorf stellten die Medikamente zur Verfügung. Die Bearbeitung der Gesteinsproben wurde von Herrn cand. rer. nat. R. Martens unter Beratung von Frau Dr. J. Valeton am Geologischen Staatsinstitut der Universität Hamburg durchgeführt. Die Herausgabe in der Schriftenreihe „Hamburger Geographische Studien" wurde von Fräulein L. Rath überwacht. Die Reinzeichnung der farbigen Karten fertigte Herr J. Böge an. Allen, die damit zum Gelingen der Reise und zur Veröffentlichung der Schrift beitrugen, sei hiermit nochmals mein aufrichtiger Dank gesagt.

Besonders gedenke ich der steten Hilfe meiner Frau, die von Hamburg aus immer wieder zum erfolgreichen Ablauf der Expedition beitrug, beim Entwurf der Karten half und die Schreibarbeiten und das Korrekturlesen auf sich nahm.

Herrn Professor Dr. Albert Kolb möchte ich danken für die Aufnahme meiner Habilitationsschrift in die Schriftenreihe „Hamburger Geographische Studien" und im besonderen für die Arbeitsmöglichkeiten und die Anregungen zu wissenschaftlicher Arbeit, die ich während meiner Assistentenjahre am Institut für Geographie und Wirtschaftsgeographie der Universität Hamburg erhielt.

Günter Borchert

Hamburg 1963

INHALTSVERZEICHNIS

VERZEICHNIS DER ABBILDUNGEN

VERZEICHNIS DER KARTEN

EINFÜHRUNG

Der Südosten Angolas ist für die Portugiesen „no fim do mundo" — am Ende der Welt. Abgeschlossen wird dieser Endraum im Innern des südlichen Afrikas im Westen durch die Deserto do Caiundo, das ist ein von Mopane-Wald bedecktes Sandfeld auf der Wasserscheide zwischen Cunene und Cubango, das nur von Trokkenflußbetten — Mulolas oder Marambas genannt — durchzogen wird. Im Süden liegen jenseits des Cubango die Trockenräume des Kalahari-Beckens und die Sumpfgebiete des Okavango-(Cubango) und Mashi-(Cuando) Binnendeltas. Nach Osten bildet die mehrere Kilometer breite, überschwemmte, mit dichter Sumpfvegetation überwucherte Talaue des Cuando eine natürliche Abschließung einer in Abseitslage verharrenden Landschaft; zusätzlich wirken auf die Unzugänglichkeit von Osten her die Sumpfregionen im Bereich des Sambesi, seiner Nebenflüsse und der von ihnen durchströmten Ebenen.

Zugänglich ist dieses Land von Norden und von Nordwesten her, von wo auch heute noch Bantustämme (Quiocos) nach Süden in die fast menschenleeren Trokkensavannenwälder und Überschwemmungssavannen Südostangolas drängen. Im Nordwesten führen unterhaltene Wege vom Hochland von Bié und von der Küste bis an die Peripherie dieses Raumes heran. 1961 wurde die Bahn vom Hafen von Moçâmedes bis Vila Serpa Pinto eröffnet. Damit erhält der kleine Ort mehr als bisher die Funktion einer „boca de sertão", eines „Einganges zur Wildnis". Eine Ansammlung von nur 30 Häusern wird zum Erschließungszentrum für ein Gebiet von über 200 000 km², das mit den gleichartigen, nördlich angrenzenden Savannenwäldern mehr als die Größe der Bundesrepublik Deutschland umfaßt. 650 km von der Küste entfernt, blieb dieser Raum, der zwischen 15° und 18° S liegt und sich von Vila Serpa Pinto aus 500 km nach Osten erstreckt, bis heute ein isoliertes Waldland. Das Klima wird durch die Höhenlage von etwas über 1000 m ebenso bestimmt wie durch den Wechsel von Regen- und Trockenzeit. In diesem weiten Gebiet, das als Abdachung der Lunda-Schwelle zum Kalahari-Becken von vielen wasserreichen Flüssen durchströmt wird, lebten Ende 1958 aber nur 190 Weiße und etwa 80 000 Schwarze. (Photo 1)

Die Kenntnisse um die Landesnatur waren und sind noch immer unzureichend und lückenhaft. Auch die vorliegende Arbeit kann nur einen kleinen Beitrag zu den Forschungen und Kenntnissen hinzufügen, die besonders von *Almeida, Baum, Capello, Ivens, Serpa Pinto, Schönfelder und Rohan-Chabot* auf ihren Reisen zusammengetragen wurden.

Weniger schwierig als in jener Zeit dürfte heute mit einem geländegängigen Fahrzeug — dem Verfasser stand ein „Land Rover 109" zur Verfügung — die Durchdringung dieses Gebietes aber auch noch nicht geworden sein. Vila Serpa Pinto hat das letzte Benzinlager, und nur ab und zu besteht ein kleines Depot in Cuangar. Mit dem Kraftfahrzeug muß man immer wieder zu den beiden Pisten der Süd- und der Ostroute zurückkehren, da nur dort Sümpfe und Flüsse gequert werden können. Damit hat sich die Überwindung des Raumes wohl beschleunigen, die Durchdringung und flächenmäßige Bearbeitung aber nur unwesentlich intensivieren lassen. Im Gegenteil bleiben heute unwegsame Räume verschlossen, da Trägerkarawanen und Ochsenkarren nicht mehr zur Verfügung stehen. So ließ sich auch die Absicht des Verfassers nicht verwirklichen, von Mavinga aus nach Süden zum Cubango ein Profil zu legen.

Die in diesem Jahrzehnt vorgesehene Luftbildbefliegung wird noch manche Einzelheit zur Kenntnis Südostangolas hinzufügen, aber auch umfangreiche Kartenberichtigungen notwendig machen. So erbrachte die in den letzten Jahren durchgeführte Triangulation schon im Raume von Vila Serpa Pinto auf den bestehenden Karten Lagekorrekturen bis zu 30 km *(Borchert Lit. 56)*. Auch die vom Verfasser entworfene Übersichtskarte von Südostangola 1 : 1 500 000 (Karte 1) wird sicher noch manche Änderung erfahren. Die Karte wurde gezeichnet nach den eigenen Beobachtungen und Erhebungen unter Benutzung der Karten „Afrika-Africa 1 : 1 000 000" herausgegeben von „Geographical Section, General Staff Unie van Suid-Afrika 1943-1949" und unter Verwendung der portugiesischen Triangulationsunterlagen. Die Kenntnisse der lokalen portugiesischen Dienststellen wurden berücksichtigt. Eigene Beobachtungen zur Ortsbestimmung wurden nicht durchgeführt, da Chronometer und Radio schon zum Beginn der Reise ausfielen.

Die Klärung topographischer Sachverhalte war aber auch nicht das Ziel der Forschungsreise. Im Mittelpunkt der Arbeit stehen landschaftsökologische Betrachtungen. Grundlagen dafür bilden bodenkundliche Erhebungen, vegetationskundliche Beobachtungen und hydrographische Untersuchungen. Aus Flußbettvermessungen und Strömungsgeschwindigkeitsbestimmungen wurde die Wasserführung der Flüsse errechnet. Die Auswertung der Klimawerte und die Ergebnisse der Abflußmengenuntersuchungen dienen zu Aussagen über den Wasserhaushalt des Raumes, zur Ausgliederung von Landschaftstypen und dienen darüber hinaus als geographische Grundlagenforschung zu Aussagen über die Nutzungsmöglichkeit in einem Gebiet. Diesem Ausblick auf die Inwertsetzung der naturgeographischen Gegebenheiten kommt auf Grund des Bahnbaues bis Vila Serpa Pinto eine große Bedeutung zu, wie ja auch die Arbeit von *Guerra, de Almeida, Pinto, Trovão und Grilo* *(Lit. 158)* von agronomischer Seite diesem Fragenkreis nachgeht.

Die Nutzungsmöglichkeiten und die besonderen Eigenarten des Südostens lassen sich allerdings ohne eine Kenntnis der Verhältnisse im zentralen Hochland von Angola kaum verstehen. Vergleichsweise muß daher dieser Raum häufig in die Betrachtung einbezogen werden. Es müssen Detailuntersuchungen aus diesem Landesteil, in dem Europäerbetriebe bestehen, zur Klärung von Sachverhalten berücksichtigt werden; in Südostangola bestanden bis 1959 noch keine Agrarbetriebe von Weißen. Es lagen also keine Unterlagen und Erfahrungen einer landwirtschaftlichen Nutzung und der damit verbundenen Probleme vor.

Die vorliegende Arbeit soll eine Landschaftskunde mit landschaftsökologischem Akzent sein; daneben werden an Hand der Untersuchungen und Ergebnisse die Aufgaben umrissen, die der Geographie im Rahmen der Erschließung entwicklungsfähiger Gebiete zukommen *(Borchert Lit. 58)*. Es sei an dieser Stelle betont, daß der ausgewählte Raum für eine intensive, flächenhafte Strukturanalyse als Vorarbeit für einen umfassenden Erschließungsplan viel zu groß war. Die Erfahrungen zeigten, daß etwa ein Gebiet von 8 — 10 000 km² von einem Arbeitsteam von 10 Mann in einem Jahr intensiv flächenhaft bearbeitet werden kann, wenn Luftbilder und alle anderen technischen Möglichkeiten zur Verfügung stehen.

Diese Arbeitserleichterungen waren hier nicht gegeben. Der vorherrschende Urlandschaftszustand in seiner Einförmigkeit erleichterte zwar die wissenschaftlichen Erhebungen und erlaubte Extrapolationen, gleichzeitig stiegen aber natürlich in einem solchen Raum die technischen Schwierigkeiten außerordentlich. Daneben waren aus zeitlichen Gründen der weitergehenden Bearbeitung des Gebietes Grenzen gesetzt.

Als Einmann-Expedition in einem wenig bekannten Teil Afrikas trug dieses Forschungsvorhaben zeitweise noch den Charakter früherer Entdeckungs- und Forschungsreisen. Es wurden aber auch regional Intensivstudien im Sinne einer zeitnahen Landschaftshaushaltsanalyse durchgeführt.

Mit derartigen Grundlagenforschungen kann die Geographie einen wichtigen Beitrag und unerläßliche Vorarbeit zur Erschließung entwicklungsfähiger Gebiete leisten.

A. Die Landschaften

Südostangola gehört zu den Weiten der Binnenbecken des südlichen Afrikas. Nichts markiert die Landschaft, es sei denn die Einförmigkeit, die Gleichförmigkeit. Nur an wenigen Punkten kann man einen Überblick über die Umgebung gewinnen. Wald bedeckt die weiten Ebenen. Diese Trockensavannenwälder sind hier und da artenarm, licht und kümmerlich, zumeist aber geschlossen. Einzelne, prächtige, bis zu 30 m hohe Çirassonde- und Mussibibäume durchsetzen diese lichten Waldareale. Ein Blick in die Weite ist nicht möglich, bis man an einen der Flüsse kommt, die in einem weiten, 30 - 50 m eingetieften Tal von Grasfluren, den Chanas, gesäumt werden. Aber auch hier bestätigt sich wieder der Eindruck der Monotonie. Es ist immer das gleiche Bild: Langgestreckte Abdachungsflüsse, ein Tal dem anderen ähnelnd, untergliedern die Landschaft in 20 - 40 km breite, flache, bewaldete Rücken.

Während die linken Zuflüsse des Cubango — von rechts erhält der Cubango nur kleine, unbedeutende Bäche — flache Kerbtäler haben, mäandrieren die rechten Nebenflüsse des Cuito in einer breiten, versumpften Talsohle — der Rio Cuito erhält abgesehen von seinem einen Quellfluß, dem Rio Cuanavale, von links keinen bedeutenden Zufluß. Ganz anders ist es bei den Nebenflüssen des mittleren Cuando; sie fließen nicht über mehr als hundert Kilometer parallel zum Hauptfluß. Die Entwässerung verläuft hier in flachen Kerbtälern von West nach Ost; diese Nebenflüsse entspringen in versumpften, weiten Wannen.

1. DIE DREIHEIT DER FLUSSREGIONEN, LANDSCHAFTSTYPEN UND LEBENSFORMEN IN SÜDOSTANGOLA

Noch größer sind die Unterschiede zwischen den drei Hauptflüssen. Der C u b a n g o bietet das Bild eines bedeutenden Stromes, vergleichbar mit der Elbe oberhalb Hamburgs. Allenthalben arbeitet der Fluß erosiv im Gestein, das auch an den sich bis zu 1 km weitenden Talflanken häufig ansteht. An wenigen Stellen, am linken Ufer bei Caiundo und 20 km vor Cuangar, sind deutliche, 30 - 40 m hoch aufragende Prallhänge ausgebildet. Bis über Cuangar hinaus führt der Fluß Gerölle. — Der R i o C u i t o hat bei Cuito Cuanavale eine 1,5 — 2,7 km (vermessene Werte) weite, ebene, versumpfte Talaue, in der der Fluß in einem engen Bett mit starker Strömung mäandriert. An den deutlich abgesetzten Talhängen, die allmählich zur 60 m höheren Fläche ansteigen, stehen an wenigen Stellen Quarzite an. Der Sandtransport im Fluß ist groß und in dem klaren Wasser gut zu beobachten (keine Gerölle). — Einen noch anderen Typ bildet der C u a n d o, der Grenzfluß nach Nordrhodesien. Auch er ist mit zum Teil steilem Abfall von 15 m in die Landfläche eingesenkt. Seine Talaue ist bei N'Riquinha 5 880 m (vermessener Wert) breit. Die volle Breite des Tales ist überschwemmt. Die Wassertiefe beträgt 0,70 - 3,00 m. Sumpfpflanzen, unter denen Papyrus und Wasserrosen vorherrschen, bilden eine so dichte Pflanzendecke, daß nicht der Eindruck eines Flusses entsteht. Zahlreiche Gebüschgruppen mit Akazien und Phoenix-Palmen gedeihen auf vielen Inseln von wenigen Quadratmetern. An den offenen Wasserlauf des Cuando ist selbst mit einem Einbaum nur sehr schwer zu gelangen. Im schmalen

Stromstrich herrscht erstaunlicherweise eine starke Strömung. Zahlreiche Wasserarme ohne Strömung und auch noch ohne Vegetation weisen auf häufige Änderungen des Stromstriches hin. Gesteine stehen im Raume N'Riquinha nicht an. Nach *Schönfelder (Lit. 341, p. 51)* sollen Sandsteine erst südlich der Mündung des Luiana an den Talflanken wieder auftreten. Von der portugiesischen Verwaltung wurde mir aber mitgeteilt, daß südlich N'Riquinha bereits in 5 m Tiefe unter der Talsohle Gestein erbohrt wurde. Diese Hinweise auf Gesteine mögen in den ersten Zeilen verwundern, aber man muß bedenken, daß wir uns im Bereich der Kalaharisande befinden, jener einförmigen, alles überdeckenden Ablagerung, die über die Lunda-Schwelle hinweg bis ins Kongo-Becken hineinreicht und im größten Teil von Angola die Oberfläche bildet. Sind die Sande westlich von Vila Serpa Pinto und um Vila Serpa Pinto meist rötlich gefärbt, so treten östlich von Cuito Cuanavale auch Sande auf, die Podsolsanden ähneln. Fossile Dünen, wie sie aus der Kalahari beschrieben werden *(Passarge, Lit. 305, p. 653)*, konnten in dem bereisten Raum nicht beobachtet werden.

Flächen mit Savannenwäldern, Talungen mit Chanas, das sind die beherrschenden Elemente dieser Urlandschaft. Die Flüsse gliedern den Raum, ihre Einschnitte ermöglichen Einblicke, ihre Talformen geben Aufschluß über die Landschaftsformung; ihre Wasserführung ist ein Indikator für den Wasserhaushalt in diesem wechselfeuchten Hochland der Tropen.

Nicht Galariewälder sondern Grasfluren säumen die Flüsse; mannshoch und trocken ist das Gras schon im Januar zur Mitte der Regenzeit (Oktober bis April); dazwischen überdecken allenthalben — wie auch in dem lichteren Savannenwald — die glänzenden, ledernen, auch die Trockenzeit überdauernden Blätter der Landolphia chylorhiza an trockenen Stellen den Sand. Aus den tief in den Boden reichenden Rhizomen läßt sich Kautschuk gewinnen. Ein reges Sammeln in Raubbau herrschte in der Zeit um 1890 *(Baum, Lit. 36, p. 95/104, 505)*. Aber auch überall da, wo das Grundwasser in geringerer Tiefe ansteht, tritt der Wald zurück und macht den Chanas mit Gräsern und Stauden Platz. Das größte derartige, in der Regenzeit zur Vernässung neigende Areal ist die wildreiche Überschwemmungssavanne von Chitenge westlich von Mavinga. Auf vielen kleinen Erhöhungen stehen in dieser offenen Graslandschaft auf der Wasserscheide zwischen Cuando und Cuito in Baum- und Gebüschgruppen Phoenix- und Hyphaene-Palmen. Daneben gibt es flache Mulden auf den Rücken zwischen den Flüssen, die infolge Vernässung baumlos sind und wo morastige Stellen die Nähe des Grundwassers anzeigen; bis zu 60 km Länge erstrecken sich derartige Chanas parallel zu den Flüssen in Nord-Süd-Richtung, z. B. die Chana 25 km südwestlich von Caiundo parallel zum Cubango. Der Trockensavannenwald wechselt von Ort zu Ort stark in seinem Habitus. Einmal ähnelt er lichten Obstbaumgehölzen vom Berlinia-Brachystegia-Typus, dann wieder ist ein dichtes Unterholz unter den Kronen der Mucosso (Erythrophloem africanum Harms) und Mussibi (Copaifera coleosperma) ausgebildet. 60 km südlich von Vila Serpa Pinto und nordöstlich von Longa nimmt ein dichtes Stangengewirr von 3-4 m hohem, undurchdringlichem Mucubé-Busch (Cryptosepalum pseudotaxus) größere Areale ein. Bei Caiundo beobachtet man die ersten Dornsträucher, überwiegend Akazien, ein Hinweis auf die zunehmende Trockenheit nach Süden. (Photo 8, 13, 18)

Hier gedeihen Rinder auch ohne große Pflege schon besser als in den niederschlagsreicheren nördlichen Regionen. Vieh ist hier ein Zeichen von Besitz, und die starke Rinderhaltung prägt sich aus in den Kimbus, den Eingeborenensiedlungen. Waren es im Raume Cuchi und Vila Serpa Pinto noch geschlossene Großdörfer mit einem Labyrinth von Hüttenkomplexen und Zwischenpalisaden, so wird das Bild im Süden bestimmt durch den von Palisaden umgebenen Viehkral, hinter dem die Rechteck- oder Rundhütten der einen oder zwei seßhaften Familien verschwinden. Dort wie hier sind die Familiengehöfte ähnlich gestaltet, die Schlafhütten des Mannes und seiner Frauen und die Kochhütte umgeben einen freien Platz; daneben sind, zumeist abgeteilt, noch Vorratshütten und Schweine- und Hühnerhaus vorhanden. Die Lebensweise ist in beiden Regionen unterschiedlich. Die Durchdringung, Durchmischung und Unterwanderung der einzelnen ethnographischen Gruppen ist außerordentlich groß. Während in der nördlichen Region noch im Brandrodungswanderhackbau vorwiegend Mais und Maniok von den Frauen gepflanzt werden, hat im Süden bei sonst ursprünglicher Lebensweise bei den Cuangares und Dongas der Pflugbau mit Eisenpflügen aus Südwestafrika Eingang gefunden; auf den sandigen Böden überwiegt hier der Anbau von Hirse, und die Milch ist eine wichtige Nahrung. Die Schwarzen sehen gesünder aus, und auffallend ist die große Zahl der Kinder. Dort in der nördlichen Region ist die Ernährung einseitig auf Fuba, den Maisbrei, die unbedeutende Viehhaltung und die noch geringeren, fast aussichtslosen Jagderfolge der Männer abgestellt. Kinder sieht man nur wenige, die Kindersterblichkeit ist sehr hoch und wurde von der Ärztin der Mission Catota auf 60-70% geschätzt. Überhaupt tritt der Mensch in dieser Landschaft viel weniger in Erscheinung, als man nach diesen Ausführungen zunächst vermuten könnte. Die Schwarzen haben ihre Siedlungen immer in der Nähe der offenen Wasserstellen, der Flüsse, der Wasserlöcher oder der wenigen Seen. Hier und da nur haben sie kaum merklich die Urlandschaft umgestaltet. Nur um die Großkimbus im Raume Cuchi - Vila Serpa Pinto dehnen sich die abgewirtschafteten Feldflächen mit dürftigem Sekundärbusch. Dazwischen aber liegt bis zu 50 km im Umkreis die Landschaft in ihrem Urzustand, nur durchzogen von den khoisaniden Buschmannhorden, die noch auf der Stufe der Wildbeuter stehen. Die Gesamtzahl dieser kleinwüchsigen, mongolid wirkenden, scheuen Jäger und Sammler wird für Südostangola auf 6000 geschätzt. Sie kennen den Raum und sind ein Teil seiner Natur; für sie vermag der Sand an vielen Stellen noch ausreichend Wasser herzugeben. (Photo 5, 12, 17)

Kaum wird der Europäer sie zu Gesicht bekommen, der mit seinem Auto auf den beiden Pisten bleibt, über die einmal im Monat ein großer Lastwagen bis Mavinga und Cuangar vordringt, um die Versorgung der wenigen Weißen zu gewährleisten. Als Verwaltungsbeamte oder als Händler sitzen sie zu wenigen oder gänzlich isoliert in der Einsamkeit dieses Waldlandes, wo jeder jedem hilft. Auch hier hat man sich, selbst im täglichen Einerlei, die Korrektheit portugiesischer Lebensweise bewahrt. Über 700 km weit mußten zum Teil jeder Stein, jeder Ziegel und jeder Einrichtungsgegenstand für die aufs beste ausgestatteten Häuser herantransportiert werden. Bei diesen Transporten bleibt es nie aus, daß der Lastwagen da und dort im Morast steckenbleibt; dann wieder mahlen sich die Räder mühsam durch den lockeren, heißen Sand vorwärts, bis ein Straßenabschnitt erreicht ist, wo Eingeborene im „Straßenbau" mit einer Auflage von geschnittenem Gras eine „feste" Straßendecke geschaffen haben, die nur allzu schnell wieder vergeht. Vereinzelt findet man abseits vom Wege noch die Ruinen eines Hauses, einer Mission, einer Brücke, die von früherer Pionierarbeit in diesem Gebiet zeugen. Bewundernswert ist aber auch die Selbstverständlichkeit, mit der der Arzt, der Meteorologe, der Postenchef oder aber auch der Händler jahrelang ohne einen Europaurlaub ihrer

Aufgabe hier am „Ende der Welt" in der Einsamkeit und Abgeschiedenheit Südostangolas nachgehen, wo nur die wenigen Fahrwege, die geringe Zahl von Häusern und in zunehmendem Maße die Gebrauchsgegenstände der Eingeborenen, von der Tätigkeit der Europäer zeugen.

Wir haben damit einführend die Dreiheit der Landschaftselemente Südostangolas im Überblick kennengelernt:

Drei Flußgebiete

1) Rio Cubango mit linksseitigen, parallelverlaufenden, langgestreckten Zuflüssen mit flachen Kerbtälern
2) Rio Cuito mit vernäßter Talaue und rechtsseitigen, parallelverlaufenden, in breiten Sohlentälern mäandrierenden Nebenflüssen
3) Rio Cuando mit Überschwemmungstalaue und rechtsseitigen Zuflüssen mit flachen Kerb- und Muldentälern

Drei Landschaftstypen

1) Trockensavannenwald auf den Zwischenflußgebieten
2) Chanas (offene Grasflächen) beiderseits der Flüsse und in langgestreckten Mulden
3) Überschwemmungssavannen: Weite, in der Regenzeit vernäßte Grasflächen auf der Wasserscheide zwischen Cuito und Cuando sowie zwischen Cuito und Cubango

Drei Lebensformen der Eingeborenen

1) Brandrodungswanderhackbau im Norden
2) Pflugbau neben Hackbau mit starker Rinderhaltung im Süden
3) Khoisanide Wildbeuter in Rückzugsgebieten

2. KÜSTENEBENE, RANDSCHWELLE UND PLANALTO

Eine vergleichende Betrachtung der übrigen Landschaften Angolas

Bevor wir die Probleme des entlegenen Inneren näher analysieren, seien kurz die übrigen Landschaften Angolas charakterisiert, um damit Gleichartiges aber auch Besonderes im Landschaftsgefüge Südostangolas besser abschätzen zu können. Ganz grob ergibt sich zunächst eine Dreigliederung: Über weite Strecken fällt die maximal 150 km landeinwärts reichende, jung herausgehobene Küstenebene mit einem steilen, etwa 30 m hohen Kliff zum Meer ab. Von stromschnellenreichen Flüssen wird die gestufte Randschwelle stark zergliedert und steigt nur im Süden im Bereich der Serra da Chela maueratig auf. Im Innern aber dehnen sich in Höhen über 1 000 m die Weiten des Planalto de Angola mit flach eingesenkten Flüssen. Von der Lunda-Schwelle, einer den Planalto teilenden Flachlandschaft in 1 200 - 1 800 m Meereshöhe, folgen die Flüsse nach Norden der Abdachung ins Kongo-Becken, nach Süden und Südosten der Einmuldung zum nördlichen Kalahari- und zum oberen Sambesi-Becken. Auch der Oberlauf und das Einzugsgebiet des Cuanza — mit etwa 1 000 km der längste und wasserreichste Fluß

Angolas — und des Cunene liegen auf dem Planalto. Als wasserreicher Abdachungsfluß konnte der Cuanza sein Einzugsgebiet auf die Südabdachung der Lunda-Schwelle ausdehnen und sich dort Flüsse tributär machen. Diese Weiten des Planalto sind von der Nord- bis zur Südgrenze über mehr als 10 Breitengrade hinweg bestanden mit dem Floresta de Panda, der Trockenwaldsavanne, die als Berlinia-Brachystegia-Monotes-Combretum *(Gossweiler, Lit. 149, p. 143)* mit baumartigen Leguminosen in ihrem Habitus nur geringe Wandlungen zeigt. Nur die Chanas — von den Eingeborenen auch Anharas genannt — bringen eine Abwechslung. Wo Tiefenerosion und Denudation die alten Landflächen zerstört haben, stehen degradierte Rot- und Gelblehme als Verwitterungsdecken an. Im Bereich der Lunda-Schwelle existieren in 1 700 — 1 800 m Höhe aber auch noch alte Flächen, auf denen unter einer dünnen Sandüberdeckung ein über 1 m mächtiger lateritischer Eisenpanzer das Wasser staut, während weiße kaolinitische Tone diesen Panzer unterlagern. Nur dürftiger Graswuchs überzieht diese ältesten Landflächen, die der Verfasser auf der Wasserscheide zwischen Cutato und Cune in der Bulu Vulo und südlich von Nova Lisboa, Chinguar und Silva Porto und auch bei Vila Nova und westlich Chiengue kennenlernte.

Immer wieder aber überrascht der Anblick, wenn man westlich oder östlich von Nova Lisboa, bei Vila Flor oder bei Vila Nova, nach Westen zu den Bergen der Randschwelle schaut. Hinter einem liegt der flachwellige Planalto und vor einem geht es mit einem deutlichen Abfall hinunter ins Gebirge, von der Fläche in den Bereich starker Zerstaltung. Hier noch sind es die flachen Ursprungsmulden des Cubango und des Cunene; dort aber haben sich der Queve und das dichte Netz seiner Quellflüsse schon um über 200 m eingetieft. Flache, feuchte, weite Muldentalabschnitte wechseln mit schnellenreichen Kerbtalstufen. Unter dem Rotlehm steht in den Tälern Granit an. Die Berge dagegen bestehen aus Quarziten und Gneisen der Oendolongo-Serie, jungalgonkischen Sedimenten *(Krenkel, Lit. 232, p. 325)*. *Jessen* spricht von Inselbergen und Inselbergmassiven *(Lit. 208, p. 222, 327)*, besser wäre es wohl von Härtlingen oder Restbergen zu sprechen, die hier im Raume von Nova Lisboa vor den höchsten Teilen der Randschwelle liegen — Mocco 2 620 m. Denn weder die Form mit flachen, konkaven Hängen, noch die Kettenstruktur und Genese entsprechen dem Typus der Inselberge, die als granitische Felsdome im Raume Ganda — Balombo — Bimbe — Cela und weiter nördlich das Landschaftsbild kulissenhaft beherrschen. In den Ebenen zwischen den flachen Fußflächen der Inselberge liegen dort vernäßte Niederungen mit organogenen Böden, die keine Überdekkung durch Schichtfluten zeigen. Aber das Wasser in den Flüssen und in den Brunnen zeigt eine dicke, rötliche Trübe von kolloidalen Toneisenkomplexen. Verwitterung und Lösung greifen mehr als 10 m tief hinab, bis der zermürbte Granituntergrund erreicht wird. (Photo 3, 4)

Der Norden und Süden der Randschwelle zeigen Abwandlungen im Landschaftsgepräge. Nördlich des Cuanza ist der Anstieg zum Planalto weniger hoch — maximal nur etwas über 1 200 m — und die Feuchtigkeit größer. Die Hügelkettenlandschaft wird von zahlreichen Flüssen gegliedert. Der dichte, immergrüne Kaffeewald der Talungen — Laurisilva — *(nach Gossweiler, Lit. 149, p. 84 / 94)* weist auf den Übergang zu den feuchten Tropen hin. Im Süden Angolas, südlich Santa da Bandeira greift dagegen der Trockenraum der Küste auf die Randschwelle über.

Dornsträucher, Affenbrotbäume, kahle Felskuppen mit Schutthängen und ausgetrocknete Flußbetten sind ein Kennzeichen der Wasserarmut dieser weglosen Abdachung zur Küste, in die der Cunene als Fremdlingsfluß eine enge Schlucht gegraben hat.

Auch die Regionen über 1 900 m Höhe im mittleren Teil der Randschwelle sind waldfrei und tragen eine dünne Gras- und Krautdecke. Auffällig sind hier die niedrigen, knorrigen, verzweigten, dunkelbehaarten und harzigen Stämme der Vellozien, denen am Ende die Blätter wie Grasbüschel aufsitzen. Der Trockensavannenwald ist auf der gesamten Randschwelle stark dezimiert und degradiert. Das Land ist dicht besiedelt. Lockere, offene Dörfer und Einzelsiedlungen mit ihren rechteckigen Lehmhütten sind von weither zu erkennen. Im Brandrodungswanderhackbau werden selbst die steilen Berghänge für wenige Jahre zum Anbau von Mais und Maniok in Kultur genommen. Spuren der soil erosion zeichnen überall die Bergflanken. (Photo 6)

Auch von den Europäern wird, abgesehen von der Hauptstadt Luanda, dieser Randschwellenbereich als Siedlungsraum bevorzugt. Die Höhe schafft ein gesundes Klima, das über lange Zeit des Jahres einem europäischen Sommerwetter gleichkommt. Die Entfernung von den Küstenplätzen ist nicht allzu groß, das Netz der Erdstraßen dicht. Vor allem läßt sich bei der Zertalung des Landes das Wasser aus den Bächen leicht ableiten und für Bewässerungszwecke nutzen. Diese Möglichkeit entfällt zumeist auf den Weiten des Planalto. Es gibt nur etwa 2 800 landwirtschaftliche Europäerbetriebe; mit ihren Kaffee- und Sisalplantagen bilden sie auffällige Erschließungskerne in der ungeordneten Landschaft. Ein Ackerbau im Großen nach europäischem Muster war bisher immer zum Scheitern verurteilt. Erst die mit staatlichen Geldern durchgeführte Trockenlegung der fruchtbaren Niederungsböden im Raume von Cela schaffte in dieser Richtung erste Erfolge.

Am meisten begünstigt ist der durch Niveauflächen gestufte Westabfall der Randschwelle. Dort lagert der „Cacimbo", ein Hochnebel, in der Trockenzeit — tempo de cacimbo — am Tage häufig den Berghängen auf; er bringt etwas Feuchtigkeit, verhindert die Verdunstung und die austrocknende, intensive Besonnung und unterbindet so die Verkrustung der Böden.

Die isolierten Waldinseln in diesem Bereich ähneln als montane Nebelwälder den Kaffeewäldern der nördlichen Randschwellenzone. Östlich dieser Cacimbo-Zone wird die Trockenzeit im Bereich der Randschwelle und auf dem Planalto von Mai bis September voll wirksam. Keine oder geringe Bewölkung läßt die Sonne erbarmungslos herabbrennen. Trockener Dunst verhindert den Blick in die Ferne. Ein gleichmäßig starker, austrocknender Ostwind streicht über das Land. Die Tage sind warm, die Nächte kalt; gelegentlich treten Nachtfröste südlich der Lunda-Schwelle in den Monaten Juni und Juli auf. Die austrocknenden Rotlehmböden werden steinhart und rissigtrocken. Es ist eine Zeit weitgehender Vegetationsruhe, während weit ausgedehnte Brände durch die „Panda-Wälder" und über die Chanas und Anharas dahinziehen. Eine Wohltat ist der erste Regen im September oder Oktober. Hauptregenmonate sind November / Dezember und vor allem der März. Zumeist sind es kurze, sehr heftige Gewitterregenschauer, die den Niederschlag bringen, der bis in den Raum südlich von Vila Serpa Pinto auf dem ganzen Planalto und im Bereich der Randschwelle 1 000 mm übersteigt. *(Lit. 450).* Schönwetterperioden von mehreren Tagen unterbrechen besonders im Januar / Februar das Einerlei des wechselhaften Wetters, bei dem es mit intensiver Einstrahlung zur Bildung hochaufragender Quellwolken kommt, bis es sich nach dem Gewitter wieder aufheitert. Die Tage sind warm, aber nur selten heiß und schwül; die Abkühlung in der Nacht ist erfrischend. Die Böden vernässen und verschlämmen in zunehmendem Maße, und die Straßen werden immer schwerer passierbar. Das Ende der Regenzeit im April / Mai wird ebenso herbeigesehnt wie nachher wieder der erste Regen am Ende der Trockenzeit.

Ein Trockenraum mit nur geringen periodischen oder episodischen Regenfällen ist die gesamte Küstenebene Angolas von der Kongo- bis zur Cunene-Mündung. Eine Dorn- und Sukkulentensavanne erstreckt sich mit den wuchtigen Affenbrotbäumen (Adansonia digitata) und Kandelabereuphorbien (Euphorbia conspicua) über weite Bereiche vor der Randschwelle. Im Hinterland von Lobito überwiegen Akazien-Dornsträucher. Südlich von Moçâmedes wird dann die Vegetation immer dürftiger, bis man bei Porto Alexandre die Vollwüste, die Ausläufer der Namib, erreicht. In diesem tropischen Tiefland vor der Randschwelle liegen im Bereich von Abdachungsflüssen die Bewässerungsoasen der vier großen Zuckerrohr-Aktiengesellschaften Angolas. Die Steilküste ist nördlich von Novo Redondo äquatorwärts in Staffeln abgesetzt und zeigt ein Streichen von SE nach NW (erythreisch). Auch weiter südlich werden diese Strukturen an einzelnen Punkten noch wieder deutlich. Der küstenparallele Benguelastrom läßt an vielen Vorsprüngen dieser Staffeln Sandhaken anwachsen, wodurch Angola über die besten Hafenplätze an der afrikanischen Westküste verfügt. Im Bereich der Randschwelle folgen die Flüsse ebenfalls in auffallender Weise den tektonischen Hauptlineamenten im Bauplan des afrikanischen Kontinents. Besonders deutlich kommen das erythreische und somalische Streichen der Flüsse auf der Carta de Angola 1 : 100 000 *(Lit. 466, Lit. 56, p. 153)* und der Carta da Provincia de Angola 1 : 250 000 *(Lit. 465)* heraus. Im Kleinen werden damit hier die gleichen Bauelemente bestimmend, wie sie in den Küstenstaffeln der Küste Angolas, in der Großgliederung des Kontinents und auch in der Becken- und Schwellenstruktur des Südatlantiks zum Ausdruck kommen. Gleichförmigkeit und Einförmigkeit, Weite und Durchgängigkeit statt Kammerung, alte Landflächen und Landformen und nur randliche Zonen mit jungen Sedimenten und junger morphologischer Prägung machen Angola zu einem integrierenden Teil in Afrika südlich der Sahara. (Photo 2)

B. Erosiver und denudativer Formenschatz, endogene und petrographische Bedingtheiten, geologischer Abriß und hydrographische Detailanalysen

1. DAS WASSERSCHEIDENGEBIET MITTELANGOLAS

Abgesehen von der Randschwelle bestimmen im Großen also die reifen Formen einer Rumpffläche – nach *Jessen* Niveau IV – die Physiognomie des Planalto de Angola. Aber Stromschnellen, Wasserfälle und intensive junge Eintiefung in Kerbtälern zeigen, daß nicht generell Verwitterung, Denudation und Tiefenerosion im Gleichgewicht miteinander stehen. Zwar zeugen im Raume von Vila Robert Williams, Nova Lisboa und Vila Nova zerfallende Granitfelsburgen auf der 1 700 m-Fläche von den exogenen, einebnenden Kräften. Diese zertrümmerten Relikte von Inselbergen sind natürlich klimamorphologische Indikatoren für eine Zeit der Inselbergbildung in diesem Raum. Aber unmittelbar nördlich setzt, wie wir in der Beschreibung schon hörten, die rückschreitende Tiefenerosion der antezedenten Abdachungsflüsse ein. Bei Vila Flor wird der stark erodierende Vindica, ein Nebenfluß des Cuito, den Rio Cunhaãmua auf der Fläche bald angezapft haben und sich das „Tal des vielen Wassers" am Fuße des Veva tributär machen. Die junge Zertalung führt damit zu einer immer stärkeren Zerstörung der altlandschaftlichen Flächen. Reste dieser Rumpffläche sind auch noch im Bereich der Randschwelle vorhanden. In 1 750 - 1 800 m Höhe treten Verebnungen an den Flanken und am Fuß der Sedimentberge auf, die dem Granitsockel aufsitzen — *Jessen* sieht in diesen Flächen ein höheres Niveau V a. Zernagt werden diese Flächenreste durch eine immer stärker um sich greifende gully erosion, wobei es vor allem durch Grundwasseraustritt, starke Vernässung der Rotlehme bis zur Schlammbildung und durch Verstürzen des hangenden Erdreichs zu einer steten Vergrößerung der Erosionsrisse in der Regenzeit kommt. (Photo 7)

a. Das Problem der Flächenbildung

Diese Einschnitte vermitteln gleichzeitig einen interessanten Einblick in die Verwitterungszone aber auch in die Entstehungsgeschichte des Raumes. Auffallend ist, daß sich in einem über 10 m mächtigen Rotlehmprofil eine Steinsohle befindet. Diese Steinsohle finden wir stets dort, wo die 1 700 - 1 800 m - Fläche im Raume zwischen Veva, Mocco und Cobongo an den Flanken höherer Berge erhalten ist. Folgendes Profil ist dabei immer wieder zu beobachten: Unter der Durchwurzelungszone von 30 - 50 cm befindet sich eine 3 m mächtige Schicht von strukturlosem Rotlehm. Dann folgt die Steinsohle aus zugerundeten Quarzitgesteinen. Diese talwärts geneigte Steinschicht lagert Rotlehmen auf, die noch die Struktur des grobkörnigen, granitischen Ausgangsgesteins erkennen lassen. Zur Tiefe hin werden die Rotlehme heller. Das unverwitterte Gestein ist aber zumeist in 10 m Tiefe noch nicht erreicht. Aus den Lagerungs- und Verwitterungsverhältnissen geht hervor, daß die Steinsohle erst nach der Ausbildung der tiefen Verwitterungsdecke im Granit abgelagert worden sein kann. — Unter der Bodenauflage ist im Paß zwischen Luimbale und Quipeio und östlich des Mocco auch Quarzit tiefgründig verlehmt, der ja sonst schwerer chemisch verwittert. — Die Ablagerung der zugerundeten Gesteine kann nur in einer vegetationslosen Zeit erfolgt sein, da keinerlei Pflanzenreste und Humusverfärbungen im Boden enthalten sind; das gleiche gilt für die Decke der auflagernden, ungeschichteten, sehr feinen Rotlehme, für die nur eine äolische Entstehung als Erklärung verbleibt. Diese Ablagerungen waren eingestellt auf die 1 700 - 1 800 m - Fläche. Weiter abwärts an den Talflanken des Cuito und des Queve mit ihren kleinen Zuflüssen konnten nur noch autochthone Rotlehmprofile festgestellt werden.

Es folgt also: Die 1 700 - 1 800 m - Fläche des Planalto konnte in einer feuchtwarmen Zeit tief verwittern, ohne erosiv zerstört zu werden. Morphologisch war das eine Zeit der Flächenbildung. Flache Talungen bestanden, worauf die Neigung der Steinsohle hinweist. Dieses kann die Zeit der Inselbergbildung — heute in Resten als zerfallende Felsburgen — im Raume Nova Lisboa gewesen sein. Es folgte eine warmtrockene Zeit (eine kalttrockene Zeit mit Periglazialklima scheidet nach den allgemeinen Kenntnissen für 2 000 m Meereshöhe auf 12° S aus), in der durch sporadische Schichtfluten die Gerölle zur Ablagerung kamen. Darauf wurde staubfeines Material äolisch abgelagert, welches dann verlehmte.

In rezenter Zeit, in einem warmen, wechselfeuchten Klima, unterliegt die 1700-1800 m-Fläche der Zerstörung. ***Beetz** (Lit. 48, p. 110, 120)* nimmt 1938 für das Tertiär noch eine humide Zeit an; für das „Mittel- und Oberdilivium" und für die Oberkreide schließt er dagegen auf ein extrem-arides Klima von Südafrika bis zum Kongo-Becken, wobei der Eiszeit in Europa eine Verringerung des Regenfalls in den wechselfeuchten Tropen entsprechen soll. ***Maarleveld** (Lit. 248)* kommt 1960 auf Grund seiner Untersuchungen zu dem Ergebnis, daß das Pleistozän in Südafrika einen Wechsel von humiden und ariden Zeiten aufwies. Glazialzeiten in Europa sollen mit humiden Phasen in Südafrika korrespondieren; dagegen soll während der interglazialen Warmzeit der nördlichen Hemisphäre in Südafrika ein Trockenklima geherrscht haben. Noch zahlreiche, vergleichende Untersuchungen werden im südlichen Afrika zur Ausgliederung klimatisch bedingter, morphologischer Epochen und tektonischer Phasen notwendig sein.

Deutlich wird auf jeden Fall, daß die Hauptrumpffläche des Planalto in ihrer Gesamtheit erst in jüngerer geologischer Zeit herausgehoben worden sein kann und vorher über lange Zeit in einer tieferen Lage ohne bedeutende Tiefenerosion verharrte. ***Jessen** (Lit. 208, p. 342)* nahm in seinen Studien über die Niveauflächen für die Bildung des Planalto — Heraushebung und Abtragung der Rumpffläche — „obertriadische bis unterjurassische Zeit" an. Hebungsphasen leitet Jessen dann ab für die untere und obere Kreide und für das jüngere Tertiär und erklärt damit die Niveauflächen III, II und I; von Nord- nach Südangola soll dabei eine phasenhaft verzögerte Heraushebung bestanden haben. ***Abel*** übernimmt in korrespondierenden Arbeiten weitgehend die Jessenschen Einteilungen für den Bereich Südangolas und Südwestafrikas *(Lit. 1)*. Differenziertere Erhebungen von *M. Feio* in den Jahren 1959 und 1960 dürften nach freundlicher Mitteilung des Autors zum Teil zu anderen Ergebnissen und jüngerer Datierung führen. ***Jessen*** kommt in seinen Untersuchungen *(nit. 208, p. 327)* auch noch zu höheren Niveaus (Gebirgsrumpfflächen Va, Vb und Vc) über der Hauptrumpffläche des Planalto. Sie sind zu finden auf den Quarzit-, Gneis- und Granodioritstöcken westlich und nordwestlich von Nova Lisboa.

Ergänzend zu den Untersuchungen von ***Jessen*** seien folgende Beobachtungen angefügt: Besonders gut ausgebildet ist ein Niveau auf dem Planalto nördlich des Veva in 2 200 m Höhe. Diese Ketten und Bergmassive mit ihrem 2 200 m-Niveau müssen schon in der tieferen Höhenlage der Rumpffläche die Landschaft überragt haben, da die 1 700-1 800 m-Fläche zwischen ihnen in Resten noch erhalten ist. Ein hervorragendes Beispiel dafür ist die Fläche zwischen dem Cobongo und Chimbamboa. Ein ehemaliger Talboden im Flächenniveau ist hier heute durch die junge Tiefenerosion im Osten und im Westen unterschnitten und isoliert erhalten. Der Anstieg von dieser sandigen, Geröll aufweisenden, im muldentiefsten aber vernäßten Fläche zur Kette des Cobongo ist sehr steil. In 2 200 m befindet sich dann eine Verebnungsfläche. Auf dieser Fläche sind die Strukturen des Gesteins herauspräpariert worden; auffallend sind die karren- und schrattenähnlichen Formen in dem Quarzit. Die Streichrichtung des Gebirgszuges fällt nicht zusammen mit der Streichrichtung der Gesteine. Der Gebirgszug streicht 65° E; die Schichten im Quarzit dagegen streichen 75° E und fallen mit 70° S ein. Dadurch werden im breiten Kamm Durchlässe geschaffen, und der der 2 200 m-Fläche aufgesetzte Kamm ist in sich gestaffelt. Auf Grund dieser Struktur wechselt natürlich auch die Breite der höheren Verebnungsfläche. Kleine Bäche setzen auf dieser an und führen in einem engen, kleinen Kerbtal auf die 1700-1800 m-Fläche. Dort haben sie einen Schwemmkegel aufgeschüttet. Auf der Fläche fließen sie in überhöhtem Bett in Wiesenmäandern weiter. Das Niveau zwischen Cobongo und Chimbamboa ist also heute lokale Erosionsbasis, ehemals war es ein Tal, das heute beidseitig durch die Tiefenerosion geköpft ist. Auch hier ist also ein Hinweis, daß ein junges Entwässerungsnetz im Bereich der über die Randschwelle rückwärts eingreifenden, antezedenten Abdachungsflüsse ein altes Flußnetz überlagert und umgestaltet. Diese Flächen um 1800 m — wie auch die Flächenreste an den Hängen der Berge der östlichen Randschwellenregion — gehören nach *Jessen (Lit. 208, p. 327)* der Gebirgsrumpffläche (Niveau Va) an. Die Planaltofläche, die Hauptrumpffläche, verlegt er hier 200-250 m tiefer in den Bereich der Talungen und nimmt ein Absinken der Planaltofläche nach Norden und Süden an. In den Tälern ist aber in vielen kurzen Abschnitten eine starke Tiefenerosion zu beobachten. Vor allem stehen an den Talhängen unter 1700 m Höhe nur frische Rotlehme an und nicht die degradierten, reifen, das Endprodukt einer langen Entwicklung zeigenden Böden des Planalto. Die Talungen sind also nicht Teil der Hauptrumpffläche, wie *Jessen* es auffaßt, sondern die Flüsse haben hier schon die Hauptrumpffläche zerstört. Die Reste der Hauptrumpffläche des Planalto bilden in diesem Bereich zwischen Bimbe, Bailundo, Galanga, Quipeio und Caala die Flächenreste sowohl an, als auch zwischen den Gebirgsketten und Gebirgsstöcken. Die Gebirgsrumpffläche — Niveau Va von Jessen — existiert demnach nicht.

b. Erdgeschichtlicher Abriß

Auf die auffällige Einordnung der Flüsse in das somalische und erythreische Streichen im Bereich der Randschwelle wurde in der Beschreibung schon hingewiesen. Eine Anpassung an tektonische Schwächezonen muß angenommen werden. Anders als tektonisch dürfte auch im Tal des oberen Rio Cunhaãmua der Wechsel von Talweitungen und Talengen mit Riegeln nicht zu erklären sein, der dem Tal fast das Aussehen eines Glazialtales verleiht. Das im somalischen Streichen liegende Tal ist von Riegeln gekammert; Aufschotterungszonen und klammartige Zerschneidung der Riegel zeugen von jungen Dislokationen. Für junge Krustenbewegungen sprechen auch die Schwefelquellen von Balombo und die beiden heißen, alkalischen, schwefelhaltigen Quellen in Chilesso. Die Stufe östlich von Balombo kann also tektonisch beeinflußt sein und das scharf abgesetzte 1200 m-Niveau von Balombo als abgesunkener Flügel aufgefaßt werden. *(Jessen, Lit. 208, p. 98)*

Zur Klärung der Landschaftsgenese, ob mehr endogene oder exogene Kräfte die Formen schufen, ob also morphologische oder geologisch-tektonische Deutungen zutreffend sind, mangelt es noch an umfangreichen Geländearbeiten und großmaßstäbigen geologischen Karten.

Von *Mouta* stammt der Entwurf einer Karte 1 : 2 000 000 zur Geologie Angolas *(Lit. 288)*. An der Küste treten rezente, küstenparallel geordnet quartäre, tertiäre und kretazische Ablagerungen auf. Morphologischer und geologischer Küstenebenenbereich fallen nicht zusammen. Teile der östlich anschließenden Region „complexo de base", eine Zone stark metamorpher, alter Gesteine, werden noch zum großen Teil von der Küstenebene eingenommen; sie greift stellenweise auch noch randlich auf den östlich anschließenden, vom Cuanza bis zur Südgrenze reichenden, großen präcambrischen Granitbatholithen über. Diesem großen, sich über mehr als sieben Breitengrade erstreckenden Granitgebiet liegen im Umkreis von 70 km von Nova Lisboa in Resten Sedimente der Oendolongo-Serie auf: Quarzite, verkieselte Schiefer, Grauwacken *(Mouta, Lit. 288, p. 24)*. Diese Sedimente bilden auch größere Härtlingszüge im Raume von Vila da Ponte — Cuchi — Caiundo. Dem Granitmassiv sind im Süden und Südosten präpermische Eruptiva angegliedert. Östlich des großen Batholithen schließt wieder eine breite Zone des „complexo de base" an, die vom Kongo bis etwa 14° nach Süden reicht. Landeinwärts tauchen die altalgonkischen Afriziden unter die Sediment-Decken der Bembe- und Kundelungu-Formation ab. Von Osten her greifen diskordant Karru-Ablagerungen über sie hinweg; weiter im Osten und auch im Süden verhüllen dann die Kalaharisande den Untergrund, und nur in Tälern werden Präkarru-, Karru- und Altkalahari-Ablagerungen angeschnitten. Der ganze Südosten Angolas ist mit Ausnahme von einem Oendolongo-Vorkommen bei Mucusso am Cubango als Kalahari-Formation in der Karte von Mouta verzeichnet. In auffälliger Weise haben überall in Angola „necks" postpermisch die Oberflächengesteine durchschlagen oder sind in diesen steckengeblieben; später wurden sie durch Verwitterung und Abtragung herauspräpariert und überragen heute die Umgebung, z. B. Struktur von Canata*), Mungo-Berge und Bailundo-Berge. Da die Struktur von Canata als Alkalipluton in ihren höchsten Teilen 200 m höher als die Planaltofläche (1 700 m) ist, so muß eine mehr als 200 m mächtige, flächenhafte Abtragung stattgefunden haben. Die Landflächen zwischen den Flüssen weisen aber gerade in diesem Raum jene greisenhaften Züge auf, wie sie eingangs beschrieben wurden. Besonders zeigen die Bodenprofile, daß erosiv noch keine Zerstörung, denudativ auch über lange Zeit keine Verjüngung erfolgte.

Bodenprofile an der Straße Vouga — Andulo:

32 km südlich von Andulo

0 - 60 cm	Humoser, schwarzer Sand, Quarzkörner podsoliert (Schwarzfärbung durch Asche)
60 - 100 cm	Grauer Sand
über 100 cm	Limonitpanzer (vergleichbar einer Ortsteinschicht unter Podsolböden in Norddeutschland)

82 km südlich von Andulo

0 - 80 cm	Schwarzer Sand, Quarzkörner podsoliert
80 - 200 cm	Einsenkonkretionen in dichter Lagerung
200 - 300 cm	Weißlichgelber Ton mit wenigen Eisenflecken, hoher Kaolingehalt

87 km südlich von Andulo

0 - 40 cm	Schwarzer Sand, Quarzkörner podsoliert
40 - 100 cm	Limonitpanzer (sehr hart)
100 - 200 cm	Rotlehm

*) Genauere Angaben über die Struktur von Canata sind im Anhang enthalten. *R. Martens* gibt dort nach dem Tagebuch des Verfassers und aus den Ergebnissen der Gesteinsanalysen eine detaillierte Darstellung. Siehe Karte Nr. 5

Die auflagernden Sande in diesen Profilen gehören schon zu den Kalahari-Decksanden. Ihre Ablagerung erfolgte also auf der von alten Krustenböden überzogenen Planaltofläche, die seit der Zeit nicht mehr tiefer gelegt wurde. Die „necks" müssen also ebenfalls schon vor der Sandablagerung herauspräpariert worden sein. Davor konnte in einer langen Zeit ganz geringer Abtragung ein tiefgründiger Verwitterungsboden entstehen, dessen lateritische Eisenkruste vor der Ablagerung des Sandes freigelegt wurde. *Pendleton und Prescot*[1]) kamen bekanntlich in ihren Untersuchungen zu dem Ergebnis "that laterite is essentially the exposed illuvial horizon of an ancient soil". Im Gegensatz zu diesen alten, degradierten Verwitterungsdekken in der Umgebung von Canata, sind die Gesteine und auch die Böden der Canata-Berge auffallend frisch, obgleich sie doch über die gleiche Zeit hinweg subaerischen Einflüssen ausgesetzt gewesen sein müssen. Dies ist aber nicht der einzige Widerspruch, der sich hier ergibt:

Struktur von Canata

Für ein hohes Alter sprechen:

1. Die Altflächen des Planalto in der Umgebung (nach Jessen im Jura gebildet)
2. Herauspräparation der Struktur bei der Bildung dieser Planaltofläche
3. Epigenetische Zerschneidung der Ringstruktur durch Bäche, die von der Planaltofläche durch die Umwallung in den Kessel führen

Für ein geringes Alter sprechen:

1. Restvulkanismus und Senkungszone
2. Geringer Verwitterungsgrad der Gesteine und wenig degradierte Böden
3. Das Fehlen der Sandauflagerung entsprechend den umgebenden Altflächen

Die Klärung dieser Widersprüche ist für die Altersstellung des Planalto u. a. von großer Wichtigkeit.

Nach *Jessen* war die Bildung der Hauptrumpffläche des Planalto bereits in mitteljurassischer Zeit abgeschlossen *(Lit. 208, p. 342)*. Die Intrusionen müssen also schon obertriadisch bei der Heraushebung erfolgt sein. Gegen ein derartiges Alter sprechen in der Struktur von Canata ein Restvulkanismus in Form von stark basischen ($p_H = 10$), 40-50° heißen Schwefelquellen und Senkungsvorgängen am Rande des 8 km weiten, ebenen inneren Kessels. Sie deuten auf eine jüngere Entstehung hin. Will man nicht eine zweiphasige Intrusion annehmen, so muß man vielleicht diese Struktur dem ebenfalls aus Alkaligesteinen aufgebauten oberkretazischen Neck von Chieuca an die Seite stellen. Damit müßte dann aber auch die Bildung der Planaltofläche jünger angesetzt werden.

Heute erfolgt vom Cutato und Cuanza her eine Zerstörung dieser Fläche. Besonders deutlich läßt sich das beobachten im Raume zwischen Andulo und Nhareia, wo nur noch geringe Altflächen mit Sandauflage und Limonitkrusten vorhanden sind. Im Raume Nhareia werden jugendliche, fruchtbare Rotlehmböden von Eingeborenen intensiv genutzt.

---

[1]) Prescot, J. A., Pendleton, R. L.: Laterite and lateritic soils, Leicester 1952, p. 20,43

Gehen wir von Andulo nach Süden in Richtung Vouga, so sind die Nebenbäche zum Cutato und Cunhinga mit flachen Muldentälern in die Fläche eingesenkt. Die Breite schwankt zwischen einigen hundert Metern und zwei Kilometern. An den Hängen treten Eisenkrusten heraus. Die Böden in diesen Anharen sind gleiartig. Es handelt sich um kaolinisierte, gelbgraue bis weiße Tonböden, die zur Vernässung neigen. Einzelne Eisenkonkretionen sind enthalten. Oberflächlich sind die Böden durch Asche schwarz gefärbt. Auch hier wird also die Planaltofläche zerstört, der Vorgang verläuft jedoch so langsam, daß degradierte Böden auch entlang der schwachen Zertalung anzutreffen sind und keine Verjüngung der Landschaft eintritt. Schwierigkeiten in noch stärkerem Maße machen bei der Erklärung der Landschaftsgenese des Planalto die permokarbonischen Tillite — Karru, Serie do Lutoe *(nach Mouta, Lit. 288, p. 36/37)* — im Tal des Cuito in ca. 1 650 m Höhe zwischen Silva Porto und Silva Porto Gare. Es ist nur schwer verständlich, daß die glazigenen Ablagerungen einerseits unter einer über 200 m mächtigen Ablagerung unverfestigt wieder aufgedeckt wurden, daß sie andererseits aber in der Folgezeit seit dem Jura nicht einer tiefgreifenden Verwitterung unterlagen, die doch auf allen umliegenden Flächen erkennbar ist. *Jessen* hat dieses Vorkommen entdeckt und beschrieben *(Lit. 207, p. 38 ff)*. Es ist heute durch drei Ziegeleigruben wesentlich besser aufgeschlossen. Folgende Profile wurden festgestellt:

Ziegeleigrube nördlich des Cuito und östlich der Straßenbrücke von Silva Porto nach Silva Porto Gare

Profil 1: 500 m östlich der Straßenbrücke

0 - 150 cm	Frische, unverfestigte, steinreiche, rötlichgelbe Moräne, an der Oberfläche Steinpflaster. Geschiebe: Granite, Gneise, Quarzite und dunkle Gesteine
150 - 200 cm	Warventone, stark rot gefärbt, Lagerung gestört
200 - 450 cm	Stark verwitterte, rote Moräne, Geschiebe nur noch an unterschiedlicher Färbung in der angeschnittenen Aufschlußwand erkenntlich
450 cm	Gneis

Profil 2: 75 m östlich von Profil 1

0 - 70 cm	Feinste, rote Tone
70 - 150 cm	Kiesige Moräne

Ziegeleigrube am nördlichen Ortsausgang von Silva Porto rechts vor der Straßenbiegung

Profil 3: Westliche Aufschlußwand

0 - 20 cm	Flugsanddecke, Steinsohle
20 - 300 cm	Frische, unverfestigte, steinreiche, rötlichgelbe Moräne
300 - 600 cm	Stark verwitterte, rote Moräne mit Stauchungen von SE. Geschiebe nur noch an Verfärbungen kenntlich

Profil 4: Südliche Aufschlußwand

0 - 20 cm	Flugsand, Steinsohle
20 - 100 cm	Frische, unverfestigte, steinreiche, rötlichgelbe Moräne
100 - 350 cm	Warventone, stark rot gefärbt, Lagerung gestört

Durch die Bändertone ist eindeutig der glaziale Ursprung der Ablagerungen belegt. Die gestörte Lagerung deutete *Jessen* als eine tektonische Verstellung im Verband des gesamten Sockels bis an die Küste *(Lit. 207, p. 40)*. Wechselndes Streichen und Einfallen lassen aber primär auf Stauchungen oder auch auf Dislokationen über abschmelzendem Toteis schließen. Heute ist (Profil 1) unter Warventon ältere Moräne freigelegt, so daß auf eine Zweiphasigkeit in der Ablagerung geschlossen werden muß. Dafür sprechen auch die unterschiedliche Färbung und der unterschiedliche Verwitterungsgrad der beiden Geschiebelehme unter und über den Bändertonen.

Die Stauchungsrichtung aus SE (Profil 3) war deutlich an einer grünlichen Tonschicht feststellbar. Da der Planalto nicht von höheren Massiven in diesem Gebiet überragt wird, kann es sich nicht um lokale Talgletscherablagerungen, sondern nur um eine Plateauvergletscherung gehandelt haben. Auch andere Ablagerungen in diesem Raum zeigen Moränenmaterial oder ähneln Sandern. So scheint am Cuquema in der Nähe der Straßenbrücke Silva Porto — Chinguar ebenfalls Moräne angeschnitten zu sein, die dem Gneisuntergrund aufliegt. Auch die gesamten Ablagerungen zwischen Silva Porto und Vouga und bis 30 km nördlich von Vouga haben einen glazialen Habitus — Sande mit dünner Steinpflasterauflage, Lehme mit eingelagerten Steinen. Erstaunlicherweise ähneln auch die Landschaftsformen in diesem Bereich einer Altmoränen- und Sanderlandschaft. Jessen sprach davon, daß als Hangendes der Tillite auf den Plateaus Lubilache-Sandsteine — Karru, Serie de Cassanje, Kwango-Stufe — anstehen; es ließen sich dafür in der Umgebung aber bislang keine Nachweise erbringen.

Diese wenigen Bemerkungen über das Wasserscheidengebiet von Mittelangola mußten vorausgeschickt werden, um später vom Südosten her — soweit es überhaupt möglich ist — eine Korrelation herstellen zu können. Es wurde sich darauf beschränkt, nur einige Fragen aufzugreifen, die die noch bestehende Problematik der morphologischen Formung des Planalto und der Randschwelle widerspiegeln. Im übrigen muß für dieses Gebiet auf die ausführliche Landschaftsbeschreibung und -analyse von *Jessen (Lit. 208)* verwiesen werden. Zahlreiche Einzelarbeiten werden noch notwendig sein, um manche Widersprüche zu klären, die heute noch in den Deutungen zur Landschaftsgenese Mittelangolas enthalten sind. Dabei geht es vor allem um die für die ganze Zone der wechselfeuchten Tropen grundsätzlichen Fragen der Zeitdauer der Verwitterung und der Bodenentwicklung und um das Verhältnis von Tiefenerosion zu denudativer Tieferschaltung der Fläche. Oder handelt es sich vielleicht um kolloid-solvatative Lösungsvorgänge im Untergrund mit Tieferschaltung der Fläche?

2. DAS FLUSSGEBIET DES CUBANGO

Wie der Planalto ist auch der Südosten Angolas eine Flachlandschaft und gehört zu den eintönigen Weiten der Hochländer im Innern Südafrikas. Die Horizontale ist das bestimmende Element dieses Raumes. Weitgespannte Rücken liegen zwischen den nur wenig eingetieften Abdachungsflüssen. Es ist das Bild einer Rumpffläche, und doch können wir diesen Ausdruck nicht verwenden, da die Ebenheiten durch die auflagernden, losen Kalahari-Decksande gebildet werden.

Von der Lunda-Schwelle mit einer Höhenlage von 1 700 - 1 900 m fällt das Gelände unmerklich nach Südosten über 1 000 km Entfernung zum Binnendeltagebiet des in 940 - 1 000 m Höhe gelegenen Okavango-Beckens ab. Während südlich von Nova Lisboa und bei Chinguar noch einzelne, kleine, flache Bergrücken der ebenen Abdachung aufsitzen, bilden im Südosten nur noch bei Vila da Ponte, Cuchi, Vila Serpa Pinto und bei Caiundo anstehende Gesteine flache Kuppen, die aus der Ferne kaum wahrnehmbar sind.

Man sollte meinen, daß auch die Flüsse bei dieser Gleichförmigkeit einheitlich reife Formen in Annäherung an ein ideales Längsprofil haben müßten. Kennzeichnend sind aber gerade ihre Uneinheitlichkeit und die Unausgeglichenheit. Scheint einerseits die Anordnung auf der Abdachungsfläche auf eine alte Anlage hinzuweisen, so verdeutlichen Talformen, Stromschnellen und Wasserfälle rezente Umgestaltungen. Ein Fremdkörper in diesem einheitlichen Bild ist das Einzugsgebiet des Cuanza, das 200 km über die Lunda-Schwelle nach Süden bis in das Hochgebiet nördlich von Catota und Vila Serpa Pinto ausgreift. Der Cuquema, in seinem Oberlauf einst Quellfluß des Cacuchi, wurde dem Cuanza tributär. Cuanza und Cubango haben mit 960 und 990 km etwa die gleiche Länge — nicht über Talweg gemessen, da genaue Karten noch fehlen, — aber ihre Erosionsbasen weisen 1 000 m Höhenunterschied auf; mit ca. 150 000 km² haben sie auch ein etwa gleich großes Einzugsgebiet, aber der Cuanza hat die erheblich größeren Abflußmengen. Zahlreiche Stromschnellen sind ein Zeichen seiner starken, rückschreitenden Erosion, wodurch sein Einzugsgebiet immer weiter nach Süden vergrößert wird. Auch der Cubango ist bis über die Einmündung des Cuito hinaus ein erodierender Fluß, ja die Popa-Fälle südlich von Libebe zeigen, daß die Einschneidung bis zur Wurzelzone der anastomosierenden Deltaarme reicht. Die Beobachtungen auf der Strecke zwischen Caiundo und 47 km unterhalb von Cuangar — also auf 340 km Länge — erbrachten keine Hinweise für ein Ausufern des Flusses bei Hochwasser. Von der bewaldeten Fläche senkt sich das Gelände ganz allmählich zum Fluß. Der geschlossene Wald hört auf. Am Fluß entlang zieht sich in der Regel eine 300 - 500 m breite, mit einzelnen Büschen bestandene Graszone; das Gelände fällt hier zum Fluß hin immer stärker ab. An feuchten Standorten treten in der Nähe des Flusses Gruppen von Phoenixpalmen auf. Die Talform entspricht also der eines sehr flachen V - Tales.

Im einzelnen seien die Region um Caiundo, der Abschnitt unterhalb Caiundos und das Gebiet von Cuangar näher behandelt.

a. Der Raum von Caiundo

Dem entworfenen Bild entspricht der Cubango-Lauf im Raume Caiundo und oberhalb von Caiundo allerdings überhaupt nicht. Nähert man sich Caiundo von Vila Serpa Pinto her, so muß man 1 km vor der Fähre eine Steilstufe von 40 m Höhe überwinden. Bis zum Fluß fährt man über eine Fläche mit grauen Tonböden und rotem Lehm mit Schottern. Vernäßte Stellen markieren Altwässer. Überflutet wird die Fläche nicht mehr. Diese 2 m - Terrasse (über Hochwasser) liegt vor einem ehemaligen Prallhang, als der sich der Steilhang erweist. Als Gesteine stehen an dem Hang, der am Fuß verschüttet ist, (vergl. Anhang, Probe 11 und 12) stark verkieselte Sande und Tone an. Die darüber liegende 40 m - Fläche ist ebenfalls eine Terrasse; eine dichte Schotterdecke von maximal 5 cm großen Quarz-, Quarzit- und Porphyrgeröllen überzieht die Oberfläche; vom Fluß weg dünnen die Schotter aus, das Gelände steigt an. Rötliche Lehme und Sande bilden die Landfläche. Ein

Untertauchen der Gerölle unter die Sande wurde nicht beobachtet. Auf der westlichen Seite des Flusses ist die 40 m - Terrasse nicht ausgebildet, es fehlt dort auch die 2 m - Terrasse. Der Fluß liegt an einer Steilkante, die zur 15 - 20 m höheren Fläche emporführt, auf der die 6 Häuser von Caiundo liegen. Auch dieses ist eine Terrassenfläche mit 1 - 2 m Schottermächtigkeit. Die Schotterfläche — gleiche Gerölle wie auf der 40 m - Terrasse — ist etwa 200 m breit und von Trockentälern in Riegel aufgelöst. Mit einem sanften Anstieg von 2 m hört die Schotterbedeckung auf; rötlicher, sandiger Lehm steht an, der höher hinauf in gelbliche, lehmige Sande übergeht. Die Schotter lagern einem tiefgründigen Rotlehm-Verwitterungsprofil auf. Die Gesteinsstruktur ist noch erkennbar; es handelt sich also um eine Verwitterung in autochthoner Lagerung. In Trockenrissen hat sich Kalk abgesetzt. (Abb. 1)

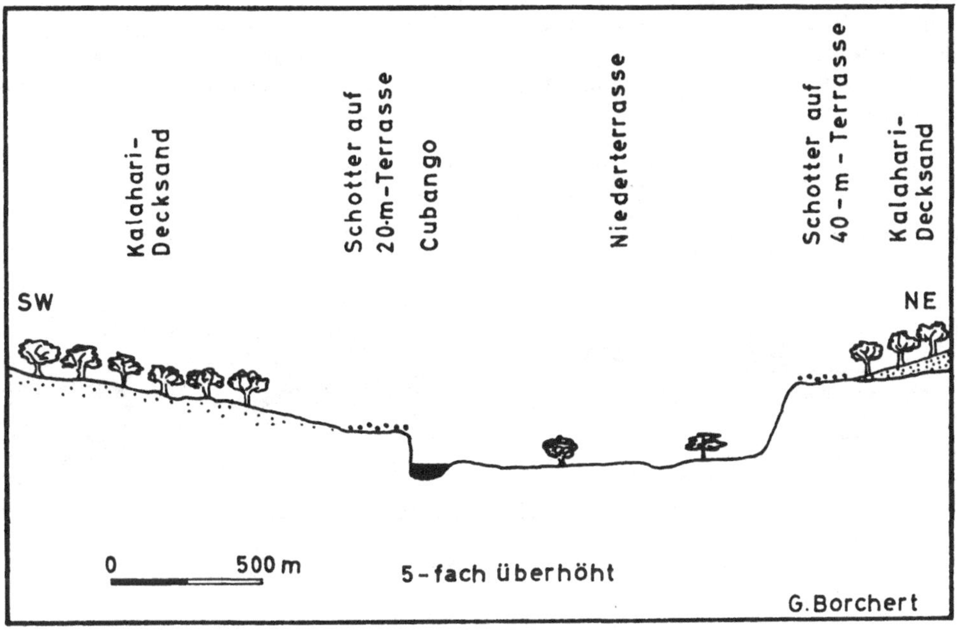

Abb. 1 **Talprofil des Cubango bei Caiundo**

Sucht man in der Umgebung von Caiundo nach weiteren derartigen Terrassen, so ergibt sich wenig Neues. Die 20 m - Terrasse läßt sich noch einige Kilometer am rechten Ufer abwärts verfolgen, ist aber stark zerstört; auch oberhalb von Caiundo ist sie nur in Resten erhalten. Das Ostufer des Cubango ist stets höher, und dort tritt sowohl oberhalb als auch unterhalb von Caiundo die 40 m - Terrassenkante als markanter Prallhang noch häufiger auf. Nur an der westlichen Talflanke sucht man vergebens nach gleichartigen Erscheinungen. Querab vom Fluß trifft man in 3 - 4 km Entfernung allerdings an einigen Stellen Kittquarzite wie am Prallhang, die wenig aus dem Sand hervorstehen. 10 km nordwestlich von Caiundo ist diese 40 m - Terrasse zwar nicht am Cubango, wohl aber an einem zum Cubango führenden 400 m breiten Trockental vorhanden. Die Steilhänge sind im Bereich des Fußes denudativ verflacht; Prallhänge treten deutlich in Erscheinung. Der Talboden ist stellenweise vernäßt; das Gefälle ist unausgeglichen. Schwere Glimmertone überwiegen. An den Talflanken sind in 15 - 20 m Höhe Gerölle zu finden, ebenso treffen wir sie auf der oberen Terrassenfläche an. Das Tal wurde 6 km nach Westen verfolgt; es änderte sich nicht. Von Süden mündete ein weiteres etwa 30 m tiefes Trockental ein. An den Talflanken stehen überall verkieselte und durch Eisen verfestigte Tone und Sande an. Zum Cubango hin wird das Tal etwas eingeengt und verliert seine scharfen Formen.

Der Cubango durchbricht unmittelbar unterhalb der Einmündung dieses Seitentales eine Felszone von Sedimenten der Oendolongo-Serie. Es handelt sich um Quarzite (Anhang, Probe 10 und 17), zum Teil auch um stark verfestigte Sandsteine mit einzelnen Geröllen, die weiter in Richtung Caiundo anstehen. Durch die diagonal zum Fluß streichenden Gesteinszonen wird der Fluß von 80 - 100 m auf 33 m (vermessener Wert) eingeengt, und das Wasser schießt durch ein enges Tor. Die Eingeborenen meiden diesen Ort, den sie Richo riacatento — Auge der Gesteine — nennen. Das Gelände ist durch Versumpfung und durch steil aufragende, mit Dornsträuchern und Euphorbien bestandene Quarzitzüge schwer zugänglich. (Abb. 2)

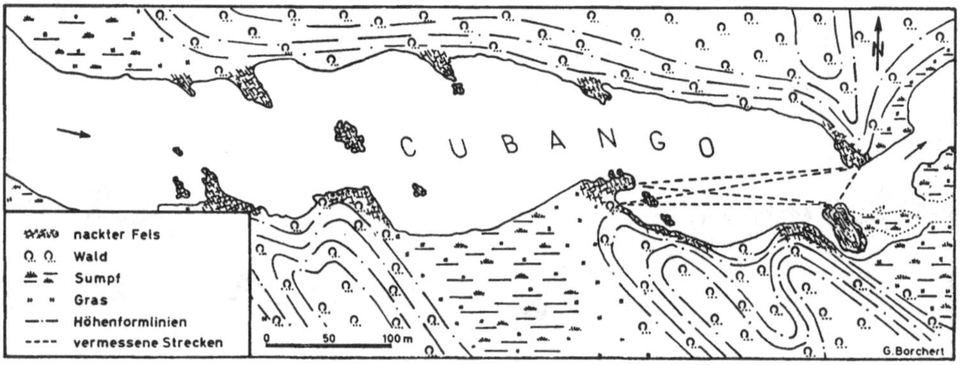

Abb. 2 **Richo riacatento — Engtalzone des Cubango** (Photo 9)

Glattpolierter Quarzit läßt Spuren früherer Erosion erkennen. Vor allem fällt eine Stromschnellenregion in dem einen der beiden Quarzitzüge auf; sie führt in das zwischen den beiden Rücken liegende, sanderfüllte Tal. Der enge Durchbruch des Cubango liegt nicht an der tiefsten Stelle des Quarzitzuges, sondern mit im höchsten Teil des Firstes.

Deutlich sind ein weiterer hochgelegener Einschnitt nördlich des Flusses und eine flache, morphologisch wenig markante Einsattelung im Süden vorhanden. Sie führt in jenes weite Trockental hinein, das oben beschrieben wurde.

Bevor wir an die Probleme und ihre Deutung herangehen, seien noch kurz die Regionen an den Stromschnellen von Muculungungo, am Unterlauf des Cuebe und die Landschaft 20 km südwestlich von Caiundo analysiert.

Etwa 25 km oberhalb von Caiundo strömt der Cubango in wildem, breitem Lauf über Amphiboldiorite, Quarzporphyre und Porphyrite und bildet zwischen Felsinseln eine größere Strecke von Stromschnellen. Die gleichen Gesteine stehen auch südwestlich des Flusses in großen Felsplatten auf einem Härtlingszug an, der die Umgebung um etwa 20 m überragt. Die Gegend trägt lockeren Wald mit dornenreichen Akazien. Überall steht scharfkantiger Schutt aus dem Sand und Lehm hervor; die Felsblöcke erreichen zum Teil Größen von mehreren Kubikmetern. Schotter treten erst in der Nähe des Flusses auf, wo man die ehemalige Wirkung des Wassers noch mehr als 10 m über dem Fluß beobachten kann. Das linke Ufer hat hier wieder eine etwa 1 km breite, intensiv genutzte Niederterrasse, über der ein ehemaliger Prallhang aufragt. Auf der rechten Seite fallen flache Täler auf, die in regelmäßigem Abstand zum Cubango führen. Unter einer dünnen Sanddecke sind sie mit grauschwarzem Glimmerton erfüllt. Oberflächlich fließt kein Wasser, aber die Tone sind in der Regenzeit völlig mit Wasser durchtränkt. Fahrzeuge können daher die Picada am Cubango aufwärts in dieser Zeit nicht befahren.

Der Rio Cuebe fließt vor seiner Einmündung in den Cubango in einem weiten Tal mit konvexen Hängen. Es sind keine Terrassen ausgebildet. Das Ufer ist vernäßt. Auf der 70 m höheren Fläche lagern rötliche Sande, am Hang treten silifizierte Tongesteine aus. In der Talaue wurden beim Soba Mangumbo 10 km nordöstlich der Fähre unter 40 cm Sandauflage eine Schicht von 20 cm Glimmerton und darunter verwitterte Quarzite festgestellt. 16 km nordöstlich von Caiundo ist der Gesteinswechsel an der Piste nach Vila Serpa Pinto auf kleinem Raum sehr groß. 300 m östlich der Straße ist in einem Hügelzug silifiziertes Tongestein von Hornblendebasalt unterlagert (Anhang, Probe 14). Im NS-Streichen kreuzt ein Porphyrgang von 4 m Breite die Straße; weiter oberhalb treten auf der Piste Limonitschichten aus. In einem Seitenbach des Cuebe etwas weiter nördlich wurden unter 80 cm blauschwarzem Ton Kiese und Sande festgestellt. Gegenüber mündet der Matungue, ein linker Nebenbach am Unterlauf des Cuebe; er führt das ganze Jahr über Wasser. In einem flachen, vernäßten Muldental fließt er auf der 70 m höheren Fläche und überwindet in einem sehr kurzen Kerbtal den Höhenunterschied zum Cuebe.

Gehen wir in den Raum südwestlich von Caiundo, so kommt man nach Verlassen der 20 m-Terrasse in den Wald, wo zunächst noch rötliche Lehme, dann rötliche, später gelbliche Sande und auf den höheren, flußfernen Gebieten gebleichte Sande anstehen. An wenigen Örtlichkeiten in 3-4 km Abstand vom Fluß durchragen silifizierte Tongesteine den Sand. Der Wald ist dicht, der Krautunterwuchs gering. Nach 10 km durchquert man eine erste, flach eingesenkte, über 1 km breite, offene Chana. Das Gras steht mehr als 2 m hoch, der Boden ist sandig. Einzelne Wasserlöcher sind in flachen Wannen vorhanden. In 7 km Entfernung folgt die nächste NNW-SSO verlaufende Chana, die mehr als 4 km breit ist und sich 60 km nach Süden verfolgen läßt. Es ist die Chana Tandaue. Vernäßte, morastige Senken mit schwarzen Tonen sind auch hier vorhanden; eine dünne Sandauflage überzieht den trügerischen Unterboden. Der Sand ist in den Chanas gröber als in dem angrenzenden Trockensavannenwald. Sandanhäufungen von 10 cm Höhe hinter den lockeren Hochgrasbüscheln machen ein Befahren der weiten Grasfläche beschwerlich. Eine Aufgrabung von 1,20 m Tiefe erbrachte, daß der Sand nicht in Schichten abgelagert ist. Es sind aber zwei dünne Lagen mit organischem Material — Asche und Humus — in 30 und 50 cm Tiefe vorhanden.

Die kleinen Sandhäufchen im Schutze der Grasbüschel lassen sich nur auf Windwirkung in der Trockenzeit zurückführen, wenn nach dem Abbrennen des Grases der Boden ungeschützt daliegt. Auch die Sortierung des Sandes — feiner Sand im

Wald — kann nur äolisch erklärt werden, wenn auch Dünenformen fehlen. Daneben sind am Waldrand Zonen zu finden, wo der feine, gebleichte Sand flächenhaft in die Chana gespült wurde. Es konnten jedoch keine Beobachtungen gemacht werden, daß in der Chana gelegentlich ein Wasser abkommt. Die Niederschläge versickern schnell im Sand. In der Regenzeit ist der Untergrund in 1 m Tiefe schon sehr feucht, große Grundwasservorräte müssen vorhanden sein.

Wir befinden uns hier schon im Bereich der sich bis zum Cunene erstreckenden Mulola-Kalahari, die von einem Netz versandeter, greisenhafter Talungen durchzogen wird. *Wellington (Lit. 411, p. 64)* gibt wieder, daß bei Hochwasser aus dem Cubango Wasser durch den Mulola Chancango bis in das Ovamboland und damit ins Etoscha-Becken fließen soll. Eine Überprüfung, die für die Erklärung der Hydrographie und Morphogenese dieses Raumes von äußerster Wichtigkeit wäre, war nicht möglich, da die Picada von Caiundo nach Cassinga am Cubango entlang in der Regenzeit unpassierbar ist. Bei *Baum (Lit. 36, p. 42, 44)*, der 1899 zu Beginn der Regenzeit diese Region des Cubango passierte, ist über ein Ausfließen des Cubango in die Mulola Chancango keine Bemerkung vorhanden, obgleich er ausführlich über die Maramben (= Mulolas) berichtet und vom Cubango schreibt: „Er tritt hier nicht über seine Ufer". Erst mit Hilfe einer Luftbildbefliegung und nachfolgenden, eingehenden Untersuchungen wird man das Problem der Mulolas in dem unzugänglichen Gebiet zwischen Cunene und Cubango lösen können. Dabei wird es vor allem um folgende Fragen gehen:

Versanden hier frühere Flußläufe? — Trocknet das Gebiet aus? — Haben Cunene und Cubango ihren Lauf verlegt?

Die gleichen Fragen betreffen damit natürlich auch den Raum von Caiundo und den ganzen Südosten von Angola. So vielfältig dabei der Formenschatz im Raume von Caiundo ist, so vielschichtig sind dort auch die Probleme. Die Terrassen sind ein Beweis für ein starkes Einschneiden des Cubango. Das Versanden der Nebentäler spricht für eine Abnahme der Erosion und bei Richo riacatento kann man an eine Laufverlegung denken.

Zunächst ergibt sich, daß die Kalahari-Decksande früher als die Gerölle auf der 40 m-Terrasse abgelagert wurden, da eine Verschüttung nicht mehr erfolgte. Ohne daß hier in die Diskussion zur Stratigraphie der Kalahari-Formation eingegriffen werden soll *(Mouta, Lepersonne, Janmart und Leakey)*, muß man folgern, daß sich im Raum von Caiundo nach Ablagerung der pleistozänen Kalahari-Decksande der Cubango um mehr als 40 m eingeschnitten hat. Dabei wurden auf der Oberfläche der verkieselten Tongesteine, der „gres polimorfos" — miozäne Abtragungsfläche — *(Mouta, Lit. 288, p. 46)*, jene schon beschriebenen Porphyr-, Quarz- und Quarzitgerölle abgelagert. Schwierig ist die Erklärung der Gerölle auf den autochthonen Rotlehmen der 20 m-Terrasse. Eine Verwitterung nach Ablagerung der Schotter scheidet aus, da diese dann ebenfalls stark verwittert sein müßten; sie sind aber ausgesprochen frisch. Es bleibt nur die Folgerung, daß wir es hier mit der Aufdeckung einer alten Landfläche zu tun haben (oberkretazische Ablagerungsfläche? *nach M. Feio, Lit. 288, p. 76)*. Wenn diese Eintiefung des Cubango sich auch an anderen Orten eindeutig als jungpleistozän und holozän erweisen sollte, erklärt sich damit ebenfalls das Netz der Mulolas zwischen Cubango und Cunene. Auf der nach Süden geneigten Abdachungsfläche bildete sich zunächst nach der Ablagerung der Kalahari-Decksande ein ungeordnetes Entwässerungsnetz aus. Die stärkere Eintiefung des Cubango dürfte dann zu einer immer geringeren Wasserführung in den Mulolas und damit zu einer sukzessiven Versandung dieser absterbenden Rinnen geführt haben. In wie weitem Maße Anzapfungen und Laufverlegungen des Cubango mitgespielt haben, kann heute noch nicht entschieden werden. Für das Delta des Okavango (=Cubango) gibt *Krenkel (Lit. 252, p. 297)* an, daß „der Aufstau der Okavango-Wasser veranlaßt ist durch jüngste epirogenetische Bewegungen". Wir werden später sehen, ob für derartige endogene Vorgänge ebenfalls Anzeichen in Südostangola vorhanden sind. Die Ablenkung des Cubango aus seiner Nord-Süd-Richtung — siehe auch den Cunene — und das Fehlen von rechtsseitigen Nebenflüssen führen auf jeden Fall erst einmal zu tektonischen Hypothesen. Auch die Eruptiva an den Wasserfällen des Muculungungo und 16 km nordöstlich von Caiundo scheinen ein Hinweis für jüngere tektonische Vorgänge zu sein. Nur in monatelanger geologischer und morphologischer Kleinarbeit werden sich die Probleme dieses Raumes klären lassen. Vielleicht wird man dann hier den Schlüssel für die Gliederung der Kalahari-Formation in die Hand bekommen. Ohne eine vorherige Luftbildbefliegung ist bei der Unübersichtlichkeit des Gebietes aber wenig zu machen.

Das Problem des großen Trockentales bei Richo riacatento wird sich dann ebenfalls lösen lassen. In seiner Größe kann es nur durch einen Fluß wie den Cubango geformt worden sein. Es ist aber nicht einzusehen, wieso der Cubango sich aus dem bestehenden, tiefen Bett in den mehr als 40 m hohen Quarzitzug in ein nur 33 m breites Tor einschnitt. Auch die beiden anderen Pforten und die Stromschnellenzone auf dem westlichen Härtlingszug sind heute noch nicht zu erklären. Der Cubango bietet uns auf jeden Fall im Raume von Caiundo das Bild eines stark erodierenden Flusses; der Cuebe mit seiner großen Wasserführung konnte der Tiefenerosion folgen, nicht aber die kleinen Bäche, die im Sand ersticken. Besonders der Matungue mit seinem wenig entwickelten Tallängsprofil ist ein Beweis für die junge Einschneidung des Cubango. Da der Cubango in ein Binnenbecken mündet, sich aber noch stark in eine verschüttete Peneplain einschneidet, läßt sich folgern, daß durch junge Krustenbewegungen das Delta abgesunken oder das Quellgebiet, die Lunda-Schwelle, emporgestiegen ist.

b. Der Cubango von Caiundo bis zur Grenze von Südwestafrika

Auf der 250 km langen Strecke zwischen Caiundo und der südlichen Grenze entspricht der Cubango dem anfangs entworfenen Bild. In einem weiten, flachen V-Tal ist der Fluß bis zu 70 m tief in die Landoberfläche eingesenkt. Das östliche Ufer ist etwas höher und streckenweise als Steilufer ausgebildet. Auf der ganzen Strecke bilden Sande die Oberfläche; nur 60 - 80 km südlich von Caiundo treten hin und wieder Kittquarzite aus dem Sand hervor. 78 km südlich von Caiundo hat der Cubango kleine Stromschnellen. Bis hierher kreuzt die Piste zahlreiche versumpfte Chanas, die von Westen her zum Cubango führen. Ein Knüppeldamm quert zumeist diese Großdellen, in denen manchmal oberflächlich ein dünner Wasserfilm zwischen den 2,50 m hohen Gräsern zum Cubango zieht. Ehemalige Mäanderbogen lassen sich mit ihren versumpften, tonigen Böden an den flachen Talhängen beobachten und sind gegen die unverfestigten, hellen Sande der höheren Fläche mit einer deutlichen Erosionskante abgesetzt. Aus der Mulola - Kalahari westlich des Flusses führen also keine Nebenflüsse zum Cubango, es treten nur Sickerwässer aus den Sanden aus, um in versumpften, mit Ton und sandigem Humus erfüllten Dellen minimale Wassermengen dem Strom zuzuleiten.

Südlich der Gesteinszone wird die Zahl der Seiten-Chanas geringer. Die Talung des Cubango ist dichter besiedelt. Im Boden lassen sich weiche Kalkkonkretionen nachweisen. Die Landfläche liegt nur noch etwa 30 m über dem Fluß. An der Grenze zwischen Angola und Südwestafrika muß man den 161 m breiten und über 4 m tiefen Fluß mit einer Seilfähre — Jangada de Cahôco — kreuzen.

c. Der Cubango im Raum von Cuangar

Zwischen der Fährstelle und dem 37 km flußabwärts gelegenen Cuangar ist auf der portugiesischen Seite des Flusses ein hohes Ufer ausgebildet, das stellenweise 30 - 40 m aufragt; das Gegenufer weist derartig steile Talflanken nicht auf. Kittquarzite (Anhang, Probe 29) stehen an dem Steilufer an und durchragen auf der darüberbefindlichen Landfläche in der Nähe des Flusses ebenfalls in zahllosen Blöcken die rötlichen Sande. Auch 15 und 22 km unterhalb von Cuangar tritt eine 15 m hohe Steilkante auf, hier allerdings über einer 4 m - Terrasse, auf der alte Flußbetten (lehmige Areale mit Dornsträuchern) und sandige Uferwälle (Eingeborenenfelder) noch deutlich zu erkennen sind. Der heutige Flußlauf ist ohne Talaue scharf in diese mehrere hundert Meter breite Niederterrassenfläche eingeschnitten. An der 15 m - Steilkante stehen weißlich-gelbe, quarzitähnliche Sandsteine (Anhang, Probe 31) an, die auf der Fläche darüber in karren- und schrattenähnliche Formen aufgelöst sind. (Photo 10)

Die 11 Häuser von Cuangar — Post, Administration, Sanitätsposten, 2 Häuser der Flußschiffahrt, 2 Wohnhäuser für Administrator und Sekretär und 4 Häuser von Kaufleuten — liegen auf sandüberdeckten Kalkmergeln etwa 20 m über dem Fluß. Vom Pegel Cuangar 0,00 m bis zur Administration ergibt sich ein vermessener Höhenunterschied von 23 m. Dem Hang zum Cubango hinunter liegt eine dünne Schotterstreu auf. Auch im Fluß konnten an den kleinen Stromschnellen 300 m oberhalb von Cuangar 3 - 5 cm große Gerölle festgestellt werden.

Es darf an dieser Stelle darauf aufmerksam gemacht werden, daß sich die Karte des Okavango von *Sprigade* aus dem Jahre 1912 *(Lit. 366)* heute kaum noch verwenden läßt. Der Fluß ist einerseits breiter geworden, andererseits werden Gebiete, die auf der Karte noch als „bei Hochwasser" überflutet eingezeichnet sind, heute vom Wasser nicht mehr erreicht. So ist auch die Insel gegenüber von Cuangar heute mit dem rechten Ufer verbunden. Da der Fluß überall erosiv tätig ist, kann man diese rezenten Veränderungen durch ein verstärktes Einschneiden erklären. Eine Abbruchkante an jener ehemaligen Insel zeigt in einem Profil, daß der Fluß sich heute in seine ehemaligen Sedimente einschneidet.

Profil gegenüber von Cuangar an Erosionskante

0 - 200 cm	Ungeschichtete Sande
200 - 230 cm	Kaolinsand, etwas verfestigt, keine Reaktion auf Kalk
230 - 260 cm	Grauer Ton
260 - 400 cm	Kreuzgeschichtete Sande
Wasserspiegel:	Wasserstand am Pegel Cuangar 1,03 m am 4. Februar 1959

Dringt man vom Fluß aus nach Norden vor, so hört schon nach 1 km, mit dem Eintritt in den dürftigen Wald, jeglicher Einfluß der Eingeborenen auf. Nur hin und wieder findet man eine mit Dorngestrüpp verschlossene Wasserstelle der Buschmänner. Der lockere Sand ist nicht mehr rot, sondern gelblich-weiß und überall zwischen der dürftigen Kraut- und Grasbedeckung sichtbar. Die früher einmal freigeschlagene Picada nach Baixo Longa ist wieder zugewachsen. Es gelang nur, 10 km durch den Wald vorzudringen. Dabei wurde auch hier eine Chana gekreuzt, die mit einem deutlichen Geländeknick gegen das 2 - 3 m höhere, umgebende Gelände abgesetzt war. Diese Chana hatte keine reine Grasflora, keine Humus- oder Tonböden und war nicht vernäßt. Der Sand war aber schon in 1 m Tiefe sehr feucht. Es fiel besonders auf, daß das krüppelige Buschwerk der Chana von der gleichen Artenzusammensetzung war wie der Baumbestand des Waldes. Man kann daraus folgern, daß für den Trockensavannenwald die Standorte in der Chana zu feucht sind. Die untersuchte Chana hatte zum Cubango hin kein gleichsinniges Gefälle, auch konnten keinerlei Beobachtungen hinsichtlich einer oberflächlichen Entwässerung gemacht werden. Der etwas weiter westlich verlaufende Rio Buga mäandriert in einer versumpften Talaue, ist bis auf das Niveau des Cubango eingeschnitten und führt das ganze Jahr über etwas Wasser. In dem 2 - 3 m breiten Bachbett stehen nur Sande an.

Wir haben also den Cubango in den besprochenen drei Regionen als einen erosiven Fluß kennengelernt. Obgleich er zwischen Cuebe- und Cuito-Mündung nur die unbedeutenden Wassermengen vom Rio Queio, Cuatir und Buga und Sickerwasserzuflüsse erhält, sedimentiert er an keiner Stelle sein Bett auf, wie man es von einem Fremdlingsfluß in einem Trockenraum erwarten könnte. Der Fluß ist im Gegenteil so stark eingetieft, daß er auch bei Hochwasser keine oder ganz geringe Ausuferung zeigt. Es muß also später noch der schwierigen Frage nachgegangen werden, ob der Cubango im Bereich von Cuangar noch kein Fremdlingsfluß ist, oder ob die Verringerung der Wasserführung — damit verbunden eine Abnahme der Schleppkraft — durch andere Faktoren kompensiert wird.

d. Die Wasserführung des Cubango

Wie alle Flüsse wechselfeuchter Gebiete unterliegt auch die Wasserführung des Cubango großen Schwankungen. In Abhängigkeit vom Einsetzen der Regenzeit wird der niedrigste Wasserstand Ende Oktober oder Anfang November erreicht, während Hochwasserwellen schon im Januar, ja selbst bis Mai durchlaufen können. Immer steigt der Fluß in den Monaten November und Dezember bis in den Januar, während in den Monaten von Mai bis Ende Oktober von Tag zu Tag der Wasserspiegel langsam und stetig sinkt. Bei *Seiner* (*Lit. 349, p. 40*) finden sich in Anlehnung an *Passarge* noch Angaben, daß Okavango und Kwando (=Cuando) jährlich durch eine zweimalige Hochflut geschwellt werden, und zwar durch eine Hochflut am Ende der Regenzeit, der in 2 - 4 Monaten eine Winterhochflut folgt, die der ersten an Stärke jedoch selten gleichkommt. Für eine derartige Winterhochflut in den Monaten Juni bis August liegen aber keine Beobachtungen vor. Auch die Wasserstandsbeobachtungen von Kuring-Kuru gegenüber von Cuangar in Südwestafrika aus dem Jahre 1911/12 (*Lit. 442*) geben nur einen einphasigen Verlauf der Wasserstandsganglinie (Monatsmittel) wieder. Seit 1956 liegen laufende Pegelmessungen vor, die von der portugiesischen Verwaltung im Rahmen der Planung eines Schiffsverkehrs auf dem Cubango angestellt werden. Der Schiffsverkehr wurde inzwischen mit Schleppern und Lastkähnen im Jahre 1960 eröffnet.

Der Pegel von Caiundo wird seit Oktober 1956 und der von Cuangar seit März 1957 täglich registriert. Außerdem wird seit August 1958 etwa wöchentlich einmal der Pegel der Fährstelle von Cahôco abgelesen. Da zwischen den Pegelmeßpunkten von Cuangar und Cahôco — 37 km voneinander entfernt — nur der Bach Rio Buga mit einer Wasserführung von $< 1\ m^3 \cdot sec^{-1}$ einmündet, so kann aus den korrespondierenden Pegelständen der beiden Stationen ein Pegelbezugslinien-Diagramm erstellt werden. Nach den Ablesungen der Administration Cuangar habe ich auf Grund von 42 Werten für Cahôco aus den Jahren 1958/59 ein derartiges Diagramm schon in erster Näherung entworfen. Es wird also in Zukunft möglich sein, aus dem Pegelstand von Cuangar den für Cahôco abzulesen, so daß weitere Pegelbeobachtungen für Cahôco nicht mehr notwendig sind. Nur für den Hochwasserbereich — Pegelwerte von > 1 m für Cuangar — müßten die Pegelbezugswerte noch stärker verdichtet werden. Es ist dabei zu beachten, daß auf Grund der Entfernung und der Strömungsgeschwindigkeit zwischen Cahôco und Cuangar eine Zeitdifferenz von 20 Stunden besteht. Man muß also die Ablesungen von Cahôco denen des Folgetages von Cuangar zuordnen, wie es auch bei der Konstruktion des vorliegenden Pegelbezugslinien-Diagramms geschehen ist. Da für den Hochwasserbereich erst zwei Beobachtungspaare vorliegen, die einem voneinander abweichenden Kurvenverlauf entsprechen, wurde eine Aufspaltung und Strichelung der Kurve vorgenommen (Abb. 3). Für Caiundo und Cuangar läßt sich kein Pegelbezugslinien-Diagramm konstruieren, da unterhalb von Caiundo der wasserreiche Rio Cuebe einmündet, während Queio, Cuatir und Buga mit ihrer geringen Wasserführung ohne Bedeutung wären. Aus den fast geschlossenen Pegelbeobachtungen von 1958 und 1959 wurden von mir weiterhin die Wasserstandsganglinien-Diagramme entworfen. Dabei habe ich das Abflußjahr wie in Mitteleuropa von November bis Oktober angesetzt, da so ebenfalls der Zeitraum von Niedrigwasser zu Niedrigwasser erfaßt wird. Vielleicht wäre auch an eine Einteilung von Oktober bis September zu denken, um damit klimatologisches und gewässerkundliches Jahr zu koordinieren; man muß aber berücksichtigen, daß die geringen Niederschläge Ende September und im Oktober noch keine Abflußspende erbringen. (Tab. 1 - 4)

Die Niederschläge dienen in den ersten Monaten der Regenzeit zur Auffüllung des Wasserdefizits im Boden. Wenn auch die Wasserkapazität der Sande nicht groß ist, so dauert es doch eine beträchtliche Zeit, bis es zu einer Abflußspende aus dem Grundwasser kommt. Man muß vor allem dabei berücksichtigen, daß zu dieser Zeit die Bäume und die Krautvegetation austreiben und einen hohen Wasserbedarf haben. Zwar kann es lokal nach Starkregen zu einer oberflächlichen Wasserspende kommen; für die Wasserführung des Cubango sind derartige lokale Ereignisse in den ersten Monaten der Regenzeit aber ohne Bedeutung. Der Pegelstand ist in den Monaten November/Dezember vor allem abhängig von der Intensität der Niederschläge und der Abflußspende im Quellgebiet auf der Lunda-Schwelle. Ab Februar macht sich dann die ausgleichende Wirkung der Decksande im Bereich der Nebenflüsse und am Mittellauf des Cubango bemerkbar, so daß es normalerweise nur zu geringfügigen Änderungen in der Wasserführung von Tag zu Tag kommt. Das Abflußjahr 1958/59 brachte allerdings im Februar 1959 mit einer Hochwasserwelle abnorme Verhältnisse, wie überhaupt die Jahre 1959 - 1962 überreiche Niederschläge brachten.

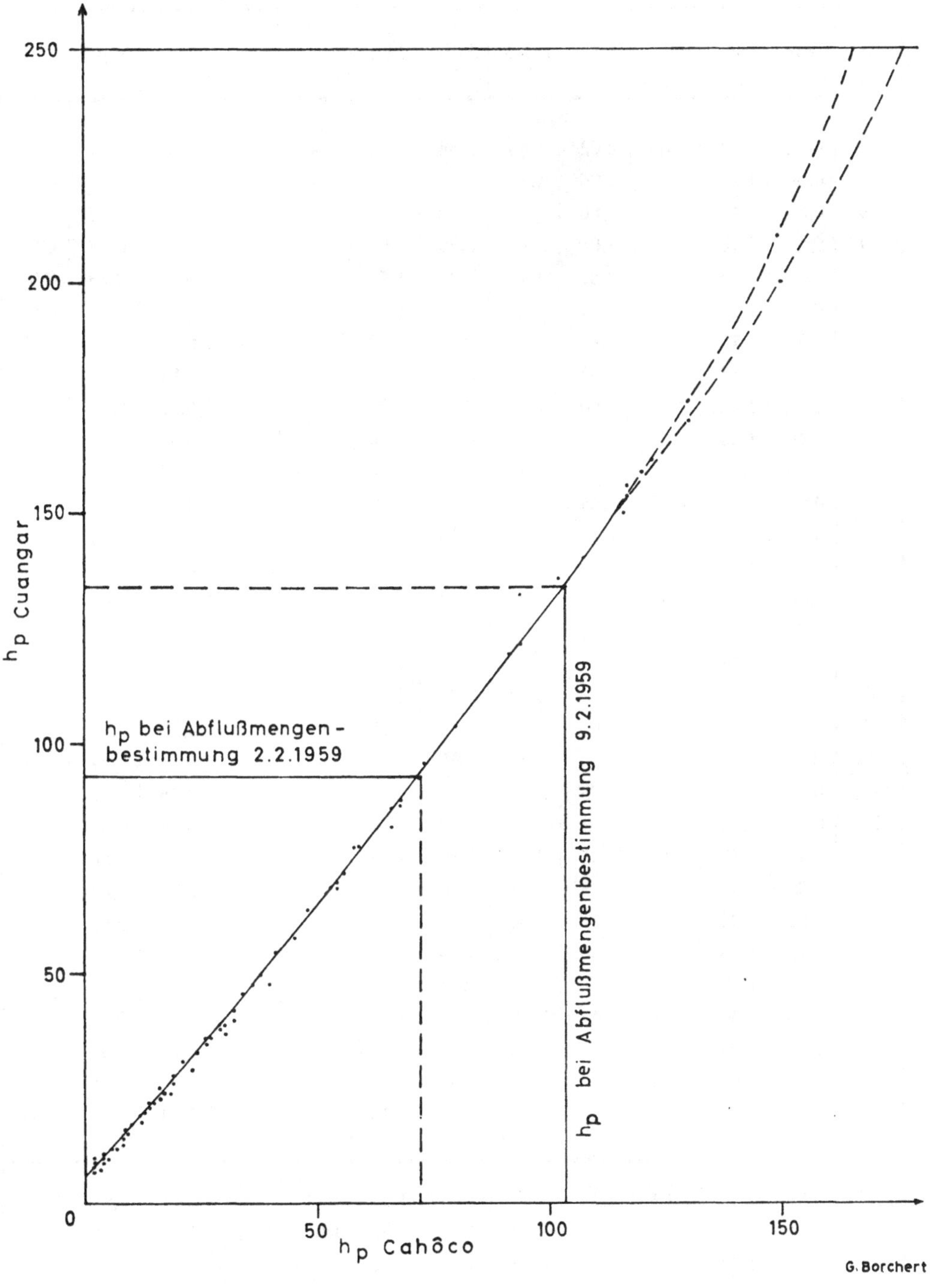

Abb. 3 Pegelbezugslinien-Diagramm von Cuangar und Cahôco
Gezeichnet nach den Ablesungen der Administration Cuangar

Tag	Nov.	Dez.	Jan.	Feb.	März	April	Mai	Juni	Juli	Aug.	Sept.	Okt.
1	0,64	1,07	2,04	2,02	1,40	2,48	1,60	–	–	0,85	0,74	0,64
2	0,64	1,12	2,10	2,06	1,45	2,42	1,58	–	–	0,84	0,74	0,63
3	0,64	1,19	2,15	2,06	1,43	2,40	1,55	–	–	0,84	0,73	0,63
4	0,65	1,12	2,16	2,06	1,42	2,36	1,55	–	–	0,84	0,73	0,63
5	0,65	1,14	2,25	2,02	1,40	2,32	1,50	–	–	0,83	0,73	0,63
6	0,66	1,20	2,24	2,02	1,42	2,30	1,45	–	–	0,83	0,72	0,62
7	0,67	1,18	2,28	1,99	1,47	2,26	1,40	–	–	0,83	0,72	0,63
8	0,68	1,22	2,39	1,95	1,50	2,22	1,40	–	–	0,82	0,72	0,62
9	0,68	1,24	2,52	1,90	1,55	2,20	1,35	–	–	0,82	0,71	0,61
10	0,68	1,25	2,60	1,85	1,56	2,20	1,30	–	–	0,82	0,71	0,61
11	0,69	1,29	2,65	1,75	1,52	2,20	1,30	–	–	0,82	0,71	0,60
12	0,71	1,34	2,63	1,65	1,62	2,20	1,30	–	–	0,81	0,70	0,60
13	0,79	1,32	2,60	1,70	1,75	2,15	1,29	–	–	0,81	0,70	0,60
14	0,84	1,34	2,60	1,70	2,00	2,15	1,29	–	–	0,81	0,70	0,59
15	0,86	1,38	2,60	1,74	2,00	2,13	1,27	–	–	0,80	0,69	0,59
16	0,88	1,43	2,60	1,74	1,95	2,10	1,27	–	–	0,80	0,69	0,58
17	0,92	1,46	2,60	1,75	2,12	2,05	1,27	–	–	0,80	0,68	0,57
18	0,98	1,51	2,58	1,72	2,20	2,05	1,25	–	–	0,79	0,68	0,57
19	0,96	1,54	2,58	1,65	2,48	2,00	1,25	–	–	0,79	0,67	0,57
20	0,94	1,60	2,48	1,62	2,60	1,95	1,25	–	–	0,79	0,67	0,57
21	0,92	1,63	2,38	1,55	2,40	1,92	1,23	–	–	0,78	0,67	0,58
22	0,92	1,74	2,20	1,55	2,50	1,90	1,23	–	–	0,78	0,67	0,58
23	0,94	1,90	2,15	1,55	2,60	1,85	1,21	–	–	0,78	0,66	0,58
24	0,96	1,94	2,15	1,55	2,68	1,80	1,17	–	–	0,77	0,66	0,58
25	1,02	1,98	2,15	1,54	2,60	1,80	1,15	–	–	0,77	0,65	0,57
26	1,11	1,98	2,20	1,50	2,60	1,73	1,15	–	–	0,77	0,65	0,57
27	1,06	1,98	2,20	1,45	2,58	1,73	1,14	–	–	0,76	0,64	0,57
28	1,08	2,00	2,09	1,45	2,56	1,70	1,14	–	–	0,76	0,64	0,56
29	1,06	1,96	2,08		2,58	1,70	1,13	–	–	0,76	0,64	0,56
30	1,06	1,96	2,05		2,54	1,66	1,11	–	–	0,75	0,64	0,56
31		2,02	2,05		2,52		1,10	–	–	0,74		0,55
NW	0,64	1,07	2,04	1,45	1,40	1,66	1,10			0,74	0,64	0,55
MW	0,84	1,52	2,41	1,69	2,03	2,06	1,30	(1,00)	(0,90)	0,80	0,69	0,59
HW	1,11	2,02	2,65	2,06	2,68	2,48	1,60			0,85	0,74	0,64

Tabelle 1 **Wasserstände des Rio Cubango am Pegel Caiundo 1957/58**

NW = 0,55 m MW ≈ 1,40 m HW = 2,68 m

Tag	Nov.	Dez.	Jan.	Feb.	März	April	Mai	Juni	Juli	Aug.	Sept.	Okt.
1	0,56	0,74	1,77	2,06	2,83	2,86	2,62	2,00	1,57	1,30	1,09	–
2	0,56	0,74	2,00	2,30	2,83	2,86	2,64	1,99	1,55	1,30	1,09	–
3	0,59	0,75	1,90	2,87	2,80	2,84	2,60	1,97	1,54	1,29	1,07	–
4	0,59	0,79	2,00	2,49	2,79	2,80	2,57	1,96	1,53	1,29	1,06	–
5	0,59	0,80	1,90	2,60	2,76	2,79	2,52	1,95	1,52	1,29	1,05	–
6	0,64	0,80	1,97	2,44	2,74	2,79	2,50	1,92	1,51	1,29	1,05	–
7	0,62	0,81	2,00	2,60	2,74	2,81	2,49	1,90	1,50	1,28	1,03	–
8	0,61	0,85	1,97	4,00	2,72	2,88	2,47	1,90	1,50	1,27	1,02	–
9	0,61	0,85	2,00	3,88	2,70	2,90	2,45	1,88	1,49	1,25	1,01	–
10	0,62	0,89	1,90	3,26	2,70	2,90	2,44	1,86	1,48	1,25	1,00	–
11	0,64	0,90	1,90	3,30	2,69	2,94	2,42	1,84	1,47	1,24	0,99	–
12	0,63	0,94	1,92	3,39	2,66	2,96	2,43	1,82	1,46	1,23	0,99	–
13	0,62	0,95	1,92	3,32	2,61	2,99	2,42	1,80	1.45	1,22	0,98	–
14	0,62	0,99	1,90	3,31	2,60	3,02	2,40	1,79	1,44	1,22	0,98	–
15	0,61	0,99	1,89	3,30	2,59	3,04	2,39	1,78	1,43	1,22	0,98	–
16	0,61	1,00	1,85	3,15	2,55	3,02	2,38	1,77	1,42	1,20	0,97	–
17	0,63	1,05	1,80	3,07	2,55	3,00	2,35	1,75	1.41	1,19	0,97	–
18	0,64	1,30	1,75	3,04	2,58	3,00	2,33	1,73	1,40	1,18	0,96	–
19	0,66	1,50	1,77	3,05	2,58	3,00	2,30	1,70	1,40	1,17	0,96	–
20	0,66	1,50	1,75	3,06	2,66	3,00	2,29	1,70	1,39	1,15	0,96	–
21	0,67	1,52	1,75	3,04	2,64	2,99	2,25	1,69	1,39	1,14	0,95	–
22	0,68	1,59	1,84	3,00	2,67	2,97	2,22	1,68	1,38	1,14	0,95	0,73
23	0,68	1,65	1,80	2,97	2,70	2,94	2,20	1,67	1,37	1,13	0,94	0,74
24	0,68	1,69	1,88	2,92	2,76	2,89	2,19	1,65	1,37	1,12	0,94	0,75
25	0,69	1,65	1,88	2,90	2,75	2,85	2,15	1,63	1,36	1,12	0,93	0,76
26	0,69	1,64	1,90	2,87	2,71	2,79	2,13	1,62	1,35	1,11	0,93	0,77
27	0,70	1,70	1,86	2,84	2,74	2,76	2,10	1,61	1,34	1,10	0,93	0,77
28	0,71	1,70	1,86	2,84	2,77	2,78	2,09	1,60	1,32	1,10	0,92	0,78
29	0,72	1,70	1,85		2,80	2,70	2,07	1,60	1,30	1,10	0,92	0,79
30	0,74	1,74	1,94		2,83	2,69	2,04	1,59	1,30	1,10	0,91	0,79
31		1,74	2,00		2,86		2,03		1,30	1,09		0,79
NW	0,56	0,74	1,75	2,06	2,55	2,69	2,03	1,59	1,30	1,09	0,91	–
MW	0,64	1,21	1,88	3,00	2,71	2,89	2,34	1,79	1,43	1,20	0,98	≈ 0,82
HW	0,74	1,74	2,00	4,00	2,86	3,02	2,64	2,00	1,57	1,30	1,09	–

Tabelle 2 Wasserstände des Rio Cubango am Pegel Caiundo 1958/59

NW = 0,56 m MW = 1,74 m HW = 4,00 (4,50) m

Tag	Nov.	Dez.	Jan.	Feb.	März	April	Mai	Juni	Juli	Aug.	Sept.	Okt.
1	0,16	0,42	1,06	1,17	0,80	1,55	0,88	0,47	0,32	0,28	0,21	0,13
2	0,16	0,43	1,04	1,18	0,78	1,53	0,86	0,46	0,32	0,27	0,21	0,13
3	0,16	0,44	1,05	1,18	0,76	1,51	0,84	0,45	0,32	0,27	0,21	0,12
4	0,16	0,45	1,16	1,17	0,74	1,49	0,82	0,44	0,31	0,27	0,21	0,12
5	0,16	0,47	1,20	1,16	0,72	1,46	0,80	0,43	0,31	0,26	0,20	0,12
6	0,16	0,48	1,24	1,12	0,72	1,43	0,79	0,42	0,31	0,26	0,20	0,11
7	0,16	0,49	1,30	1,06	0,74	1,41	0,78	0,42	0,31	0,26	0,20	0,11
8	0,16	0,50	1,36	1,02	0,73	1,38	0,76	0,41	0,31	0,26	0,20	0,11
9	0,17	0,51	1,42	0,98	0,74	1,36	0,74	0,41	0,30	0,26	0,19	0,11
10	0,18	0,53	1,45	0,97	0,78	1,32	0,72	0,40	0,30	0,26	0,19	0,10
11	0,19	0,54	1,48	0,96	0,82	1,30	0,70	0,39	0,30	0,25	0,19	0,10
12	0,20	0,56	1,52	0,95	0,86	1,28	0,69	0,39	0,30	0,25	0,19	0,10
13	0,21	0,57	1,56	0,94	0,90	1,26	0,67	0,38	0,30	0,25	0,18	0,10
14	0,22	0,58	1,57	0,93	0,94	1,24	0,66	0,37	0,30	0,25	0,18	0,09
15	0,23	0,60	1,54	0,92	1,00	1,23	0,65	0,36	0,30	0,25	0,18	0,09
16	0,26	0,62	1,52	0,91	1,04	1,21	0,64	0,35	0,30	0,24	0,18	0,09
17	0,27	0,63	1,54	0,91	1,12	1,19	0,62	0,34	0,30	0,24	0,18	0,09
18	0,28	0,65	1,54	0,99	1,17	1,17	0,60	0,34	0,30	0,24	0,17	0,09
19	0,29	0,67	1,53	0,92	1,22	1,15	0,59	0,34	0,30	0,24	0,17	0,08
20	0,30	0,68	1,52	0,93	1,27	1,14	0,58	0,33	0,30	0,24	0,17	0,08
21	0,31	0,70	1,48	0,97	1,30	1,12	0,57	0,33	0,30	0,24	0,16	0,08
22	0,33	0,71	1,43	0,94	1,34	1,10	0,56	0,33	0,30	0,24	0,16	0,08
23	0,34	0,73	1,36	0,88	1,40	1,07	0,55	0,33	0,30	0,23	0,16	0,07
24	0,36	0,75	1,32	0,87	1,45	1,04	0,54	0,33	0,30	0,23	0,15	0,07
25	0,35	0,78	1,29	0,84	1,54	1,01	0,53	0,33	0,30	0,23	0,15	0,07
26	0,33	0,80	1,26	0,83	1,60	0,98	0,52	0,33	0,29	0,23	0,15	0,06
27	0,33	0,86	1,22	0,82	1,64	0,96	0,52	0,32	0,29	0,23	0,14	0,06
28	0,33	0,96	1,21	0,81	1,63	0,94	0,51	0,32	0,29	0,22	0,14	0,06
29	0,37	1,06	1,20		1,60	0,92	0,50	0,32	0,28	0,22	0,13	0,07
30	0,40	1,08	1,18		1,58	0,90	0,49	0,32	0,28	0,22	0,13	0,07
31		1,07	1,18		1,57		0,48		0,28	0,22		0,08
NW	0,16	0,42	1,04	0,81	0,72	0,90	0,48	0,32	0,28	0,22	0,13	0,06
MW	0,25	0,66	1,30	0,98	1,11	1,22	0,63	0,37	0,30	0,25	0,17	0,09
HW	0,40	1,08	1,57	1,18	1,64	1,55	0,88	0,47	0,32	0,28	0,21	0,13

Tabelle 3 Wasserstände des Rio Cubango am Pegel Cuangar 1957/58

NW = 0,06 m MW = 0,61 m HW = 1,64 m

Tag	Nov.	Dez.	Jan.	Feb.	März	April	Mai	Juni	Juli	Aug.	Sept.	Okt.
1	0,08	0,14	0,78	0,90	1,56	1,50	1,38	0,90	0,61	0,46	0,32	0,20
2	0,08	0,15	0,81	0,93	1,55	1,50	1,36	0,89	0,60	0,45	0,32	0,19
3	0,09	0,16	0,82	0,96	1,54	1,53	–	0,89	0,60	0,44	0,31	0,19
4	0,09	0,16	0,86	1,03	1,53	1,54	1,30	0,88	0,58	0,44	0,31	0,18
5	0,09	0,17	0,96	1,21	1,53	1,54	1,30	0,87	0,57	0,44	0,30	0,18
6	0,09	0,18	0,96	1,42	1,51	1,53	1,28	0,86	0,56	0,43	0,30	0,17
7	1,10	0,19	1,08	1,37	1,51	1,49	1,28	0,84	0,56	0,43	0,30	0,17
8	1,12	0,20	1,15	1,35	1,52	1,46	1,27	0,82	0,55	0,42	0,29	0,17
9	1,12	0,21	1,12	1,34	1,50	1,46	1,20	0,80	0,55	0,41	0,29	0,17
10	1,12	0,24	1,04	1,62	1,37	1,48	1,22	0,79	0,55	0,41	0,28	0,16
11	1,11	0,29	1,04	2,20	1,46	1,50	1,20	0,78	0,54	0,40	0,28	–
12	1,10	0,35	1,06	2,38	1,46	1,53	1,18	0,77	0,54	0,40	0,28	–
13	0,08	0,36	1,02	2,15	1,46	1,54	–	0,77	0,54	0,40	0,27	–
14	0,07	0,35	1,00	2,10	1,42	1,57	–	0,76	0,53	0,39	0,27	–
15	0,08	0,35	0,99	2,00	1,40	1,58	–	0,75	0,53	0,39	0,26	–
16	0,08	0,37	0,98	1,96	1,38	1,59	–	0,74	0,52	0,38	0,26	–
17	0,08	0,38	0,96	1,94	1,36	1,60	–	0,72	0,52	0,38	0,26	–
18	0,08	0,39	0,94	1,90	1,36	1,61	1,11	0,72	0,50	0,38	0,25	–
19	0,08	0,40	0,91	1,83	1,40	1,60	1,10	0,71	0,50	0,37	0,25	–
20	0,08	0,48	0,90	1,78	1,20	1,58	1,08	0,70	0,49	0,37	0,25	–
21	0,08	0,58	0,86	1,76	1,20	1,58	1,07	0,68	0,49	0,37	0,24	–
22	0,08	0,68	0,85	1,74	1,23	1,58	1,06	0,67	0,49	0,36	0,24	–
23	0,09	0,69	0,84	1,70	1,40	1,56	1,04	0,66	0,49	0,36	0,23	–
24	0,09	0,69	0,87	1,69	1,48	1,56	1,02	0,66	0,48	0,36	0,23	–
25	0,10	0,70	0,87	1,65	1,48	1,56	1,00	0,65	0,48	0,36	0,22	–
26	0,10	0,72	0,88	1,62	1,48	1,54	0,99	0,64	0,47	0,35	0,22	–
27	0,11	0,78	0,88	1,60	1,49	1,53	0,98	0,64	0,47	0,35	0,22	–
28	0,11	0,77	0,88	1,58	1,49	1,50	0,97	–	0,47	0,34	0,21	–
29	0,12	0,76	0,89		1,46	1,46	0,95	–	0,46	0,33	0,21	–
30	0,12	0,76	0,90		1,48	1,40	0,93	0,62	0,46	0,33	0,21	–
31		0,78	0,88		1,48		0,92		0,46	0,32		–
NW	0,07	0,14	0,78	0,90	1,20	1,40	0,92	0,62	0,46	0,32	0,21	–
MW	0,09	0,43	0,94	1,63	1,39	1,53	1,10	0,70	0,52	0,39	0,25	(≈15)
HW	0,12	0,78	1,15	2,38	1,56	1,61	1,38	0,90	0,61	0,46	0,32	0,20

Tabelle 4 Wasserstände des Rio Cubango am Pegel Cuangar 1958/59

NW = 0,07 m MW = 0,76 m HW = 2,38 m

Betrachtet man die Wasserstandsganglinien von Cuangar und Caiundo, so werden die Unterschiede von Jahr zu Jahr — wie sie bei jedem Fluß in Abhängigkeit vom Witterungsgeschehen auftreten — sofort deutlich. Im Abflußjahr 1958/59 blieb nach einer Hochwasserwelle vom 8. - 15. Februar, bei der in Caiundo für eine kurze Zeit das Wasser auf 4,50 m über Pegelnull stieg, ein hoher Wasserstand bis Anfang Mai erhalten. Die für den Monat April überaus hohen Niederschläge führten bei Wassersättigung der Böden zu hohen Abflußspenden, so daß gegenüber normalen Jahren in allen Folgemonaten zu hohe Pegelwerte registriert wurden. Die auffallend hohen monatlichen Niederschläge im Dezember führen noch nicht zu Hochwasserwellen, da noch viel Wasser zur Auffüllung des Wasserdefizits der Böden in dieser Zeit verbraucht wird. (Tab. 1 - 4) (Abb. 4 und 5)

Vergleicht man die Wasserstandsganglinien von Caiundo und Cuangar, so fällt ihre Gleichförmigkeit auf. Das bedeutet, daß der Rio Cuebe, der unterhalb von Caiundo mündet und etwa ein Viertel der Wasserführung des Cubango hat, nicht durch starke Hochwasserwellen das Bild der Wasserstandsganglinie für Cuangar ändert. Der Zufluß vom Cuebe her muß also sehr gleichmäßig sein. Einen Hinweis auf eine vermehrte Abflußmenge des Cuebe mit einer Überlagerung des Cubango-Abflusses gibt nur das Märzhochwasser 1958, das in Caiundo etwas unter, in Cuangar etwas über der Wasserstandsganglinie des Jahres 1959 liegt. Der Vergleich der beiden Jahre und der beiden Pegelpunkte läßt auch noch einen anderen Schluß zu. Wie wir sehen, war der Pegelstand im Jahre 1959 seit Mai stets höher als im Vorjahr. Am Pegel Caiundo bleibt der Wasserstand über die Trockenzeit hinweg höher; in Cuangar dagegen nähern sich die beiden Wasserstandsganglinien bis auf unbedeutende Differenzen. Wenn auch der Pegelstand und das sich daraus ergebende Querschnittsprofil kein Maß für die Abflußmenge sind, so darf doch wohl gefolgert werden, daß die bei Caiundo im Jahre 1959 durch den höheren Pegelstand sich zeigende größere Abflußmenge auf dem Wege bis Cuangar fast aufgezehrt wurde. Die vergleichende Betrachtung der Wasserstandsganglinien von Caiundo und Cuangar für die Abflußjahre 1958 und 1959 ermöglicht also den Schluß: Zunahme der Aridität und Verringerung von Grundwasserzufluß machen den Cubango nach Süden hin mehr und mehr zu einem Fremdlingsfluß.

Die Analyse der konstruierten Wasserstandsdauer- und der Wasserstandshäufigkeitslinien gab wenig Hinweise auf flußmorphologische oder hydrographische Besonderheiten. Die geringere Amplitude am Pegel Cuangar wird in der Wasserstandsdauerlinie ebenso deutlich wie in der Wasserstandsganglinie. Auffällig ist noch am Pegel Cuangar eine große Wasserstandshäufigkeit bei einem Pegelstand von 1,40 - 1,60 m, was in der Wasserstandsdauerlinie durch einen Haltepunkt in der Kurve zum Ausdruck kommt. Da diese Erscheinung an den Kurven beider Jahre zu beobachten ist, liegt der Schluß nahe, daß oberhalb von Cuangar — vielleicht am Gegenufer in Südwestafrika oder im versumpften Mündungsgebiet des Cuatir — ein Ausuferungsareal liegt, das zunächst ein normales Hochwasser auffängt. Eine starke Hochwasserwelle, wie am 12. Februar 1959, läßt sich dann aber ebenfalls — wenn auch in abgeschwächter Form — am Pegel Cuangar registrieren. Dabei spricht für ein Ausuferungsareal oberhalb von Cuangar weiterhin das langsame Abklingen der Flutwelle, während in Caiundo das Wasser vom Höchststand 4,50 m in zwei Tagen über 1,20 m fiel.

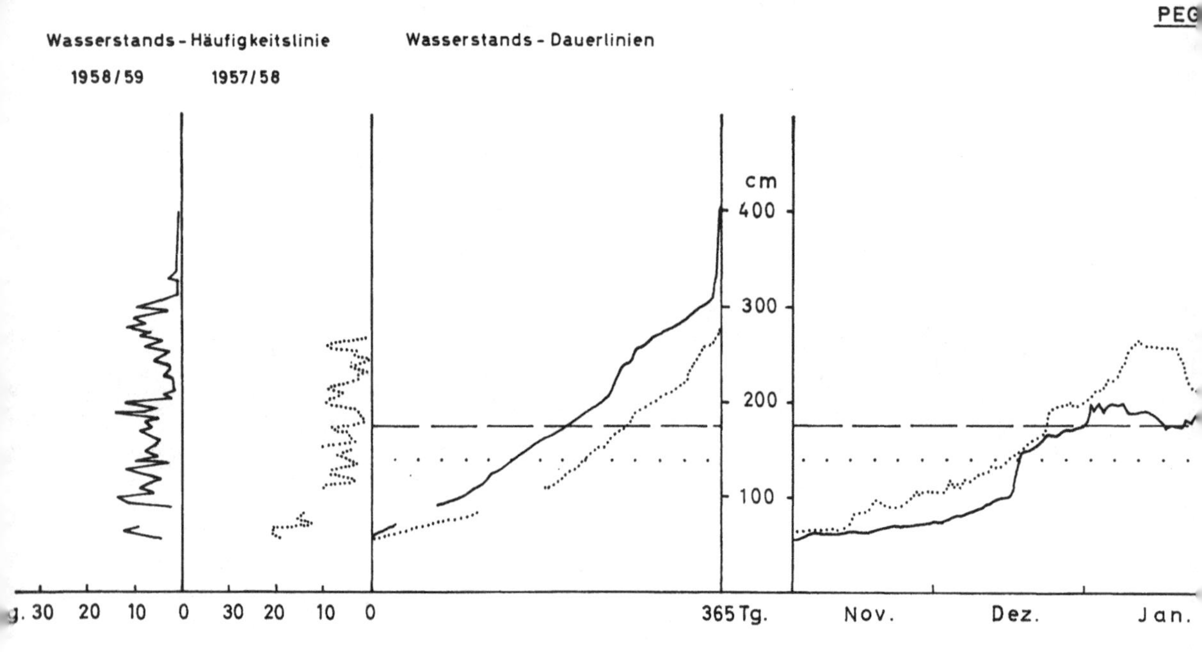

Abb. 4 Pegel Caiundo

Wasserstands - Ganglinien

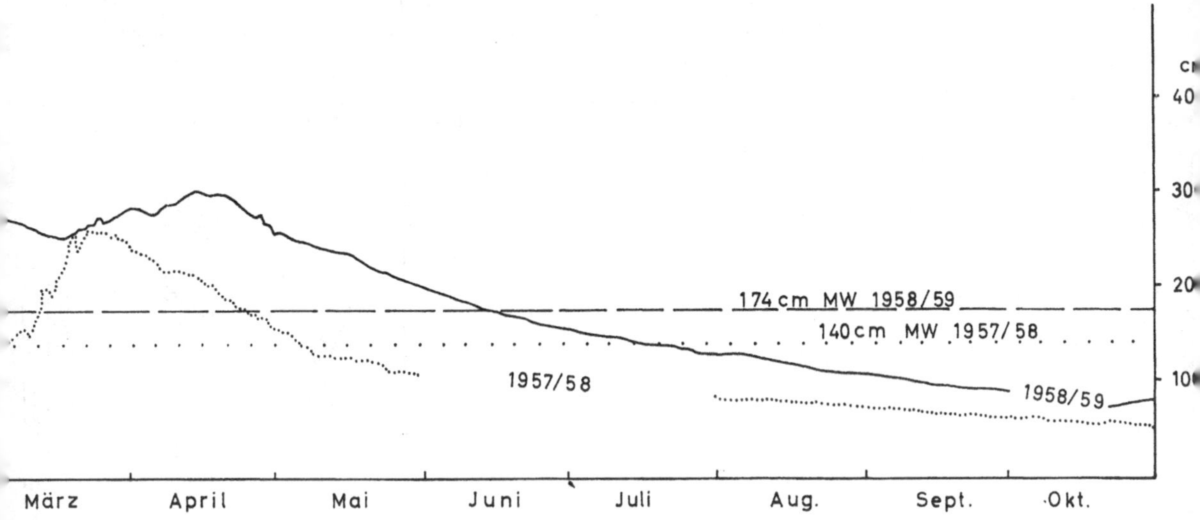

Ganglinie des Wasserstandes

Abb. 4

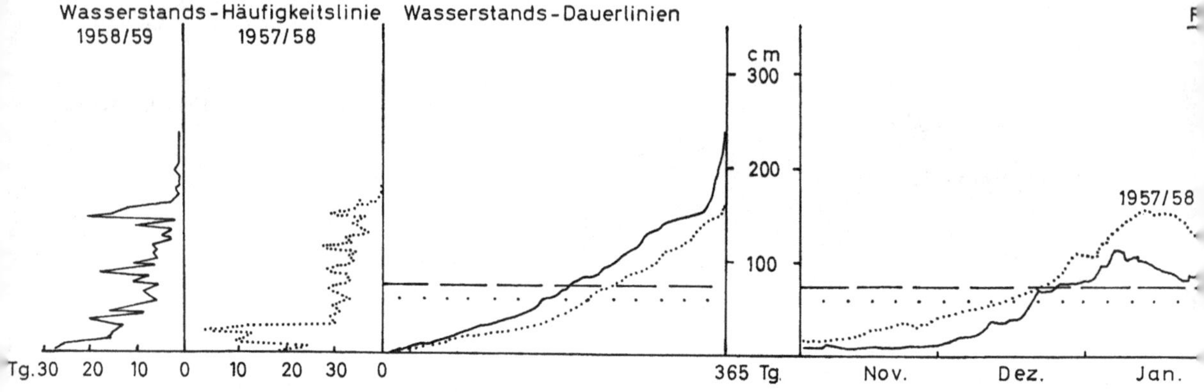

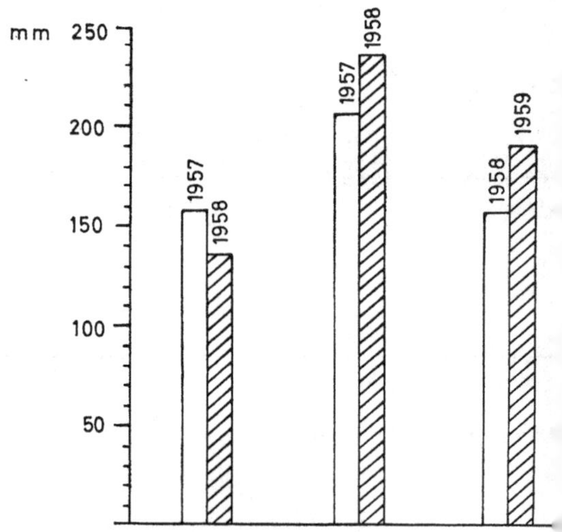

Abb. 5 **Pegel Cuangar — Monatliche Niederschlagssum**

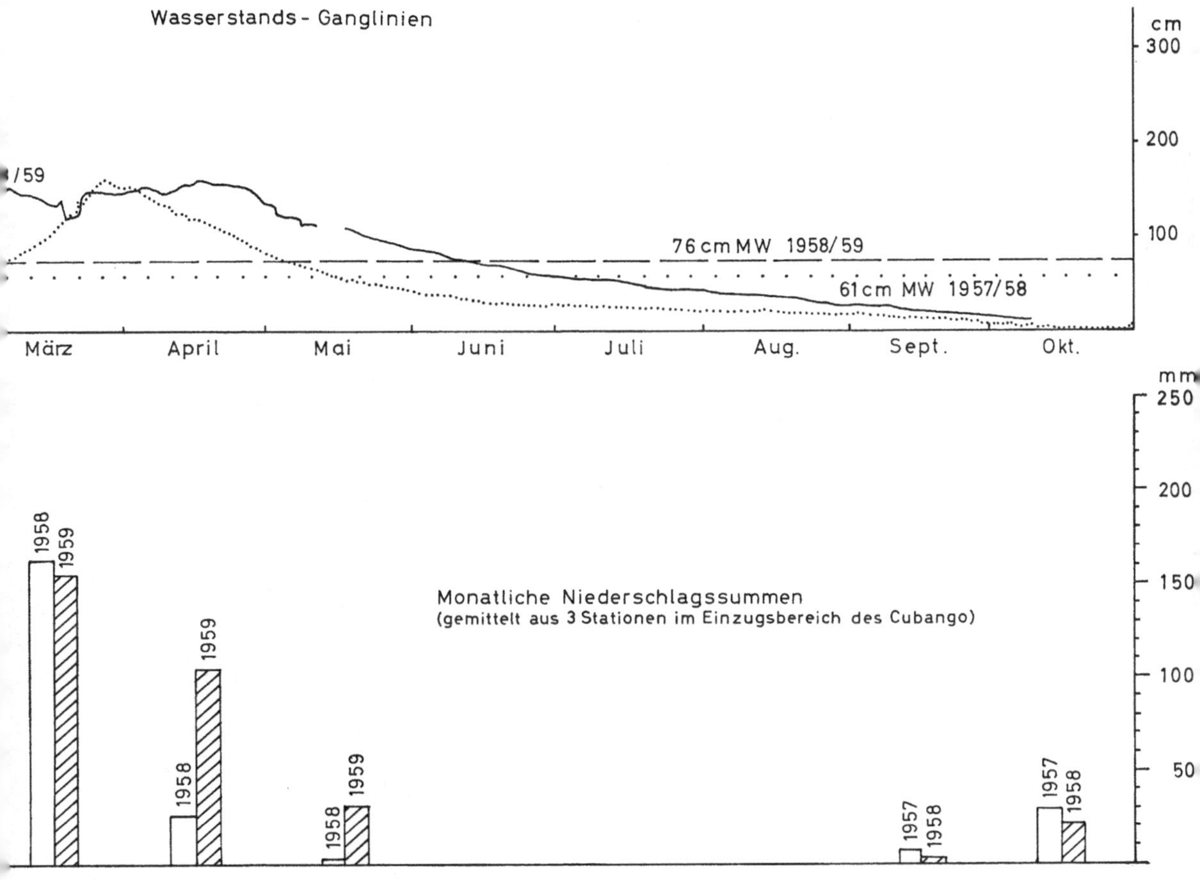

Dauer- und Ganglinien des Wasserstandes

Abb. 5

Abflußmessungen lagen vom Cubango noch nicht vor. Nur *Wellington (Lit. 411, p. 66)* gibt einige Zahlen über die Wasserführung bei Muhembo an der Nordgrenze von Betschuanaland an. Es handelt sich aber um Schätzungen, denn er schreibt: "In the absence of precise measurements of the depth and the velocity of the river, the discharge of the Okovango at Muhembo may be estimated roughly. . ." *(Lit. 411, p. 66)*. Ins metrische Maßsystem umgerechnet handelt es sich um folgende Angaben:

Okovango (=Okavango) bei Muhembo, Betschuanaland
(nach *Wellington*)

Breite des Flusses	150 m
Strömungsgeschwindigkeit (geschätzt) bei HW	$1{,}50\ m \cdot sec^{-1}$
Strömungsgeschwindigkeit (geschätzt) bei NW	$0{,}60\ m \cdot sec^{-1}$
Mittlere Abflußmenge bei HW	$930\ m^3 \cdot sec^{-1}$
Mittlere Abflußmenge bei NW	$170\ m^3 \cdot sec^{-1}$
Mittlere Abflußmenge für das Jahr	$400\ m^3 \cdot sec^{-1}$
Gesamtabflußmenge pro Jahr	$1{,}25 \cdot 10^{10} m^3 = 12{,}5\ km^3$

(HW = Hochwasser, NW = Niedrigwasser)

Diese bedeutende Wassermenge, die größer ist als der jährliche Abfluß der Weser ($300\ m^3 \cdot sec^{-1}$), versickert und verdunstet heute ungenutzt in den Okavango-Swamps in der Kalahari. Nach *Wellington (Lit. 411, p. 68)* ließen sich ganzjährig damit im nördlichen Betschuanaland 800 000 ha Ackerland bewässern.

Um für den Südosten von Angola ebenfalls exakte Unterlagen über den Wasserhaushalt zu erhalten, wurden vom Verfasser am Cubango und an den anderen Flüssen in diesem Landesteil Abflußmengenuntersuchungen angestellt. Dazu wurde zunächst an geeigneten Punkten das Flußprofil ausgelotet. Mit Hilfe eines Stromkreuzes wurden dann in verschiedenen Tiefen und Abständen vom Ufer die Strömungsgeschwindigkeiten ermittelt. Bei der Messung mit dem Stromkreuz wird die Zeit ermittelt, in der das Stromkreuz von der Strömung 50 oder 100 m weit

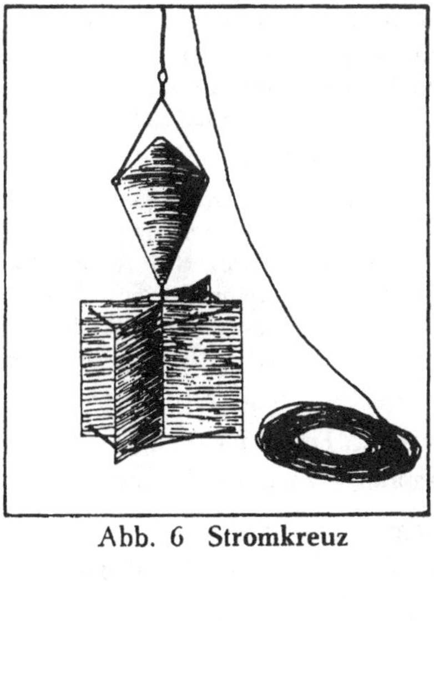

Abb. 6 **Stromkreuz**

mitgenommen wird. Das Stromkreuz hängt an einer Boje und läßt sich auf verschiedene Wassertiefen – 50, 150, 250 cm usw. – einstellen. In der auslaufenden Leine sind die Entfernungen durch weiße Spleißstellen markiert. Das Gerät ist unempfindlich, einfach in der Handhabung und daher besonders geeignet für unerschlossene Gebiete. Die Ergebnisse sind hinreichend genau, wo es nicht um spezielle strömungstechnische, sondern um Abflußfragen und Wasserhaushaltsbilanzen geht. (Abb. 6 und 7)

Aus den Meßwerten wurden keine Vertikalgeschwindigkeitspolygone hergegestellt, die nach Verwandlung in Rechtecke die Abflußmenge angegeben hätten. Vielmehr wurden bei der geringen Zahl von Meßpunkten gegenüber Messungen mit hydrometrischen Flügeln die Flächen etwa gleicher Strömungsgeschwindigkeiten ermittelt; diese wurden dann planimetriert. Flächeninhalt F_1 multipliziert mit der Strömungsgeschwindigkeit v_1 erbrachte dann die Abflußmenge Q_1 in diesem Wasserkörper.

$$Q_1 = v_1 \cdot F_1 \quad \text{Dimension}: \text{m} \cdot \text{sec}^{-1} \cdot \text{m}^2 = \text{m}^3 \cdot \text{sec}^{-1}$$

Die Gesamtabflußmenge Q ist dann: $Q = Q_1 + Q_2 + Q_3 \ldots$

Es wurde darauf verzichtet, eine mittlere Profilgeschwindigkeit v_m zu ermitteln. Bei der Messung mit dem Stromkreuz muß man ohnehin berücksichtigen, daß der Meßpunkt – wenn auch nicht in der Vertikalen, so doch in der Horizontalen – wandert und Stromkreuz und Boje durchaus nicht im gleichbleibenden Uferabstand von der Strömung mitgenommen werden. Der an den Meßpunkten eingetragene Wert ist also schon immer ein gemittelter Wert, der diesem Punkt aus einem Wasserkörper bis zu 50 oder 100 m stromab zugeordnet wurde. Eine Einzeichnung von Isotachen – Linien gleicher Strömungsgeschwindigkeit – in die Flußprofile war somit nicht möglich. Für den betreffenden Zeitpunkt lassen sich jedoch damit die Durchflußmengen ermitteln. Aus diesem Einzelwert konnte natürlich keine Abflußmengenganglinie für das Jahr erstellt werden ($Q = f(t)$). Auch fehlt für die Pegel am Cubango noch die Abflußkurve ($Q = f(h_p)$), aus der die Abflußmenge sich auf Grund vieler Einzelmessungen aus dem Pegelstand ablesen läßt. Nur für Cahôco und Cuangar konnten aus den beiden Einzelmessungen mit Hilfe des Pegelbezugslinien-Diagramms Korrelationen aufgestellt werden. Da sich in Cuangar die Wasserstände besser ermitteln lassen, an der Fährstelle von Cahôco aber die Strömungsgeschwindigkeiten besser gemessen werden können, so kommt diesen Überlegungen für spätere Untersuchungen eine generelle Bedeutung zu.

Für Cuangar wurden an verschiedenen Tagen für unterschiedliche Pegelstände die Abflußmengen (Q) bestimmt. Da zwischen den beiden benachbarten Pegelstellen – 37 km voneinander entfernt – nur der Rio Buga (Wasserführung 1 $m^3 \cdot sec^{-1}$) einmündet, so müssen also vor oder nach 20 Stunden etwa die gleichen Abflußmengen den anderen Pegel durchlaufen haben oder durchlaufen. Aus dem Pegelbezugslinien-Diagramm kann der Pegelstand für den anderen Pegel jeweils abgelesen werden (Abb. 3):

Pegel Cuangar am 2. Februar 1959	0,93 m
Korrespondierender Wasserstand Cahôco	0,72 m
Pegel Cahôco am 9. Februar 1959	1,03 m
Korrespondierender Wasserstand Cuangar	1,34 m

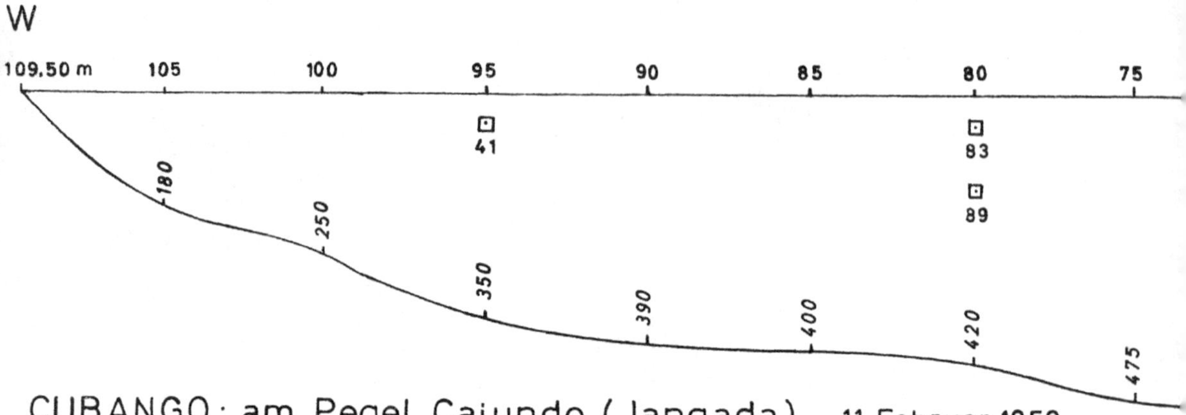

CUBANGO: am Pegel Caiundo (Jangada) 11. Februar 1959
Pegel: 3,35 m; F: 373 m^2; Q: 265 $m^3 \cdot sec^{-1}$

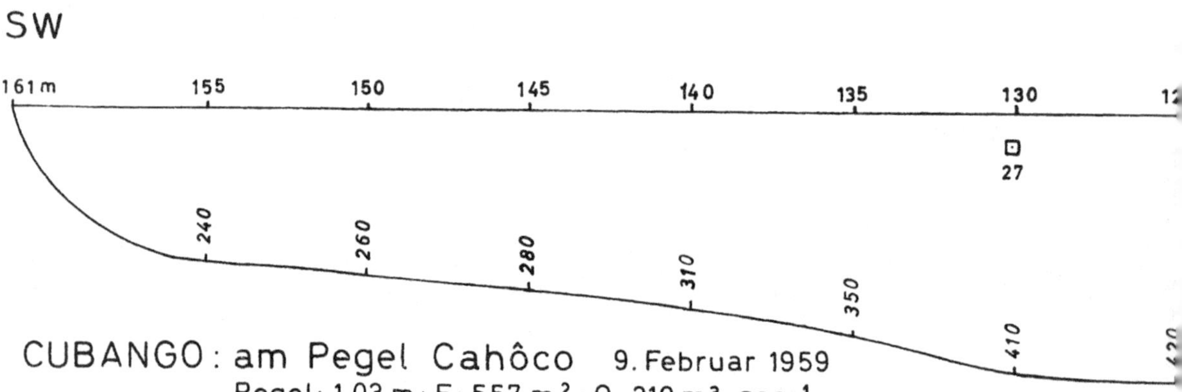

CUBANGO: am Pegel Cahôco 9. Februar 1959
Pegel: 1,03 m; F: 557 m^2; Q: 210 $m^3 \cdot sec^{-1}$

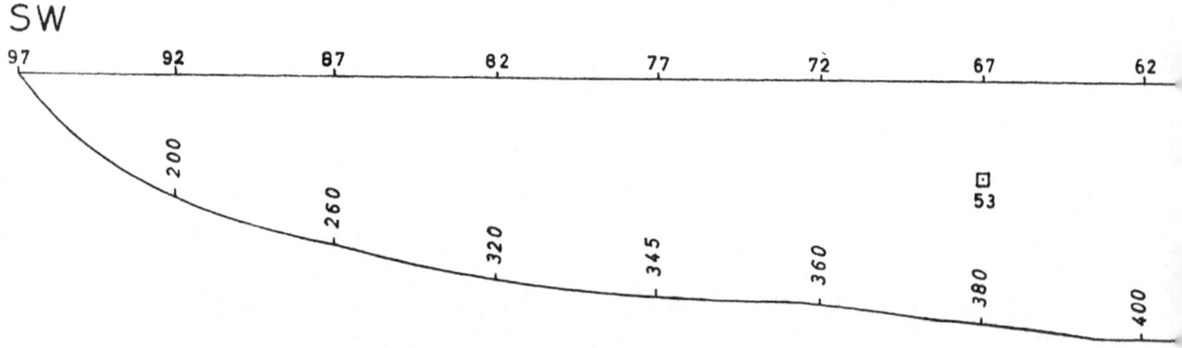

CUBANGO: Cuangar (400m oberhalb vom Pegel) 2. Febru
Pegel: 0,93 m; F: 330 m^2; Q: 135 $m^3 \cdot sec^{-1}$

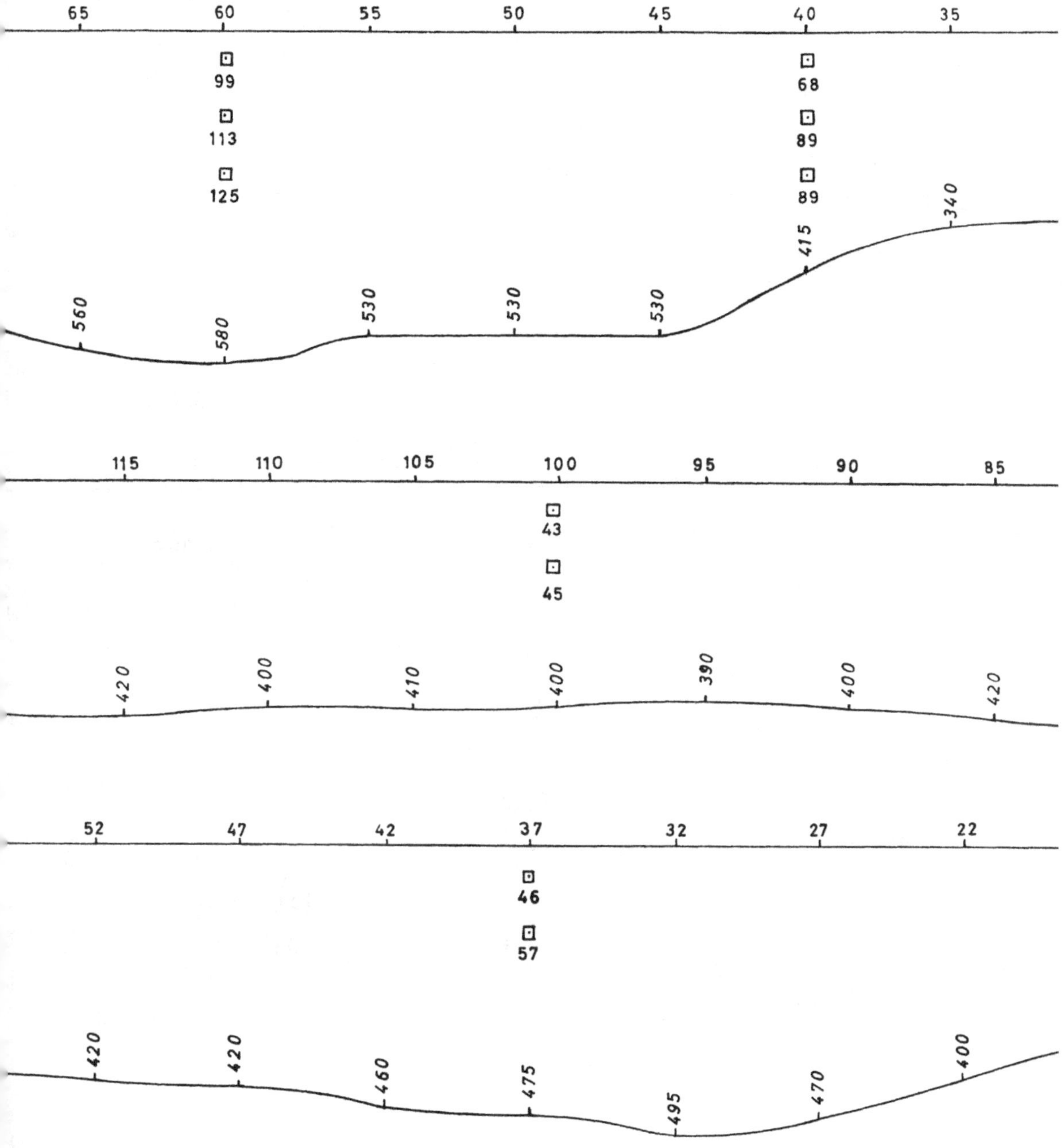

Abb. 7 Flußprofile, Strömungsgeschwindigkeiten und Abflußmengen des Cubango be

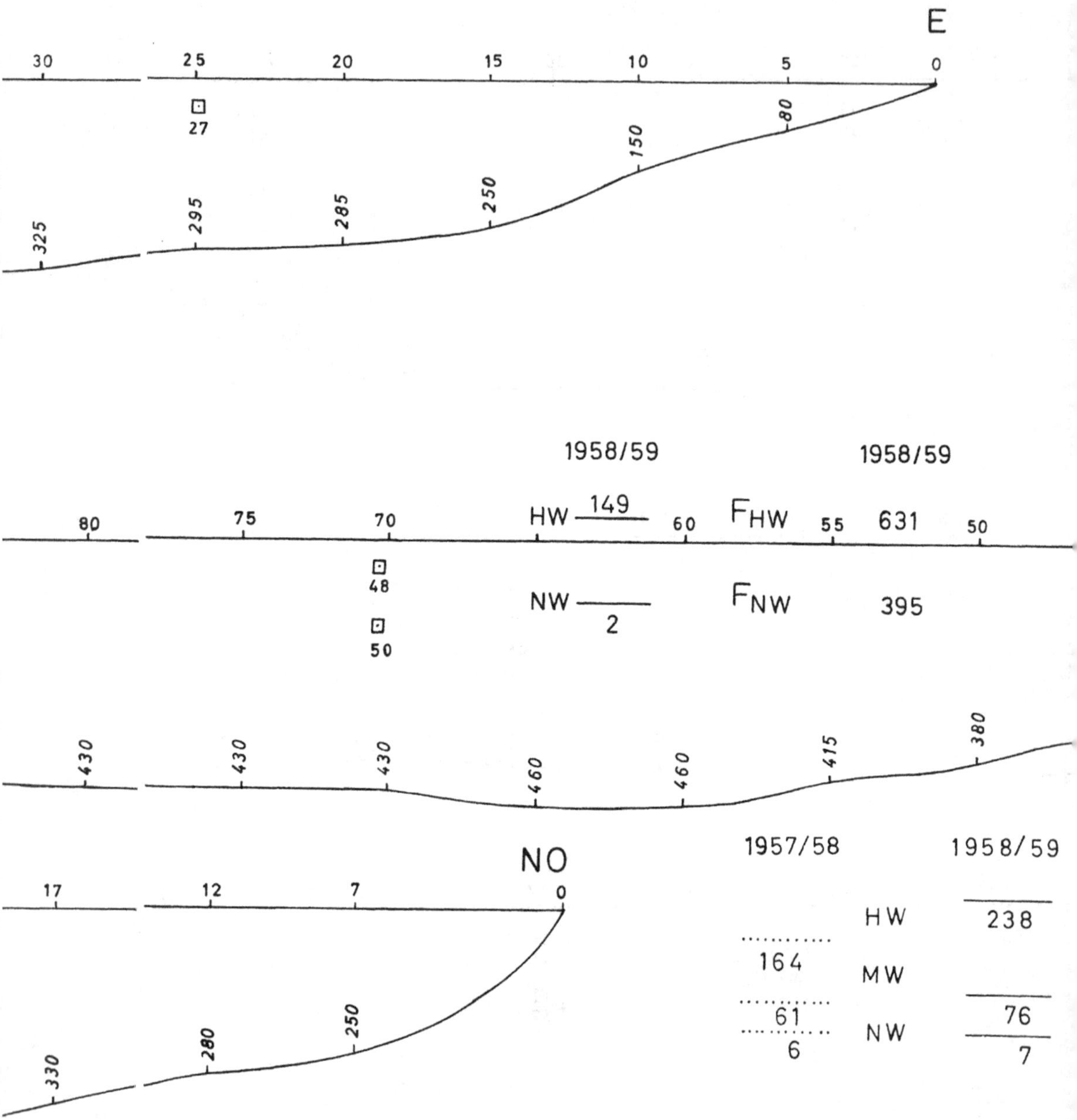

i Caiundo, Cahôco und Cuangar

1958/59		1957/58	1958/59
400	F_{HW}	309	450
174	F_{MW}	186	217
56	F_{NW}	119	120

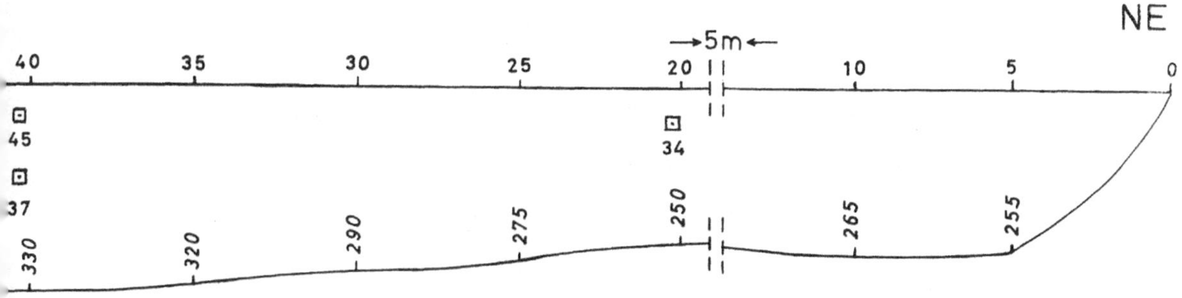

1957/58	1958/59
399	472
299	314
247	248

⊡	Meßpunkte der Strömungsgeschwindigkeit (in $cm \cdot sec^{-1}$)
638	Tiefe in cm
F	Querschnitt in m^2
Q	Abflußmenge in $m^3 \cdot sec^{-1}$

Maßstab: Länge 1: 200
Höhe 1: 100

Hamburger Geographische Studien, 1963, Heft 17, Borchert, G.: Südostangola

Abb. 7

Da die Profile bei einem bestimmten Pegelstand ausgelotet wurden, können aus den korrespondierenden Wasserständen die neuen Querschnitte bestimmt werden:

Cuangar $F_{0,93} = 330\ m^2$ Cahôco $F_{0,72} \approx 502\ m^2$

Cuangar $F_{1,34} \approx 370\ m^2$ Cahôco $F_{1,03} = 553\ m^2$

Da zwischen Cahôco und Cuangar keine nennenswerte Änderung der Abflußmenge erfolgt, so läßt sich auf Grund der gesetzmäßigen Beziehung

$$Q = F(h_p)$$

und der Gleichung

$$Q = v_m \cdot F$$

die mittlere Geschwindigkeit bei korrespondierendem Wasserstand bestimmen:

$$v_m = \frac{Q}{F}$$

(h_p = Pegelstand, Q = Abflußmenge, F = Querschnitt des Wasserkörpers, v_m = mittlere Geschwindigkeit in $m \cdot sec^{-1}$)

Cuangar am 2. Februar 1959:

$F = 330\ m^2$ $v_m = 0,41\ m \cdot sec^{-1}$ $Q = 135\ m^3 \cdot sec^{-1}$

Daraus ergibt sich für Cahôco:

$F = 502\ m^2$ $v_m = 0,27\ m \cdot sec^{-1}$ $Q = 135\ m^3 \cdot sec^{-1}$

Für Cuangar ergibt sich

$F = 370\ m^2$ $v_m = 0,57\ m \cdot sec^{-1}$ $Q = 210\ m^3 \cdot sec^{-1}$,

wenn bei Cahôco am 9. Februar 1959 folgende Werte gemessen wurden:

$F = 553\ m^2$ $v_m = 0,38\ m \cdot sec^{-1}$ $Q = 210\ m^3 \cdot sec^{-1}$

Wenn uns diese beiden Werte die großen Änderungen in der Wasserführung in kurzer Zeit verdeutlichen, so geben sie keine Hinweise auf die Gestalt der Abflußmengenganglinie. Sie läßt sich auch nicht aus dem Pegelstand nach der Formel von van Rinsum

$$Q = (c_m \cdot \sqrt{J}) \cdot \int_0^b t_o^{\frac{3}{2}} \cdot db$$

berechnen, da weder das Energieliniengefälle (J), noch der Geschwindigkeitsbeiwert (c_m) bekannt sind.

(b = Breite des Flusses, t_o = Tiefe, c_m = Geschwindigkeitsbeiwert, J = Energieliniengefälle)

Alle derartigen hydrographischen Formeln kranken bekanntlich daran, daß sie auf Experimentierstrecken gewonnen wurden, von denen schon alle anderen Größen bekannt waren. Bevor man aber in einem gänzlich unbekannten Gebiet ohne Vermessung und Karten an die Bestimmung des Energieliniengefälles und des Geschwindigkeitsbeiwertes herangeht, ist es wohl leichter, die Abflußkurve – Abflußmenge in Abhängigkeit vom Pegelstand – durch eine Reihe von Strömungsgeschwindigkeitsmessungen und Herstellung von Vertikalgeschwindigkeitspolygonen zu ermitteln. Hat man diese Arbeit einmal gemacht, so kann die Abflußmengenganglinie aus den Pegelständen fortlaufend mitgezeichnet werden. Die in hydographischen Handbüchern enthaltenen theoretisierenden Formeln können somit die komplexen, von Ort zu Ort sich stark ändernden, geographisch-hydrographischen Elemente in einer Naturlandschaft nicht erfassen und sind bis heute noch kein Hilfsmittel bei geographischen Geländearbeiten. Dabei sind natürlich gerade bei Strukturanalysen von Entwicklungsgebieten hydrographische Unterlagen unbedingt erforderlich. Da aber jahrelange Untersuchungen ausscheiden, so bleibt dem Geographen nur der Weg der vorsichtigen Extrapolation auf der Basis von Einzeluntersuchungen, wobei zur Klärung des Wasserhaushalts in einer ökologischen Landschaftsuntersuchung alle nur denkbaren naturgeographischen Gegebenheiten zur Stützung der Ergebnisse herangezogen werden müssen.

Auch aus den vorliegenden ersten Abflußmengenuntersuchungen aus dem Südosten Angolas können natürlich nur näherungsweise Aussagen über den Wasserhaushalt des Raumes abgeleitet werden; sie bilden aber dennoch ein Hilfsmittel für zukünftige Planung und Erschließung.

Vergleichen wir zunächst die Flußprofile des Cubango an den drei Untersuchungspunkten Caiundo, Cahôco und Cuangar bei unterschiedlichem Pegelstand, so fällt auf, daß sich bei Caiundo im Laufe des Jahres das Durchflußprofil stark ändert. Während bei Hochwasser (4,00 m) die größte Wassertiefe im Fluß 6,45 m erreicht, ist der Cubango bei Caiundo bei Niedrigwasser nur noch maximal 3 m tief und 80 m breit. Der Querschnitt des Wasserkörpers hatte dabei 1958/59 die Extremwerte:

$$F_{max} = 450\,m^2 \quad F_{min} = 120\,m^2$$

In Cahôco und Cuangar, 250 km flußabwärts, sind die Unterschiede geringer. Die Wassertiefe geht in Cahôco von 5,06 m*) nur auf 3,59 m zurück – in Cuangar von 6,40 m auf 4,09 m – und die Änderung der Flußbreite beträgt nur 3 - 4 m. Entsprechend geringer waren die Änderungen im Querschnitt des Wasserkörpers (Abb. 7). Das Flußbett war an allen drei Untersuchungspunkten steinig, bei Caiundo war der Gerölltransport an der Sohle deutlich hörbar. Die Gerölle haben 3 - 5 cm Durchmesser. Die für den Transport derartiger Schotter von ***Schoklitsch*** angegebene Grenzgeschwindigkeit *(Lit. 343, p. 169, Zahlentafel 46)* wurde im Fluß als maximale Strömungsgeschwindigkeit durch Messungen ermittelt (Abb. 7). Bei Cuangar

---

*) Das absolute Hochwasser für 1959, das etwa am 11. Februar eintrat, wurde nicht abgelesen und läßt sich auch nicht aus dem Pegelbezugslinien-Diagramm von Cuangar und Cahôco ablesen, da im Hochwasserbereich für den Verlauf der Kurve noch nicht genügend Erfahrungswerte vorliegen (s. S. 26). Das absolute Hochwasser dürfte etwa 1,60 m bis 1,70 m in Cahôco erreicht haben. Dieser Wert liegt aber nicht den Angaben für Cahôco zugrunde.

war das Flußbett 1 m über dem Grund stark verkrautet; es dürfte sich um Hydrostachys triaxialis (Watercorn) und Podostemonaceen handeln. Dieser Bewuchs störte die Messung der Strömungsgeschwindigkeit stark.

Die Ermittlung der Abflußmengen des Cubango erfolgte am 2. und 9., sowie am 11. Februar 1959. Aussagen von Eingeborenen und Europäern stimmten darin überein, daß im Februar nur sehr geringe Änderungen im Wasserstand auftreten. Das Gegenteil trat aber gerade Anfang Februar 1959 ein. Die Messungen erfolgten in eine Hochwasserwelle hinein, in der sich die Wasserführung nahezu verdoppelte. Dabei wurden allerdings nicht die hohen Abflußmengen ermittelt, wie *Wellington* sie angibt; ihm standen aber keine ausgeloteten Flußprofile und Meßwerte von Strömungsgeschwindigkeiten zur Verfügung. Aus den Querschnitten des Wasserkörpers bei Hochwasser und einer erhöhten mittleren Strömungsgeschwindigkeit kommt man immer nur auf einen Wert von etwas über 300 $m^3 \cdot sec^{-1}$.

Bei derartigen Kalkulationen — gleichgültig welche Pegelstände man auch zugrunde legt — fehlt einem für Cahôco und Cuangar im Vergleich zu Caiundo immer die Zuflußmenge des Cuebe von mindestens 50 $m^3 \cdot sec^{-1}$, will man nicht den Strömungsgeschwindigkeitsfaktor in überaus starker Weise für Cahôco und Cuangar erhöhen, während man ihn für Caiundo konstant läßt. Diese Annahme einer erhöhten Strömungsgeschwindigkeit in Cahôco und Cuangar dürfte aber den Beobachtungen widersprechen; denn bei geringerem Anstieg des Wasserstandes an den beiden flußabwärts gelegenen Pegeln nimmt natürlich auch das Spiegelwassergefälle und damit die Strömungsgeschwindigkeit nur in geringem Maße zu. Wie man auch die Überschlagsrechnungen ansetzt, immer bleibt ein Defizit von der Größenordnung der Wasserführung des Cuebe. Dazu sei auch noch folgende Überlegung angestellt. Ein Vergleich der Pegelstände von Caiundo, Cahôco und Cuangar macht deutlich, daß zwischen Caiundo und Cahôco/Cuangar ein Phasenunterschied im Pegelstand — bedingt durch die Laufzeit — von 3 - 4 Tagen liegt. Die Messungen von Caiundo am 11. Februar erfolgten bei nur geringen Pegelschwankungen. Es wurde eine Wasserführung von 265 $m^3 \cdot sec^{-1}$ ermittelt. Für den 14. Februar, also drei Tage später, liegt für Cahôco die Pegelablesung von 1,49 m vor. Das ergibt für Cahôco einen Flußquerschnitt von 631 m^2. Berechnen wir die Wasserführung mit dem Wert der mittleren Strömungsgeschwindigkeit vom 9. Februar (bei Annäherung der Hochwasserwelle hohes Spiegelwassergefälle), so erhalten wir nur eine Abflußmenge von 240 $m^3 \cdot sec^{-1}$. Rechnen wir das Cuebe-Wasser zur Abflußmenge von Caiundo vom 11. Februar hinzu, so müßten wir aber mindestens 315 $m^3 \cdot sec^{-1}$ erhalten. Diese Differenz dürfte kaum durch das Einsetzen einer höheren mittleren Strömungsgeschwindigkeit (v_m) zu kompensieren sein. Bei fallendem Wasser am 14. Februar erscheint ein 30% höherer v_m-Wert als unmöglich. Diese Überlegungen führen also zu dem Ergebnis, daß der Cubango zwischen Caiundo und Cuangar etwa einen Wasserverlust in der Größenordnung des Cuebezuflusses aufzuweisen hat. Auf keinen Fall aber lassen sich bei Caiundo und bei Cahôco/Cuangar die hohen Abflußmengen nachweisen, wie *Wellington* sie angibt. Als vorsichtige Schätzungen mögen hier folgende Werte angeführt werden:

	Abfluß in $m^3 \cdot sec^{-1}$ NW	HW	im Mittel des Jahres	Gesamtabflußmenge pro Jahr in m^3
1. Caiundo	50 - 60	300	100	$3{,}15 \cdot 10^9 m^3$
2. Cahôco / Cuangar	70	300	100	$3{,}15 \cdot 10^9 m^3$
3. Muhembo (Betschuanaland) *nach Wellington*	170	930	400	$1{,}25 \cdot 10^{10} m^3$

Tabelle 5 **Abflußmengen des Cubango**

Die hohen Werte bei ***Wellington*** ergeben sich aus den von ihm angeführten, geschätzten, hohen Strömungsgeschwindigkeiten von 1,5 m $\cdot$ sec^{-1} bei Hochwasser und 0,6 m $\cdot$ sec^{-1} bei Niedrigwasser. Wie aus den Flußprofilen (Abb. 7) zu entnehmen ist, wurden derartig hohe mittlere Strömungsgeschwindigkeiten bei den eigenen Messungen nicht festgestellt und sind auch an diesen Punkten nicht denkbar. Es mündet zwar noch der Cuito etwa 275 km unterhalb von Cuangar bei Dirico in den Cubango. Von dort sind es dann noch wieder 150 km bis Muhembo. Aber so gewaltig ist die Wasserführung des Cuito auch nicht, daß sie die des Cubango um ein Mehrfaches übertrifft und dazu noch die Verluste zu kompensieren vermag, die auf einem 500 km langen Lauf in einem Trockenraum eintreten. Wie wir später noch sehen werden, hat der Cuito bei Cuito Cuanavale bei Hochwasser eine Abflußmenge von 185 $m^3 \cdot sec^{-1}$. Der Zufluß vom Longa wird 50 $m^3 \cdot sec^{-1}$ bestimmt nicht übersteigen, so daß unter Einbeziehung aller kleinen Bäche und des Sickerwasserzutritts die Abflußmenge nicht größer als 250 $m^3 \cdot sec^{-1}$ bei Hochwasser sein wird. Kalkulieren wir den Wasserverlust in dem Trockenraum mit ein, so liegen insgesamt die Angaben von ***Wellington*** immer etwa doppelt so hoch, wie die hier angeführten Ergebnisse über die Wasserführung des Cubango, den wir in seiner jährlichen Gesamtabflußmenge vergleichsweise dem Main an die Seite stellen können.

e. Die Landschaften zwischen dem Rio Cuchi und dem Rio Cuebe

Wie wir gesehen haben, tritt der Cubango bei Caiundo in die Region der Kalahari-Decksande, wenn auch im Flußbett weiter unterhalb noch überall Gestein ansteht. Auch die Nebenflüsse des Cubango, der Cutato, der Cuchi mit dem Cacuchi, dem Luassenha und dem Cuelei und der Cuebe mit dem Luahuça haben in ihren Talungen überall den Gesteinsuntergrund freigelegt. Auf den Flächen dazwischen aber bestimmen schon die Kalaharisande die Oberflächenformen. Auch im Raume Silva Porto — Andulo lagen diese als dünne Sandschicht der alten Landfläche auf. Derartige Areale finden sich auch an der Straße Silva Porto — Cachingues neben Gebieten mit stark degradierten, gelben Lehmen mit Eisenkrusten. Cachingues selbst liegt auf einer flachen Erhöhung, wo Roterden anstehen. Hier wurde also die Flugsanddecke abgetragen. Auch die degradierten, gelben Lehme wurden entfernt, so daß die feuchten Rotlehme einer jungen Verwitterungsrinde die Oberfläche bilden. Dann aber nach Süden hin überwiegt der Sand, und der Wald wird dichter und höher.

Die Flüsse bilden flache V-Täler und in Stromschnellen und im Flußbett steht Granit an. Der Wald überzieht nicht die Talhänge. Die Grasfluren beiderseits der Flüsse sind übersät mit 2 - 3 m hohen Termitenhügeln, in denen aber heute kein Leben mehr herrscht. Am Cuebe sind Termitenbauten nicht mehr zu finden.

Dieser Raum an den Nebenflüssen des Cubango hat alle Merkmale eines Übergangsraumes zum Südosten Angolas. Wir wollen die Region um Cuchi und um Vila Serpa Pinto etwas näher kennenlernen.

Nähert man sich Vila Serpa Pinto auf der Straße von Catota her, so kreuzt man 46 und 38 km vor dem Ort die ersten langgestreckten, mehrere Kilometer breiten Chanas mit ihren weißen Sanden, wie wir sie schon bei Caiundo kennenlernten. Der angrenzende Wald ist überaus dicht. 5 km vor Vila Serpa Pinto wird der Wald kümmerlicher und unter dem Sand kommen gelbe, degradierte Lehme und Eisenkrusten hervor. Deutlich fallen westlich und südlich des Ortes zwei Kuppen auf, die der Landschaft flach aufgesetzt sind. Im Ort braust das Wasser des Cuebe über Stromschnellen 4 - 5 m in die Tiefe.

Die Gesteine wechseln auf kleinem Raum sehr stark. Nördlich des Ortes geben Limonitkrusten einen Hinweis auf eine alte Landoberfläche. Die Stromschnellen werden von Porphyren gebildet, die auch im Ort anstehen. Die Kuppen zeigen eine dichte Streu von Dolerit- oder auch von Hornblendebasaltblöcken. An diesen Kuppen treten Quarzgänge aus. Kupfererze durchsetzen im Bereich der Gänge das zertrümmerte Ergußgestein.

Nur wenig südlich der 6 km westlich von Vila Serpa Pinto gelegenen Kuppe sind dicht beieinander Biotitgranite, Granodiorite, Alkalikalkgranite, Gneise und Dolerite aufgeschlossen. (Anhang, Proben 1 bis 6).

Von *Mouta* werden für den Raum von Vila Serpa Pinto auch noch Dacite, Andesite und Amphibolgranite genannt. Alle Eruptiva sollen in diesem Raum präpermischen Alters sein, was für die beiden Kuppen mit ihrer Blockstreu angezweifelt werden muß. Besonders gilt dies für die Kuppe 6 km westlich von Vila Serpa Pinto am Rio Luahuca. Während der Luahuca überall ein sehr breites Tal mit ruhigem Lauf hat, fließt er im Bereich der etwa 2 km im Durchmesser großen Kuppe in einem asymmetrischen Tal. Die Kuppe bricht zum Teil steil zum Bachbett ab, und der Luahuca windet sich in einem engen Lauf dahin und bildet kleine Gefällesteilen. An der Südostflanke der Kuppe, bei den Kupfervorkommen, wurde das in Abbildung 8 dargestellte Talprofil ermittelt.

Die 6 m - Terrase zeigt unverkrustete Böden; sie kann demnach erst in jüngerer Zeit entstanden sein. Die dichte Blockstreu auf der Kuppe weist Windschliff auf, ist also durch äolische Vorgänge überformt. Unter einer Wüstenlackschicht ist das Gestein frisch und unverwittert. Besonders fällt der recht steile Anstieg von der tieferen Lehmfläche zur Kuppe auf. Diese Fläche muß mit den Gelblehmen und den Limonitkrusten eine alte Landoberfläche sein. Am Bach selbst ist eine kleine 2 m-Terrasse aus geschichteten Sanden vorhanden.

Bei einem sehr hohen Alter der Eruptiva sind die Landschaftsformen in diesem Bereich sehr schwer zu verstehen. Die Verwitterung hätte gerade die in zahllose Blöcke aufgelösten Dolerite und Hornblendebasalte erfassen müssen. Auch das Fehlen der Decksande auf den Flächen und der Lauf des Cuebe geben in diesem Raum einige Rätsel auf. Das Gebiet ragt nicht über die Umgebung auf, sondern die auflagernden Decksande bilden östlich von Vila Serpa Pinto die höchsten Punkte in der Landschaft. Es fällt äußerst schwer, an eine vom Sand entblößte Fläche zu glauben, zumal nur eine ganz geringe Reliefenergie besteht. Vielleicht fand aber auch gar keine äolische Akkumulation statt. Der Windschliff an dem Gestein ist aber überzeugend, und 25 km unterhalb von Vila Serpa Pinto ragen ebenfalls allenthalben windüberformte, große Hornblendebasaltblöcke aus einer Sanddecke heraus. Auch der Luahuca hat vor allem an seinem Südufer häufig ungeschichtete Sande angeschnitten, die aber nur unmittelbar am Bach selbst und nicht mehr im muldenförmigen Tal vorkommen.

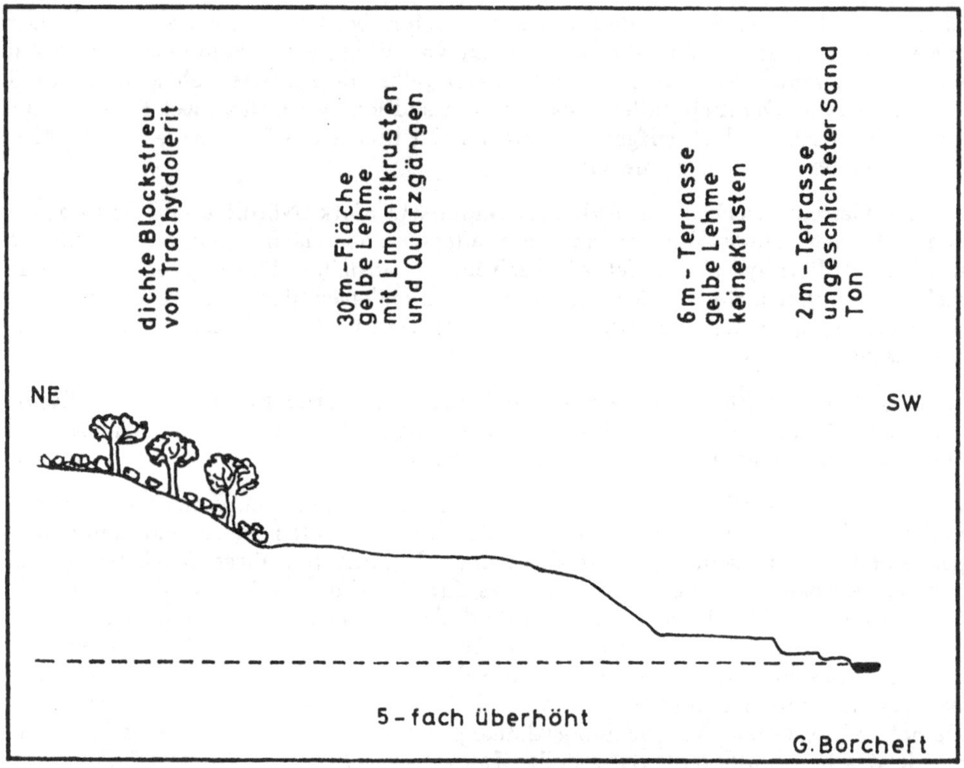

Abb. 8 **Talprofil des Rio Luahuca 6 km westlich von Vila Serpa Pinto bei den Kupfervorkommen**

Überhaupt fällt der Gegensatz zwischen dem Tal des Luahuca und dem des Cuebe auf. Bei ganz geringer Wasserführung und einer Strömungsgeschwindigkeit von 20 cm · sec^{-1} — gemessen kurz vor der Einmündung in den Cuebe — hat der Luahuca ein weites, von Terrassenresten gesäumtes Muldental, das ca. 30 m in die Landfläche eingesenkt ist. Der Cuebe dagegen hat sich — bei einer Wasserführung von 50 m^3 · sec^{-1} und starker Strömung — oberhalb der Stromschnellen erst 10 m in die Oberfläche eingeschnitten. Dabei hat er eine Lateritkruste, den B-Horizont einer alten Landfläche, durchschnitten. Denudativ wurde die Kruste in der Nähe der 50 cm hohen Kante von den degradierten Lehmen befreit, während die in den Lehmen enthaltenen Laterit-pebbles zurückblieben und den nur mit einer dürftigen

Vegetation bestandenen Limonitpanzer in dichter Streu bedecken. Dazwischen fallen einzelne größere Gerölle auf, die sich auch auf den Lehmen der 10 m über dem Fluß gelegenen Fläche noch überall wiederfinden lassen. Diese nordwestlich von Vila Serpa Pinto gelegene Einmuldung, die niedriger als die Porphyrkuppe ist, auf der der Ort liegt, scheint also früher einmal Talgebiet gewesen zu sein. Will man nicht tektonische Argumente heranziehen, so kann man nur folgern, daß der Cuebe nach der Sandüberdeckung an dieser Stelle sein Bett nicht wiederfand und bei der erosiven Eintiefung auf die Porphyre traf, in die er epigenetisch ein flaches V-Tal einschnitt. Die Decksande in der Umgebung müssen in der Folgezeit allmählich abgetragen worden sein. Es erfolgte damit die Aufdeckung einer alten Landfläche. Das Tal des Baches Luahuca ist dabei alt angelegt, das des viel größeren Cuebe in seinem heutigen Lauf aber jung. (Abb. 9)

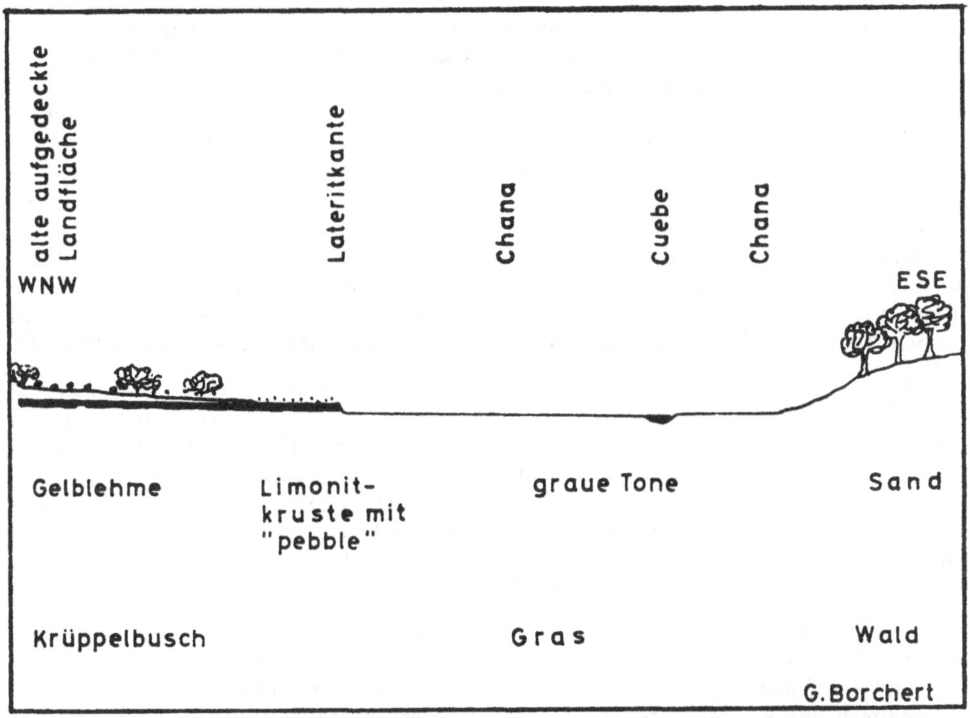

Abb. 9 **Talprofil des Cuebe 2 km oberhalb von Vila Serpa Pinto**

Auch der Luahuca hat sich, wie wir gesehen haben, in diese alte Landfläche eingeschnitten, und die Lateritkanten treten an seinen Talflanken aus. Dabei ist an einem Nebenbach des Luahuca unweit vom Kimbu Chimborusso unter einer etwa 1 m mächtigen Limonitkruste stark verwittertes, moränenähnliches Material freigelegt. Auch die Aufschlüsse beim Bahnbau in Vila Serpa Pinto zeigen ein stark verwittertes, inhomogenes Material, das nicht in sito verwittert war. Leider konnte in beiden Fällen ein glazialer Ursprung nicht eindeutig nachgewiesen werden. Die aufgedeckte Landfläche dürfen wir nach Art der Böden den Krustenböden des Planalto an die Seite stellen, da ihre Bildung ebenfalls vor Ablagerung der Kalaharisande abgeschlossen gewesen sein muß. Eine genaue geologische Kartierung unter Herstellung von Aufschlüssen an geeigneten Punkten könnte auch im Raume von Vila Serpa Pinto viel zur Erdgeschichte und Paläogeographie Innerafrikas beitragen. Vor allem müßten sich die Untersuchungen erstrecken auf Verzahnungen zwischen Bodenbildungen, Ablagerungen und Eruptiva.

Nach den bislang gemachten Ausführungen kann der Eindruck entstehen, daß im Cubango-Bereich eine starke erosive Zertalung und denudative Aufdeckung von Altlandschaften das morphologische Geschehen bestimmen. Aber gerade hier im Raume von Vila Serpa Pinto können wir auch schon andere Erscheinungen beobachten.

Etwas unterhalb von Vila Serpa Pinto nimmt der Cuebe als linken Nebenbach den Rio Cambumba auf. Dieser kommt von Osten aus dem schon erwähnten Sandgebiet. Seine Wasserführung ist äußerst gering, das Tal aber recht breit. Gegen die vernäßte Talsohle sind die Hänge scharf abgegrenzt. Hier fällt auf, daß sich ein Streifen von weißem Sand entlang des gesamten Hangknickes hinzieht und das Gras zum Teil überdeckt hat. Dabei sind die anstehenden Sande stark rot gefärbt. Ein heftiger Gewitterguß zeigt dann aber, in wie starkem Maße der Niederschlag auf dem ausgetrockneten Sand oberflächlich abfließt und am Rande zur Talsohle in einer Unzahl von Miniatur-Schwemmkegeln die gewaschenen Quarzkörner absetzt. Der Cambumba erstickt förmlich in dem zugeführten Sand. Kann er in der Nähe des Cuebe noch ein V-Tal bilden, so vermag er in 5 km Entfernung in weit geschwungenen Mäandern die Talsohle gerade noch freizuhalten. Weiter oberhalb in 10 km Entfernung, quält sich das Wasser in einem vielfach gewundenen Gerinne durch die weißen Sande, bis dann nur noch eine feuchte Mulde, erfüllt mit weißen Sanden und ohne Baumwuchs, vom Lauf des Cambumba zeugt. (Photo 11)

Die neue Straße nach Caiundo, die nicht mehr am Cuebe entlang führt, kreuzt ebenfalls mehrfach — z. B. 50 km südlich von Vila Serpa Pinto — derartige im Sand erstickende Täler, die heute keine Anzeichen von fließendem Wasser mehr zeigen. Solche Erscheinungen haben wir auch schon am Cubango und südwestlich von Caiundo kennengelernt. Auf der einen Seite zeigen die großen Flüsse noch alle Anzeichen einer starken Erosionstätigkeit, auf der anderen Seite stirbt das lokale Entwässerungsnetz unter Bildung von „Chanas" ab, die also nichts anderes als Trockentäler sind.

Westlich von Vila Serpa Pinto bleibt der Landschaftscharakter mit sandüberdeckten Flächen und erodierenden Flüssen zunächst noch gleich. Bleichsande fehlen, und die Flüsse Luassenha und Cuelei haben keine Chanas, sondern an den Hängen des V-Tales stehen Gebüschgruppen. Auch der Cuchi fließt in stets wechselnder Laufbreite in einem V-Tal, das sich 10 km nördlich der Straßenbrücke zu einer 80 m tiefen und am Grunde 5 - 8 m breiten Klamm verengt. Der Fluß hat sich hier in Sedimente der Oendolongo-Serie eingeschnitten, die walnußgroße Schotter enthalten; sie stehen im Bereich der Klamm seiger und streichen 135° E. Zwei Kilometer weiter nach Norden fallen die Quarzite 65° nach Südwesten ein.

Im Raume von Cuchi und vor allem in Richtung Cutato und Vila da Ponte treten immer größere Areale von Rotlehmen auf, denen die Sandüberdeckung fehlt. Wie wir später noch sehen werden, müssen wir diesen Raum Cachingues — Galangue — Vila da Ponte als Übergangsraum zwischen dem Planalto Mittelangolas und der Nordkalahari auffassen.

Von den Flüssen dieses Raumes wurden der Cuebe und der Cuchi ausgelotet und ihre Strömungsgeschwindigkeit ermittelt. Vom Cuebe wird übereinstimmend berichtet, daß er im Laufe des Jahres fast immer in gleicher Stärke über die Stromschnellen hinabbraust. Die ausgeloteten Profile sind nicht typisch für die beiden Flüsse, da sich in ihrem unausgeglichenen Mittellauf Breite und Tiefe von Ort zu Ort ändern.

Wie man aus dem Profil (Abb. 10) entnehmen kann, haben beide etwa eine Abflußmenge von 50 $m^3 \cdot sec^{-1}$. Dabei nimmt der Rio Cuchi kurz vor der Einmündung in den Cubango noch den Luassenha und den Cuelei auf. Er trägt damit wesentlich zur Abflußmenge des Cubango bei. Die weitgehend ausgeglichene Wasserführung des Cuebe läßt sich nur erklären, wenn man annimmt, daß das unbekannte, mit undurchdringlichem Wald bestandene, flache Wasserscheidengebiet zwischen Cuebe und Cuanza eine mächtige Sanddecke trägt, die die Niederschläge aufnimmt und allmählich zum Fluß sickern läßt. Dafür spricht auch das klare Wasser des Cuebe.

Es stehen sich also einander gegenüber:

Flußgebiet des Cubango	**Flußgebiet des Cuebe**
Haupteinzugsbereich im Rotlehmgebiet, schwankende Abflußmengen	Haupteinzungsbereich in Decksanden, ausgeglichene Abflußmengen
Wasserreiche Flüsse erodieren = Talbildung	Wasserarme Talungen versanden = Flächenbildung
Gras oder krüppeliger Busch an feuchten Standorten = Chanas	Wald auf den weiten, sandigen Rücken zwischen den Talungen
Verkieselte, miozäne Peneplain durch Mittel- und Unterlauf des Cubango angeschnitten	Verkieselte Kalahariablagerungen fehlen im Einzugsbereich von Rio Cuchi und Rio Cuebe

3. DER CUITO UND SEINE RECHTEN NEBENFLÜSSE

Im Gegensatz zum Cubango erhält der Cuito nur von rechts seine Zuflüsse, wenn wir von seinem Quellfluß, dem Cuanavale, absehen. Fahren wir von Vila Serpa Pinto aus nach Osten, so treffen wir zunächst auf den Cuatir, der noch zum Cubango fließt, dann auf Luassinga, Longa und Quiriri, die vereinigt in den Cuito münden. Der Rio Cuatir, der zu dieser naturräumlichen Einheit gehört, hat in seinem Oberlauf ein ausgesprochenes V-förmiges Tal, in dem rote, lehmige Sande anstehen. In einem kleinen Rinnsal befindet sich von einer Eisenhaut überzogenes Wasser. Das Tal des Luassinga ist ähnlich gestaltet. Bei mehr als 2 km Breite ist es etwa 60 - 70 m tief in die rötlichen Sande eingeschnitten. Der kleine Bach mäandriert auf einem Talboden von 20 - 30 m Breite. Die Talflanken sind auch hier unbewaldet. Die Talformen dieser „Flüsse" stehen zu ihrer heutigen Wasserführung und Breite — Beobachtungen im März, zum Höhepunkt der Regenzeit — in gar keinem Verhältnis.

Das gilt auch für den Hauptnebenfluß des Cuito, den Longa. Die Talsohle dieses Flusses wurde von einer 280 m-Basis aus entlang der Piste auf 2000 m Breite vermessen. Die Tiefe des Tales von der Postenstation bis zur Talsohle wurde mit 50 m ermittelt. Der Neigungswinkel des Talhanges beträgt an dieser Stelle 8°. Das in großen Schleifen mäandrierende Flüßchen hat sich geringfügig in die Talsohle eingeschnitten. Bei einer Breite von nur 4,80 m strömt das kristallklare Wasser mit einer Geschwindigkeit von 1 m · sec^{-1} dahin (26. März 1959). Es ergab sich daraus eine Abflußmenge von 6 m^3 · sec^{-1} (Abb. 10).

Uns tritt hier aber eine Besonderheit entgegen, die wir noch an weiteren Flüssen Südostangolas feststellen werden. Am Fluß zieht sich eine vermoorte Zone (50 cm Humus, darunter weißer Quarzsand) mit schwach saurem bis neutralem Humus (p_H = 6,0) entlang. Diese Region ist zum Teil überflutet. Neger haben hier kleine Felder etwas trockengelegt, auf denen alles ausgezeichnet wächst. Hangwärts folgt eine Zone mit humosen Sanden, die in eine Region mit sterilen, podsolierten Sanden übergeht, auf denen nur dürftige xerophytische Pflanzen gedeihen. Am Hang treten rote Sande auf, die an der Oberfläche 1 - 2 cm tief verfestigt sind. Etwas oberhalb der Postenstation Longa treten auch Kittquarzite an den Talflanken aus.

Folgt man dem Longa abwärts, so ändert sich dieses Bild kaum. 6 km unterhalb kann man eine 150 cm mächtige Mangankruste beobachten, die von Kaolinsand — 300 cm tief aufgeschlossen — unterlagert ist und an der Talflanke unter Sanden verschwindet. Auch in der Talaue ragen Reste dieser Kruste auf. Dann geht es in ewiger Gleichförmigkeit beinahe 100 km weit nach Süden bis unterhalb der Einmündung des Quiriri. Dort verengt sich das Tal des Longa, im Fluß und an den Talhängen treten Kittquarzite und wenig verfestigte Sandsteine mit wechselnder Korngröße auf, die im Fluß von Mangan schwarz überzogen sind. Ein geringes Einfallen nach Süden wurde bei Baixo Longa festgestellt. Das Tal wird immer enger, der unmittelbare Abfall zum Fluß beträgt etwa 20 m. Der Fluß ist reißend und überwindet das Gefälle z. T. in Stromschnellen. Bis 5 km unterhalb Baixo Longa wurde diese kastenförmige Talform festgestellt. Weiter unterhalb ist das Tal nicht bekannt. Es ist die gleiche Zone, in der im Cubango 80 km unterhalb von Caiundo die Stromschnellen auftreten und gleichartige Kittquarzite unter dem Sand an die Oberfläche kommen. (Photo 12)

Da die Quarzite und Sandsteine nicht sehr hart sind und noch weiter oberhalb am Longa hin und wieder in gleicher Ausbildung auftreten, kann für diese Zone eines engen Erosivtales nur eine antezedente Bildung angenommen werden. Eine epigenetische Anlage scheidet bei den Reliefverhältnissen aus; vor allem wäre dann der nördliche, breite Talausraum nicht zu erklären, da bei minimalem Gefälle und bei gleichen Gesteinen und Sanden, also gleicher morphologischer Wertigkeit, nicht plötzlich ein Engtal mit Stromschnellen flußabwärts entstehen kann. Im somalischen Streichen muß also parallel zur Komas-Schwelle *(Beetz, Lit. 48, Kartentafel)* vom Cubango her eine jüngere Störungszone durchlaufen. Dabei muß die Hebung nach Ausräumung des breiten Longatales weiter nördlich erfolgt sein, also nach der letzten Kalaharisandüberdeckung.

Leider stand für den Cuito kein Boot zur Verfügung, und die Eingeborenen verweigerten die Fahrt mit einem Einbaum flußab, so daß nicht festgestellt werden konnte, ob die gleiche Zone auch dort noch wieder in Erscheinung tritt. Nach Aussagen der Eingeborenen soll der Cuito ebenfalls durch eine Engtalzone führen. Bei *Schönfelder (Lit. 341, p. 49)* finden sich Angaben über eine derartige Schwelle, wenn er das Gebiet auch selbst nicht bereist hat. Wenden wir uns weiter nach Osten, so kommen wir 16 km östlich von Longa an den Rio Quiriri, der sich in seinem über 2 km breiten Tal fast verliert. Im Gegensatz zum Longa,. an dem noch keine Terrassen beobachtet werden konnten, ist eine prächtige 6 m-Terrasse am Rio Quiriri ausgebildet. Mäandrierend, unterschneidend und ausräumend hat sich das Flüßchen in seinen ehemaligen Talboden eingeschnitten, nachdem es einen flachen Riegel kurz vor der Einmündung in den Longa überwunden hatte.

In dem Raum zwischen Cuebe und Cuito sind nicht nur die hier angeführten Flüsse vorhanden, sondern dazwischen liegen noch weitere langgestreckte Mulden, die Chanas, im Sand ertrunkene Trockentäler. Dabei macht die Landschaft mit dem dichten Wald und Busch durchaus nicht den Eindruck eines Trockenraumes, denn Dornsträucher und xerophytische Pflanzen fehlen. Auch von einem äolischen Formenschatz eines ariden Raumes läßt sich nichts mehr feststellen. Zwar ist die Oberfläche östlich vom Quiriri über 20 km hin ganz leicht gewellt, aber man kann nicht mehr von fossilen Dünen sprechen. Derartige Formen können sich auch gar nicht erhalten haben, denn nachdem am 8. März 1959, 20 Tage vor meiner Ankunft, innerhalb von drei Stunden in diesem Gebiet über 160 mm Regen gefallen waren, ist die einebnende Flächenspülung derartiger Starkregen auf dem Sand noch überall deutlich zu erkennen. Jede Pflanze ist ein kleiner Sandfänger, und neben jedem Hindernis ist eine Miniaturerosionsrinne. Auf flach geneigten Hangflächen ist dann schon der verfrachtete Sand wie das Baggergut auf einer Spülfläche ausgebreitet. Vor allem reicht die Dichte der Kraut- und Grasdecke nicht aus, um eine derartige Flächenspülung in dem weißgrauen, lockeren, oberflächlich sofort wieder trockenen Sand zu verhindern. Die streckenweise vorkommenden rötlichen Sande sind etwas fester und unterliegen nicht so stark der Verschwemmung.

In der Nähe des Cuito wird die Fläche durch den Campulue und den Tiengo etwas zergliedert. Ganz allmählich senkt sich zunächst das Gelände zum Cuito, um dann mit zunehmendem Abfall an seine Talaue zu grenzen, die etwa 60 m tiefer als die umgebenden Sandhöhen liegt. Die Talaue ist an der engsten Stelle 1 500 m breit (vermessener Wert), versumpft und z. T. überflutet. Der über 80 m breite Fluß mäandriert in dieser Sumpflandschaft von einem Ufer zum anderen und hat eine starke Strömung. Im Flußbett und in der Talaue stehen keine Gesteine an. An den Talflanken treten Kittquarzite und — von *R. Martens* erstmals für diesen Raum festgestellt — metamorphe Quarzite auf (Anhang, Probe 23 u. 26). Sie sind ebenfalls am Talgrund des Tiengo angeschnitten. Auch auf den Flächen ist an einzelnen Stellen sehr harter Kittquarzit freigespült. Die weite Talform des Cuito ist also eingelassen in die hier sehr harten, undurchlässigen Quarzite. Die unter dem Sand aufgedeckten Gesteine zeigen deutlichen Windschliff und Wüstenlackbildung. Am Tiengo treten über dem Quarzit an den Talflanken allenthalben Sickerwässer aus. Das Gestein bildet unter der Sanddecke einen Quellhorizont. 6 km oberhalb der Mündung des Tiengo stehen Sandsteine mit hohem Kaolinanteil im Bach an. Weiter oberhalb unterliegt auch der Tiengo starker Zuschüttung mit Sand, während sein Mündungsgebiet wie die Talaue des Cuito versumpft ist.

Der Rio Sobi hat nicht das enge Tal wie der Tiengo, sondern er ähnelt wieder dem Quiriri. Die sandigen Talflanken führen mit 7^0 Neigung hinunter zur etwa 1 km breiten Talaue. Eine 2 m-Terrasse ist vorhanden, auf der unter einer dünnen Sanddecke eine Eisenkruste und kaolinisierte Tone anstehen. Der Rio Sobi hat an der Picada nach Baixo Longa immerhin eine Breite von 9 m, ist überall mehr als 70 cm tief und hat somit bei einer Strömungsgeschwindigkeit von 50 cm $\cdot$ sec^{-1} etwa eine Abflußmenge von 3 $m^3 \cdot sec^{-1}$. Die Talaue ist auch hier wie beim Longa und Quiriri vernäßt und weist jene schon beschriebenen Humusböden auf. Den Tiengo säumen dagegen im Unterlauf graue, stark glimmerhaltige Lehme und Tone, wie sie erst wieder am Cubia bei Mavinga auftreten.

Das beherrschende Element dieses Raumes ist aber der Cuito, dessen wassergefülltes Tal bestimmend in diesem unerschlossenen Gebiet ist. *Almeida, Henderson* und *Rohan-Chabot* haben Teile seines Laufes kennengelernt; insgesamt sind uns dieser große Zufluß des Cubango und die Gebiete an seinen Ufern heute noch fast unbekannt. (Photo 13)

An der Fährstelle wurde die Breite des Cuito mit 84 m ermittelt. Über 5 m tief ist er im Hauptstromstrich und bei einem Querschnitt von 217 m^2 und einer mittleren Strömungsgeschwindigkeit von 0,85 $m^3 \cdot sec^{-1}$ erreichte die Abflußmenge am 29. März 1959 den beträchtlichen Wert von 185 $m^3 \cdot sec^{-1}$. Wie beim Cuebe soll auch hier die Wasserführung recht ausgeglichen sein. Dies ist verständlich, da der Cuito und auch sein Quellfluß, der Cuanavale, ihren gesamten Einzugsbereich in den Kalaharisanden haben. Bei einer vorsichtigen Schätzung der mittleren jährlichen Abflußmenge dürfen wir wohl etwa 100 $m^3 \cdot sec^{-1}$ ansetzen. Der Cuito würde dabei mit seiner Wasserführung noch nicht dem Neckar an der Mündung mit einer mittleren jährlichen Abflußmenge von 140 $m^3 \cdot sec^{-1}$ gleichkommen. (Abb. 10)

a. Die Geschiebeführung des Cuito

Auffällig ist beim Cuito das überaus klare Wasser, das kaum Schwebstoffe enthält. Selbst an der tiefsten Stelle kann man den Flußgrund erblicken und den Sandtransport im Fluß beobachten. Großrippeln von 50 cm Höhe wandern in einem Abstand von 2 m flußabwärts, wobei sie sich in fünf Minuten 1 m flußab verlagern. Dauernd wechseln die Formen auf der Flußsohle. Während einzelne Rippeln durch Schüttung langsam vorwachsen und dauernd an der Schüttböschung eine Wasserwalze mit Sandkörnern pulsiert, sackt an anderer Stelle eine Großrippel förmlich in sich zusammen, eine Sandwolke breitet sich davor aus, und nach einigen Metern hat sich schon alles wieder abgesetzt. Wenn man nur die langsame Wanderung der Rippeln berücksichtigt, so läßt sich daraus überschlagsmäßig der Sandtransport im Cuito bestimmen.

Das Volumen der Großrippeln ergab sich zu etwa 1,4 m^3. Im Querschnitt des Flusses wurden 16 Rippeln gezählt. Insgesamt haben also alle Rippeln einen Inhalt von 22,5 m^3. Die Wanderungsgeschwindigkeit betrug 12 m pro Stunde. Bei der Berechnung der Masse des transportierten Sandes kann man nicht einfach das Volumen mit dem spezifischen Gewicht des Sandes multiplizieren, da man die sehr lockere Lagerung berücksichtigen muß.

Schoklitsch (Lit. 343, p. 174) gibt ein Porenvolumen von 25 – 35% an. Nach *Keil (Lit. 218, p. 199)* erreicht das Porenvolumen bei gleichkörnigen Sanden bis zu 48%. Unter Berücksichtigung des Porenvolumens ergibt sich ein reduziertes Volumen für die Großrippeln von 11,5 m^3. Bei einem spezifischen Gewicht für Quarz von 2,6 werden in einer Stunde $12 \cdot 11{,}5 \cdot 2{,}6 = 372{,}8 \text{ t} \approx 360 \text{ t}$ durch den Flußquerschnitt transportiert.

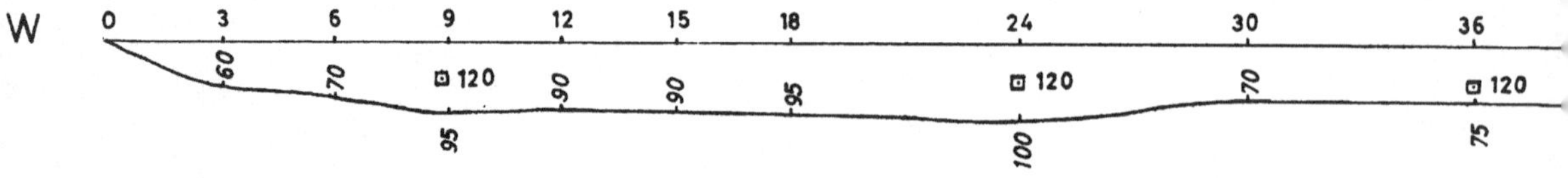

RIO CUCHI (Straßenbrücke bei Cuchi)

F: 47,5 m^2 Q: = 57 $m^3 \cdot sec^{-1}$

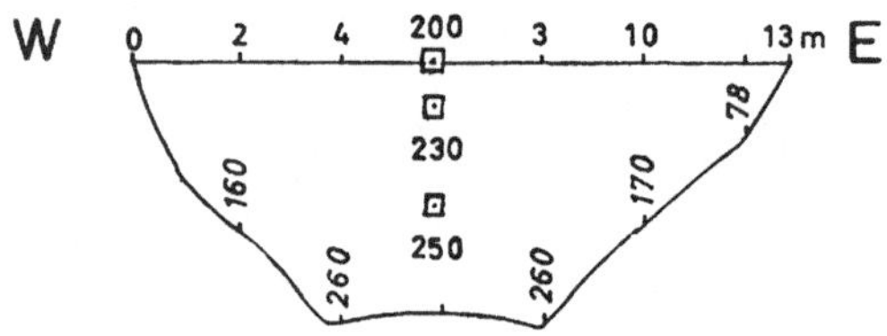

RIO CUEBE 20. Januar 1959
(Eisenbahnbrücke bei Serpa Pinto)

F: 23 m^2 Q: = 50 $m^3 \cdot sec^{-1}$

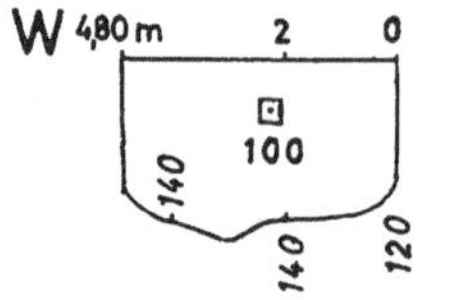

RIO LONG
(Brücke b

F: 6,9 m^2

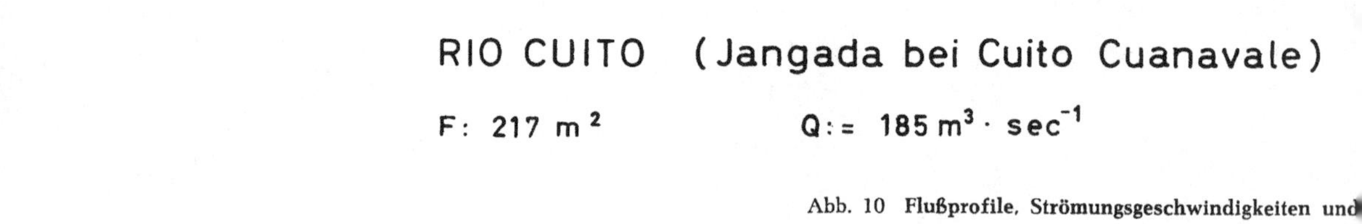

RIO CUITO (Jangada bei Cuito Cuanavale)

F: 217 m^2 Q:= 185 $m^3 \cdot sec^{-1}$

Abb. 10 **Flußprofile, Strömungsgeschwindigkeiten und**

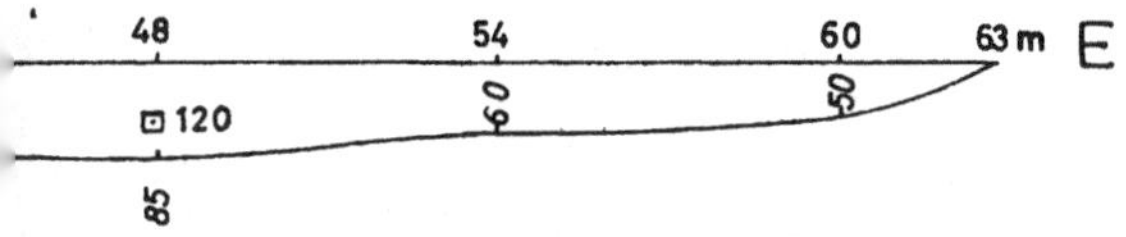

Maßstab: Länge 1 : 200
Höhe 1 : 100

ärz 1959
Longa
6 $m^3 \cdot sec^{-1}$

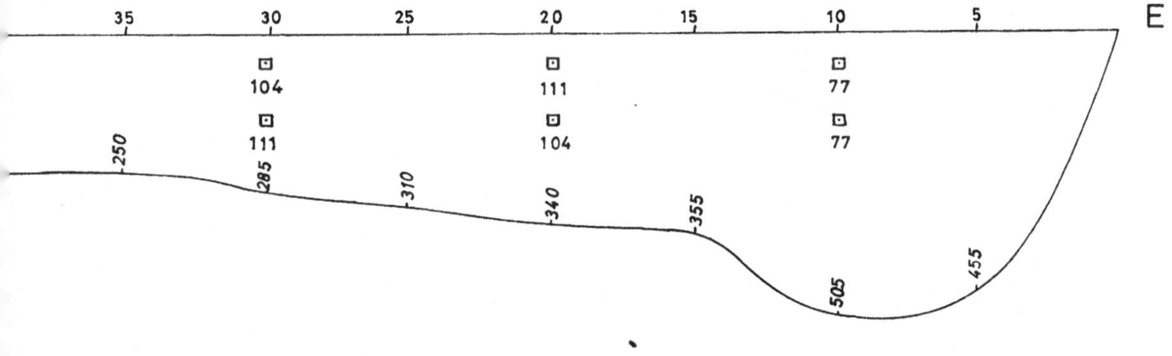

io Cuchi, Rio Cuebe, Rio Longa und Rio Cuito

Abb. 10

Der Geschiebetrieb*) beträgt für den Cuito also 100 kg $\cdot$ sec^{-1}. Der spezifische Geschiebetrieb**) ergibt sich dann zu 1,2 kg $\cdot$ sec^{-1}. Setzt man an, daß nur in der einen Hälfte des Jahres – während und kurz nach der Regenzeit – ein derartiger Geschiebetrieb vorhanden ist, so ergibt sich dennoch für den Cuito eine Geschiebemenge von $1{,}5 \cdot 10^6$ t pro Jahr. Vergleichsweise soll die Elbe nach *G. Wagner*[2]) eine Schwebstofführung an der Mündung von $0{,}63 \cdot 10^6$ t pro Jahr haben.

Da sich aus den vorhandenen Karten durch Planimetrieren für das Einzugsgebiet des Cuito-Cuanavale-Flußsystems oberhalb vom Ort Cuito Cuanavale eine Fläche von etwa 20000 km^2 ergibt, so beträgt die Abtragung 75 t pro km^2 pro Jahr. Das bedeutet eine Abtragung von 1 m in 30000 Jahren. Für den Unterlauf der Elbe gibt *G. Wagner* 58800 Jahre für die gleiche Abtragung (Gelöstes berücksichtigt) an. Bei den geringen Reliefverhältnissen und dem sandigen Material ist die Abtragung im Flußgebiet des Cuito-Cuanavale also ganz beträchtlich; sie ist eine Folge des Wechsels von Regenzeit und Trockenzeit mit hoher und geringer Erosionsleistung. Weiterhin muß man die Talform berücksichtigen, die eine flächenhafte Abtragung auf dem Anstieg zur Fläche begünstigt, zumal die ausgetrockneten, Einzelkornstruktur aufweisenden Sande bei einsetzenden Starkregen schwer benetzbar sind und der Flächenspülung unterliegen. Diese Flächenspülung ist auf den lockeren Sanden viel stärker als auf den Rotlehmen Mittelangolas, weil dort eine dichte Krautdecke eine Flächenspülung verhindert. Selbst ein offener, nicht gelokkerter Ackerboden ist oberflächlich durch Besonnung so hart verbacken, daß es nicht zu nennenswerten Abspülungen kommt. Auf frisch gepflügten oder gehackten Flächen ist dort die Verschlämmung natürlich außerordentlich groß. Auf einer Hoffläche aus festem Lehm von 2° Neigung wurde innerhalb von 30 Jahren 48 cm abgetragen, wobei das Dach des Hauses als zusätzlicher Niederschlagssammler diente. An einem anderen Ort im Bereich der Randschwelle bei Quipeio wurden bei ebenfalls etwas über 1000 mm Niederschlag pro Jahr – kein zusätzliches Wasser von der Dachtrauf – in 5 Jahren bei 8° Neigung auf einer derartigen vegetationslosen Hoffläche nur eine Abtragung von etwa 3 cm erreicht. Derartige Hofflächen weisen außergewöhnliche Bedingungen auf, und es wurde schon betont, daß in den weiten Talungen Mittelangolas nirgendwo Akkumulationen einer Flächenspülung festzustellen waren. In den Inselberggebieten sprechen tiefgründige Humusböden gegen eine derartige Flächenspülung, und die Tieferschaltung der Flächen ist meiner Meinung nach in kolloid-solvatativen Vorgängen zu suchen. Sonst müßten alle Lateritkrusten, die an den Hängen austreten, flächenhaft freigelegt sein. Auf den mobilen Sanden Südostangolas tritt dagegen eindeutig eine starke Flächenspülung auf, die einebnend wirkt und den Flüssen den Sand zuführt, der die Täler auskleidet. Zumeist stehen an den Talflanken und in geringer Tiefe unter den Sanden in der Talaue Quarzite und Sandsteine an. Bei den größeren Tälern scheinen dabei Materialzufuhr und Räumkraft der Flüsse im Gleichgewicht zu stehen, während die kleineren Flüsse im zugeführten Material ersticken oder schon erstickt sind.

---

*) Der Geschiebetrieb ist diejenige Geschiebemenge, die innerhalb von 1 sec durch einen Gerinnequerschnitt wandert (kg $\cdot$ sec^{-1}).

**) Der auf einen Breitenmeter des Gerinnes bezogene Geschiebetrieb wird spezifischer Geschiebetrieb genannt. *(Schoklitsch, Lit. 343, p. 174)*

2) Wagner, G.: Erd- und Landschaftsgeschichte, Öhringen 1960, p. 154.

Die Erosionsleistung des Cuito ist um so beachtlicher, als das Gefälle auf der gesamten Tallänge von ca. 700 km – die Flußlänge über Talweg gemessen wird sich nach Herstellung genauer Karten als erheblich länger erweisen – nur etwa 300 m beträgt. Auf Grund der guten Beobachtungsmöglichkeiten, der Einheitlichkeit seines Einzugsgebietes und des Fehlens jeglicher anthropogener Einflüsse wäre der Cuito zweifellos noch eines der geeignetsten Objekte für allgemeine gewässerkundliche und flußmorphologische Untersuchungen an einem natürlichen Fluß. Die obigen Ergebnisse konnten erst ein erster Hinweis sein.

Das vom Cuito transportierte Material hatte Korngrößen bis maximal 1 mm Durchmesser. Bei *Schoklitsch (Lit. 343, p. 169)* finden sich in Zahlentafel 46 Angaben über die mittlere Grenzgeschwindigkeit für verschiedene Geschiebedurchmesser bei einer Wassertiefe von 1 m. Nach *Schoklitsch* nimmt dabei die mittlere Grenzgeschwindigkeit mit größerer Wassertiefe mit der 5ten Wurzel aus der Wassertiefe zu, entsprechend der Formel

$$U_o = U_{o\,(1m)} \cdot h^{0,2}$$

(U_o = Grenzgeschwindigkeit, h = Wassertiefe)

Bei einer größeren Wassertiefe muß also eine höhere Strömungsgeschwindigkeit vorhanden sein, um ein gleich großes Geschiebe noch zu transportieren.

Berechnen wir die erforderlichen Grenzgeschwindigkeiten für die maximale Wassertiefe des Cuito (5,05 m) und für die minimale Tiefe (1,40 m) (Abb. 10), so ergeben sich für die Korngrößen 0,25 und 1 mm folgende Grenzgeschwindigkeiten, wenn die Grenzgeschwindigkeiten für 1 m entsprechend den Angaben von *Schoklitsch* 0,30 und 0,55 m · sec⁻¹ betragen:

Korngröße 0,25 mm : $U_{o\,(1,40)} = 0,32 \text{ m} \cdot \text{sec}^{-1}$; $U_{o\,(5,05)} = 0,41 \text{ m} \cdot \text{sec}^{-1}$

Korngröße 1,00 mm : $U_{o\,(1,40)} = 0,59 \text{ m} \cdot \text{sec}^{-1}$; $U_{o\,(5,05)} = 0,76 \text{ m} \cdot \text{sec}^{-1}$

Vergleichen wir diese errechneten Werte mit den am 29. März 1959 gemessenen Werten der Strömungsgeschwindigkeit, so sehen wir, daß an allen Meßpunkten obige Werte überschritten wurden. Daraus folgert, daß in einzelnen Abschnitten des Profils die Schleppkraft des Flusses noch erheblich größer gewesen sein muß. Ein Absinken der Abflußmenge auf 100 $m^3 \cdot sec^{-1}$ würde aber schon die mittlere Strömungsgeschwindigkeit auf etwa 50 $cm \cdot sec^{-1}$ erniedrigen, d. h., die Schleppkraft des Flusses würde nicht mehr ausreichen, um an den tiefsten Stellen den Sand zu transportieren. Bei einer mittleren Strömungsgeschwindigkeit von 50 $cm \cdot sec^{-1}$ würde aber in den flacheren Profilabschnitten die Strömung erheblich geringer sein, so daß auch dort kein oder nur ganz geringer Transport stattfände. Es war also berechtigt, wenn oben nur für die Hälfte des Jahres dem Cuito ein derartiger Geschiebetrieb zugeschrieben wurde.

In neuerer geographischer Literatur findet man in flußmorphologischen Arbeiten häufig den Begriff „Belastungsverhältnis". Ausgehend von diesem Terminus, sollte man mit den gewonnenen Ergebnissen dem Belastungsverhältnis des Cuito nachgehen. Bei näherer Betrachtung läßt sich aber mit diesem Begriff gar nicht exakt arbeiten. *Wißmann*[3] *(p. 16)* hat diesen Begriff aufgestellt. Er sagt: „Dieses Verhältnis

3) Wißmann, H. v.: Über seitliche Erosion. Bonn 1951, 51 p., 15 Abb., 2 Tafeln

zwischen Last (nach Korngröße und Menge) und Wasserführung werden wir im folgenden Belastungsverhältnis nennen". Ein Verhältnis muß dimensionslos werden, was hier aber nicht der Fall ist:

$$\text{Belastungsverhältnis} = \frac{\text{Last (Masse)}}{\text{Wasserführung}} = \frac{m^3 \cdot \text{spez. Gew.}}{m^3 \cdot \text{spez. Gew.} \cdot sec^{-1}} = sec$$

Bei *Bremer* [4, 5]) ist das Belastungsverhältnis im Sinne von

$$\text{Belastungsverhältnis} = \frac{\text{Last (Masse)}}{\text{Schleppkraft}} = \frac{m^3 \cdot \text{spez. Gew.}}{\frac{kg}{m^2}} = \frac{kg \cdot m^2}{kg} = m^2$$

(Die Schleppkraft hat die Dimension $\frac{kg}{m^2}$)

benutzt worden. Es ist ebenfalls nicht dimensionslos. Als sachlich begründetes Belastungsverhältnis kann man dagegen ansetzen:

$$\text{Belastungsverhältnis} = \frac{\text{vorhandener Geschiebetrieb}}{\text{maximal möglicher Geschiebetrieb}} = \frac{kg \cdot sec^{-1}}{kg \cdot sec^{-1}}$$

Dieses ergibt einen Verhältniswert ohne Dimension. Der theoretisch maximal mögliche Geschiebetrieb ist dabei abhängig vom Durchfluß, der Größe der Geschiebe, der Tiefe, dem Energieliniengefälle, vom spez. Gewicht und der Viskosität des Wassers und von der Rauhigkeit der Flußsohle. Zweifellos werden auch die Art der Strömung – turbulent oder laminar – und die Form des Flußlaufes – mäandrierender oder gestreckter Lauf – nicht ohne Einfluß sein. Mit anderen Worten, man kann bei einem unbekannten Fluß im Naturzustand diesen theoretisch maximal möglichen Geschiebetrieb nicht ermitteln; somit können auch keine Aussagen über ein reales Belastungsverhältnis für den Cuito gemacht werden. Es sei aber noch einmal betont, daß sich der Cuito zur Bearbeitung derartiger Fragen als ideales Experimentierfeld anbietet.

Wurden damit die rezenten Abtragungs- und Erosionsvorgänge für den Cuito erfaßt, so haben wir am Longa gesehen, daß das weite, obere Tal fossil ist, während die Engtalzone weiter abwärts nur als rezente, antezedente Eintiefung gedeutet werden kann. Ebenfalls fossile Täler sind die Chanas, bei denen die Versandung noch fortschreitet.

4. DIE HYDROGRAPHISCHE REGION DES CUANDO

Der Cuando – auch als Mashi bezeichnet – und seine drei Nebenflüsse Cueio, Lomba und Cubia stehen in scharfem Gegensatz zueinander. Während der Cueio ein flaches Muldental mit anstehenden Quarziten und der Lomba und Cubia ein flaches Kerbtal mit Sandsteinen haben, fließt der Cuando in einem weiten Tal,

4) Bremer, H.: Flußerosion an der oberen Weser. Göttinger G. Abh. 22, 1959, 68 p.

5) Bremer, H.: Neuere flußmorphologische Forschungen in Deutschland und ausgewählte Probleme der Flußmorphologie deutscher Ströme. Ber. D. Landeskunde 25, 1960, p. 284

das völlig überschwemmt ist. Ein 12 - 15 m hoher Steilhang aus ungeschichteten Sanden führt zum Fluß hinab. Man spricht besser von einem verkrauteten Wasser, denn von einem Fließen ist zunächst nichts zu merken. In einem schmalen Arm von etwas über 25 m Breite konnte dann allerdings eine Strömung von 0,80 m · sec^{-1} ermittelt werden. Die trigonometrische Vermessung der Talaue erbrachte bei N'Riquinha eine Breite von 5 880 m, wobei von einer Basis von 114,75 m zunächst eine Basisvergrößerung auf 798,80 m durchgeführt wurde. *Schönfelder (Lit. 341, p. 51)* und *Guerra u. a. (Lit. 158, Abb. 6)* schätzten die Breite noch auf 15 - 20 km. (Photo 15, 16)

Wie wir in der Beschreibung schon erfuhren, ist diese breite Talung 70 cm bis 3 m tief überflutet. Setzen wir nur eine mittlere Tiefe von 1 m, eine mittlere Breite von 5 000 m und die Länge der überschwemmten Talung mit 300 km an, so ist dieses gewaltige Wasserreservoir angefüllt mit mindestens $1{,}5 \cdot 10^9$ m^3 Wasser. Das entspricht 50% der Abflußmenge des Cubango bei Caiundo. Die in der Talaue vorhandene Wassermenge dürfte aber noch größer sein, da die Wassertiefe meist 1 m übersteigt. (Abb. 11)

Außerdem wurde im Stromstrich eine Abflußmenge von 73 $m^3 \cdot sec^{-1}$ ermittelt. Es ist natürlich möglich, daß noch weitere rasch strömende Wasserarme vorhanden sind. Es wird aber schwer sein, über den Wasserhaushalt des Cuando einmal gesicherte Angaben zu bekommen, da sich der Durchfluß in den Papyrusdickichten niemals ermitteln läßt. Es besteht auch keine Klarheit darüber, ob und in welchem Ausmaß der Cuando über den Linyanti dem Sambesi noch Wasser zuführt.

Auf jeden Fall ist die gewaltige Überflutung im Tal des Cuando ein Zeichen für einen starken Rückstau, und eine Aufsedimentation muß hier die unausbleibliche Folge sein. Schwer erklären lassen sich die vielen kleinen Inseln von nicht mehr als 10 - 15 m Durchmesser. Sie ragen selten mehr als 1 m über die Wasserfläche auf und tragen Gebüschgruppen und Bäume. Phoenix-Palmen, Akazien und eine Ficus-Art beherrschen das Bild. Während im weiten Cuando-Überschwemmungsgebiet Quarzsande den Grund überdecken, sind in den Böden der Inseln tonige Komponenten und Kalkkonkretionen enthalten; die Böden sind verhältnismäßig hart. Untersuchte Proben erbrachten eine positive Reaktion auf Phosphorsäure. *Guerra u. a. (Lit. 158, p. 73)* sprechen die Vermutung aus, daß es sich um ehemalige Termitenbauten handelt. Eine andere Erklärung wird kaum möglich sein.

Diese ehemaligen Termitenbauten sind ein Zeugnis dafür, daß nach der erosiven Austiefung und seitenerosiven Ausweitung dieses breiten Tales eine trockenere Phase einsetzte, in der die Talaue trockenlag und die Termitenbauten entstehen konnten. Dabei war es aber nicht wüstenhaft trocken, da das Tal nicht von Decksand verschüttet wurde. Danach setzte eine Überflutung ein, wobei die Aufsedimentation aber noch nicht zu einer Verschüttung der Termitenhügel geführt hat. Während der Cuito mit seinen Mäandern durchaus noch an einzelnen Stellen an einem Steilufer seitenerosiv das Tal ausweitet, ist der Cuando im Bereich seines 300 km langen Überschwemmungsraumes ein „toter" Fluß. Die Genese dieses aquatischen Raumes zeigt uns, daß einerseits in jüngster Vergangenheit Änderungen in der Wasserführung eingetreten sein müssen, was also auf Klimaänderungen hindeutet, und daß andererseits aber der Rückstau ein Hinweis für eine Hebung im Unterlauf ist. Nach *Schönfelder (Lit. 341, p. 49)* sollen südlich von Luiana und an der Nordgrenze des Caprivizipfels Felsbänke den Lauf des Cuando einengen und ein Hinweis für den Komas-Kaukau-Horst sein, der den Cubango an den Popa-Fällen kreuzt. Die Komas-Schwelle liegt nach *Beetz* und *Krenkel* weiter südlich.

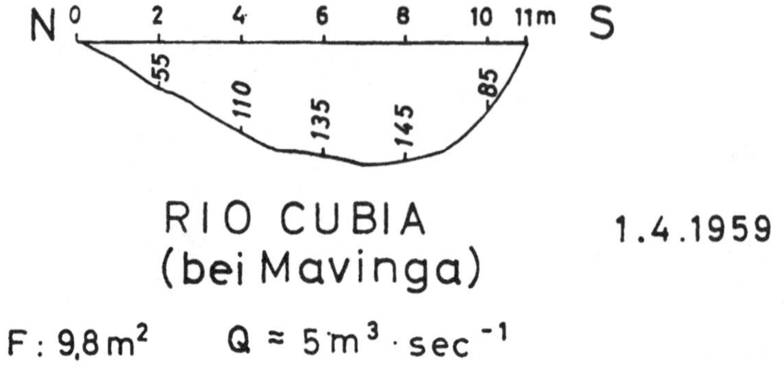

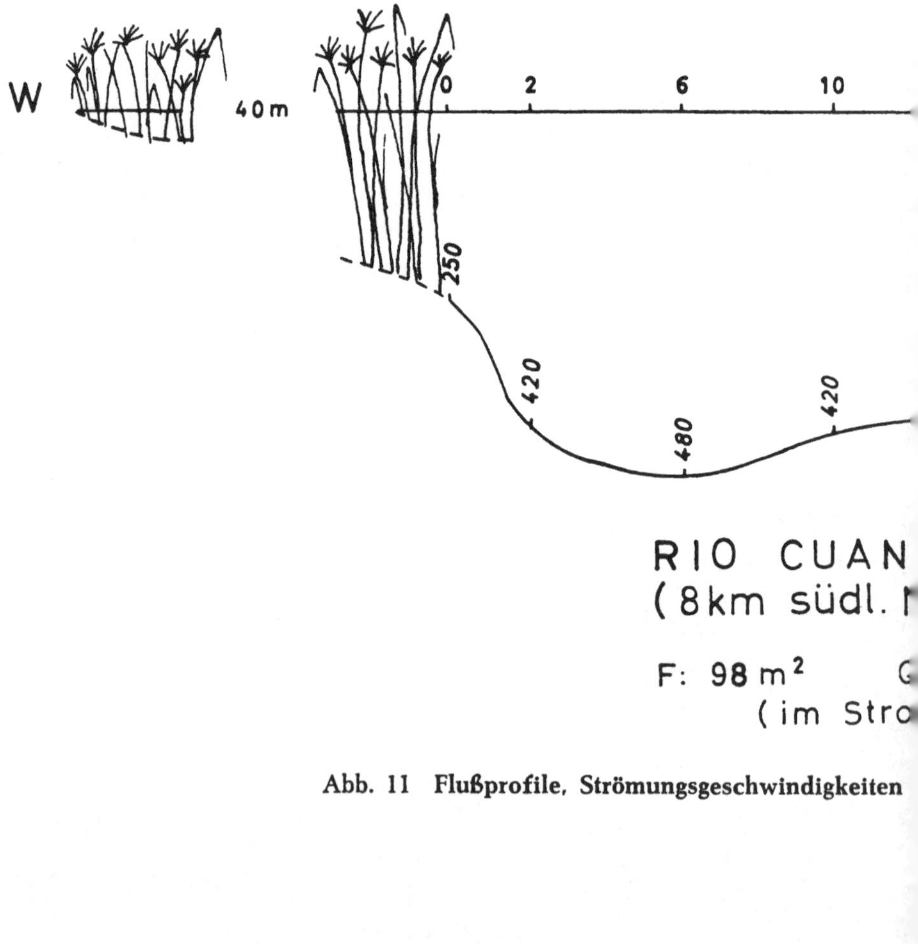

Abb. 11 **Flußprofile, Strömungsgeschwindigkeiten**

Hamburger Geographische Studien, 1963, Heft 17, Borchert, G.: Südostangola

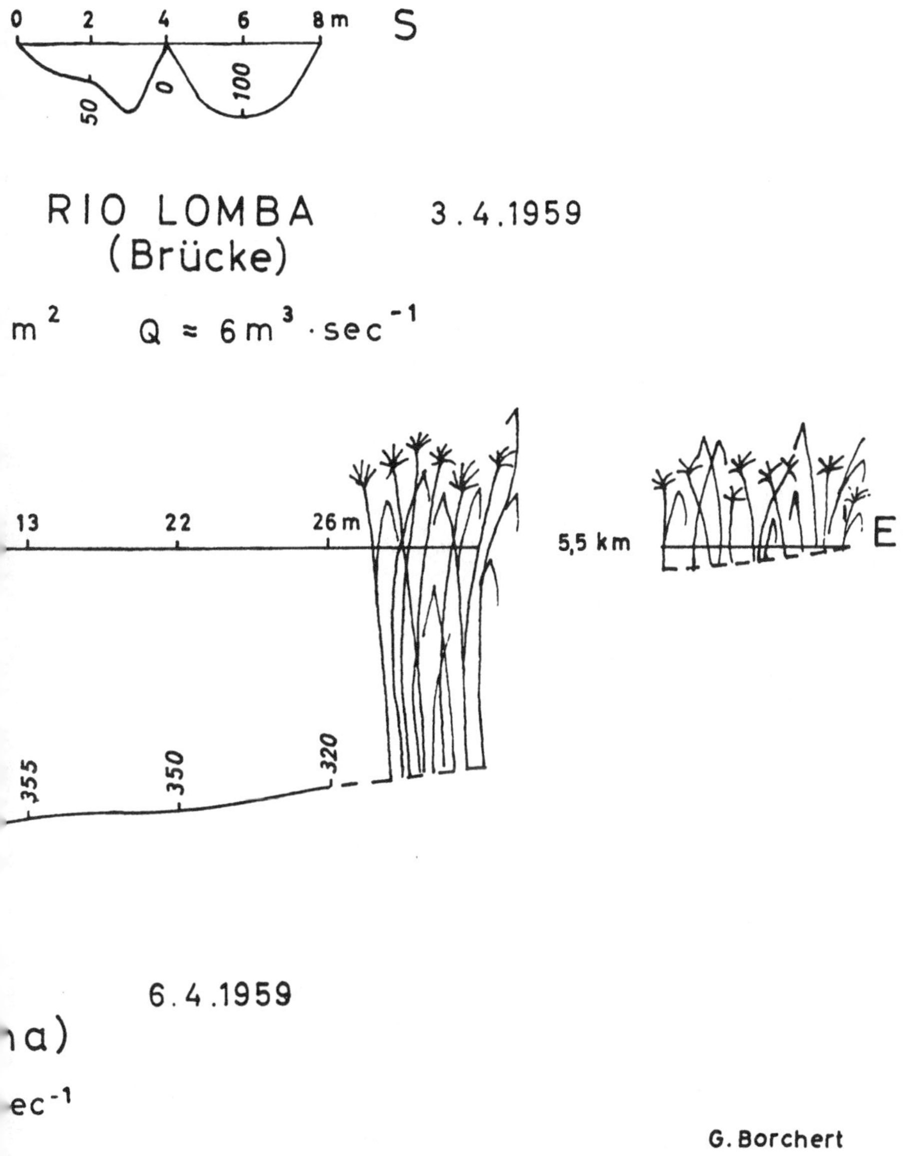

en des Rio Cubia, Rio Lomba und Rio Cuando

Abb. 11

Krenkel (Lit. 232, p. 292, 297) spricht für diesen Raum von der Otavi-Schwelle. *Schönfelder* postuliert eine weitere Schwelle von der Etoscha-Pfanne über den Raum westlich von Cuangar, wo der Cubango von Felsufern gesäumt wird, zur Engtalregion des Longa vor der Einmündung in den Cuito. Diese Schwelle soll dann über den Cuito hinweg verlaufen und in der Flußregion des Lomba-Cueio enden. Meiner Meinung nach sollte man die Fortsetzung einer solchen Schwelle vom Cubango aus zu den Wasserfällen im Unterlauf des Cuito ziehen, wo der Cuito nach *Schönfelder (Lit. 341, p. 50)* an den ebenfalls mit Popa benannten Stromschnellen auf einer Strecke von weniger als 50 m um 2,50 m an Höhe verliert.

Wichtig für unsere Betrachtungen ist der Unterschied zwischen dem Cubango, der sich erosiv eintieft, und dem Cuando, dessen Laufrichtung ebenfalls in das Okavango-Becken führt. Er überwindet aber nicht den Rand, sondern fließt im scharfen Knick nach Osten über den Linyanti — auch Chobe genannt — und soll in der Regenzeit in einem stark versumpften Lauf dem Sambesi etwas Wasser zuführen. Der Cuando bildet also das auf der Welt wohl einmalige Beispiel, daß ein Strom in seinem unter anderen Bedingungen geformten Tal ausläuft und seine Talaue zu einem 300 km langen, schmalen Endsee mit nur geringem Überlauf macht. Dieser Rückstau wirkt sich natürlich auch in den Unterläufen der Zuflüsse aus. So sind die Mündungsbereiche von Luiana, Cubia, Lomba und Cueio versumpft. Im Mittellauf dagegen erodieren Cueio, Lomba und Cubia stark und bilden Stromschnellen und Wasserfälle. Ihre Oberläufe dagegen empfangen das Wasser aus breiten, versumpften Mulden.

Der Cueio hat ein über 1 km breites, baumloses Tal. An einigen Stellen beträgt der Abfall bis zu 6,5°, dann wieder geht das Gelände ohne merkliche Neigung vom Wald in die Talung über. Der Wald hört dort mit einer scharfen Grenze auf, wo das Wasser bereits in einer Tiefe von 1 m ansteht; es beginnt hier eine Zone mit sehr dürftigem Gras- und Krautwuchs und weißen, podsolierten Sanden; die Gräser sind hart. Zum Fluß hin folgt eine Zone mit kniehohen Gräsern. Unter einer Schicht von 10-30 cm humosen Sand befindet sich nasser Podsolsand. Diese Zone geht flußwärts über in eine Region mit reinen Humusböden, die von Wasser durchtränkt sind. Die Gräser bilden Bulten. Am Fluß ist noch eine Zone mit Schilf ausgebildet. An anderer Stelle, 5 km flußabwärts, ist die Talung ganz anders gestaltet. Überall stehen Quarzite auf der Talsohle an, und die Catena-Abfolge fehlt. Das Wasser fließt über Stromschnellen hinab. Der Fluß hat sich oberhalb dieser Region 4 m tief in Sande einerodiert. Deutlich läßt sich verfolgen, daß der Fluß in der Talung seinen Lauf mehrfach verlegt hat. Quarzitschotter und Erosionsrinnen sind vorhanden. Der Cueio führt heute noch kleinere Quarzitgerölle.

War die Talform beim Cueio noch eine weite Mulde, so haben Lomba und Cubia im Mittellauf ein nicht mehr ganz flaches V-Tal. Der Lomba bildet vielfach Stromschnellen und stürzt 20 km westlich der Straßenbrücke Mavinga — Cunjamba in einem etwa 60 m breiten Wasserfall 8-10 m hinab.

An den Hängen des Lomba-Tales tritt häufig unter den Sanden Wasser aus, und so ist die feuchte Graszone entlang des Flusses in der Regenzeit nicht passierbar. Da die Wasserfälle außer von *Schönfelder (Lit. 341, p. 51)* — Schönfelder selbst hat den Ort nicht aufgesucht — an keiner Stelle bisher verzeichnet sind, sei kurz der Weg dorthin beschrieben: Von der Straße Mavinga — Cunjamba biegt man 20 km nördlich von Mavinga am Anfang einer Chana nach Westen ab. Man sucht sich dabei in der Zone mit Krüppelbusch seinen Weg. An vielen Stellen steht Eisenerz als dunkelbrauner, zelliger, harter Limonit an (Anhang Probe 41). Zumeist ist das Erz überdeckt von 20 cm rotem Sand. Nach Aussagen der Eingeborenen kommt es flächenhaft auch noch am oberen Lomba vor. Nachdem man 14 km nach Westen gefahren ist, biegt man nach Norden ab. Nach 5 km Fahrt durch einen Buschwald mit Podsolsanden erreicht man die Talung des Lomba, an der man bis zum Soba Ulomba 2 km aufwärts fährt. Von dort sind die Wasserfälle, von den Eingeborenen Chipupa Chalomba genannt, in einem Fußmarsch von einigen Kilometern, der über die vernäßten Talhänge führt, zu erreichen. (Photo 14)

Der Lomba hat sich insgesamt etwa 30 - 40 m in die Landfläche einerodiert. Das steilere Kerbtal ist 15 - 20 m eingeschnitten. Aus der bewaldeten Sandregion der Fläche führen vernäßte und vermoorte Seitentälchen zum Lomba, die unmittelbar am Lomba ein starkes Gefälle haben. In den Wasserfällen und an den unterhalb anschließenden Talflanken stehen Eisensandsteine an. Es wechseln harte und weiche Schichten miteinander ab. Die Lagerung ist sölig. Im Gestein befinden sich Konglomeratlagen von Quarzit-, Granit-, Kalk-, Tonstein- und Tonschiefergeröllen von etwa 3 cm Durchmesser (Anhang Probe 42 und 43). Da in der Umgebung, abgesehen von den Quarziten, derartige Gesteine nicht vorkommen und bei der Größe der Gerölle ein sehr weiter Transport fortfällt, so muß hier also ein Sedimentationsbereich aufgedeckt werden, der bei der Einheitlichkeit der Höhenverhältnisse im Bereich der Kalahari-Becken-Abdachung aller Wahrscheinlichkeit nach über sein Abtragungsgebiet hinausgehoben wurde. Die Wasserfälle von Chipupa Chalomba können bei 8 m Fallhöhe und einer Wasserführung des Lomba von 6 $m^3 \cdot sec^{-1}$ vielleicht einmal einen kleinen Ort mit Elektrizität versorgen, wenn dieser Raum stärker erschlossen wird. Durch eine Turbine mit dem Wirkungsgrad 0,8 läßt sich zwar nur eine Leistung von 375 kW erreichen; man muß aber bedenken, daß im Bereich der Kalahari - Becken - Abdachung bisher keine bedeutenden Energieträger — nur etwas Braunkohle am Lungue - Bungue weiter im Norden — nachgewiesen sind und bei dem geringen Gefälle die Wasserkraft der anderen Flüsse nicht genutzt werden kann. (Abb. 11)

Auch der Cubia bildet in seinem Lauf Stromschnellen. Bei Mavinga verliert er über Kaolinsandstein etwa 1 m Höhe (Anhang Probe 44 und 45). An den Talflanken stehen Lehme an, die oberflächlich grau, in der Tiefe rötlich gefärbt sind. Die Lehme enthalten einzelne Schotter; weiter oben sind sie an den Talflanken von einem dichten Steinpflaster von Schottern überdeckt. Am Waldrand beginnt dann der Kalahari - Decksand. Diese Schotterdecke mit den Kiesen ist am Cubia von Mavinga bis zum Rio Lue über eine Entfernung von fast 100 km flußabwärts festzustellen. Achate, also Chalzedone, überwiegen in dieser Decke. Auch am Longa und nach *Schönfelder (Lit. 341, p. 51)* auch am Matungo zwischen der Einmündung des Luambe und des Capembe sind diese Schotter jeweils am Nordufer der Flüsse aufgeschlossen. Westlich von Mavinga wurde diese Schotterdecke nur noch wenige Kilometer weit festgestellt. Eine Aufgrabung bei Mavinga an der Talflanke des Cubia am Übergang zur Fläche erbrachte folgendes Profil:

0 - 45 cm Sand
45 - 60 cm Lehmiger Sand mit einzelnen Steinen
60 - 110 cm Lehm mit Eisenkonkretionen und kiesigen Bestandteilen
110 - 230 cm Lehm mit Gesteinsresten

Eine Steinsohle, die jener Schotterdecke entspricht, wurde nicht gefunden und konnte auch an anderen Stellen mit einem Bohrstock nicht ergründet werden.

Der östliche Zufluß des Cubia in seinem Unterlauf, der Lucólue, führt nur noch nach Regenfällen Wasser, wobei das Wasser den Cubia nur selten erreicht. Die Oberfläche der 600 m breiten Chana dieses Baches ist mit staubfeinem Rötel (Hämatit) überzogen, der sich aus dem stark eisenhydrogencarbonathaltigen Wasser des Lucólue fortwährend abgesetzt hat. Der Lucólue muß also eine eisenreiche Region entwässern. Eine Aufgrabung in der Chana des Lucólue 17 km westlich von N'Riquinha erbrachte folgendes Bodenprofil:

0 - 30 cm Rötel, Hämatit in feinster Pulverform
30 - 60 cm Humoser Sand mit Pflanzenresten
60 - 90 cm Podsolierter Sand

Der Rötel hat sich demnach in rezenter Zeit über einem pflanzenbestandenen Boden abgesetzt. Während am Cubia und am Lomba erosiv der Untergrund aufgedeckt wird, kommt es hier an einem Nebenbach wieder zur Auffüllung der Hohlformen. Verfolgt man den Cubia flußaufwärts, so stellt man fest, daß die Nebentalungen vernäßt sind wie die Talhänge des Cubia. Das Gefälle aus den Nebentalungen zum Cubia liegt in unmittelbarer Nähe des Hauptflusses. Die Erosion hat also in diesen wasserarmen Nebenbächen der Eintiefung des Cubia noch nicht folgen können.

13 km westlich von dem Ort Mavinga trifft man auf den Rio Mavinga, der im Unterlauf nicht zu überschreiten ist. Talaufwärts verflacht das Tal bald, und der Bach bekommt eine breite, überschwemmte Talaue. Auch dieser Bereich ist von der Eintiefung noch nicht erfaßt. Zur Talaue hin tritt auch hier aus den Sanden überall Wasser aus und zeugt von einer wasserstauenden Schicht. Der Mavinga entspringt in einer halbkreisförmig vom Wald umgebenen Chana von ca. 4 km Durchmesser. Westlich schließt sich ein 8 km breites Waldgebiet mit Podsolsanden an. Hat man dieses Gebiet 70 km westlich von Mavinga durchquert, so liegt vor einem die Überschwemmungssavanne von Chitenge. 70 km Durchmesser soll diese offene, waldlose Region haben, in der nur auf einigen höheren, kleinen, inselartigen Erhebungen Phoenix- und Hyphaenepalmen der Landschaft einen für den Südosten Angolas fremdartigen Ausdruck verleihen. 5 km weit konnte ich am 9. April 1959 in dieses Gebiet eindringen. Der Sand ist völlig mit Wasser durchtränkt, und das Wasser überdeckt auf weite Strecken zwischen dem Gras die Oberfläche und bildet zum Teil flache, weite Seebecken. Im Untergrund muß also auch hier eine wasserstauende Schicht die Versickerung verhindern; allerdings wurde mit dem Bohrstock bis 1 m Tiefe nur Bleichsand festgestellt. Durch die rückschreitende Erosion ist dieses Gebiet noch nicht angezapft, so daß die Niederschläge zunächst den ganzen Boden wie einen Schwamm durchfeuchten und dann oberflächlich überstauen. In der Trockenzeit soll es in der Überschwemmungssavanne von Chitenge nach *Schönfelder (Lit. 341, p. 51)* und nach Aussagen der Eingeborenen zu Salzausblühungen kommen. *Schönfelder* rechnet dieses Gebiet einer Schwellenregion zu. Ob man dieser Ansicht zustimmen will oder nicht, es ist auf jeden Fall verwunderlich, daß aus diesem Gebiet keine oder nur eine unbedeutende Entwässerung zum Cuito erfolgt, der 30 km westlich vorbeifließt. Auch die Laufänderung des Cuando und Guembo nördlich des Cueio und die Laufrichtung und das Talprofil von Cueio, Lomba und Cubia sprechen für einen derartigen Horst. Leider

konnten die Untersuchungen nach Süden nicht weiter ausgedehnt werden; die Regenzeit machte das Gelände immer unpassierbarer. Es sei für die fast unbekannten Regionen zwischen Cuito und Cuando, Cubango und Cubia auf die wenigen, aber stichhaltigen Angaben von *Schönfelder (Lit. 341)* verwiesen. (Photo 17, 18)

5. GEOMORPHOLOGISCHE UND HYDROGRAPHISCHE ERGEBNISSE IN SÜDOSTANGOLA

Der Südosten Angolas hat also durchaus nicht die hydrographische, morphologische und geologische Einheitlichkeit, wie man sie zunächst vermutet und aus den einführenden Betrachtungen vielleicht entnehmen konnte. Wenn auch östlich der Linie Vila Serpa Pinto — Caiundo bisher keine Tiefengesteine und Eruptiva festgestellt wurden, so bringen obige Beobachtungen doch schon erste Hinweise auf Unterschiede in dem weiten Gebiet zwischen Cubango und Cuando. Metamorphe Quarzite bei Cuito Cuanavale, konglomerathaltige Roteisensandsteine an den Wasserfällen Chipupa Chalomba und die Chalzedon-Schotter am Lomba, Cubia und Matungo zeigen, daß nicht nur die Kalahari - Decksande und die Kittquarzite der Unteren Kalahari - Formation eine einförmige Abdachung nach Südosten bilden. Vor allem ergibt sich aus der Analyse der Talungen ein differenzierteres Bild dieses Raumes. (Abb. 12)

Longa, Quiriri, Luassinga, Oberlauf des Cuito, Unter- und Oberlauf des Cuando und das Cubangotal von Caiundo bis zur Jangada de Cahôco folgen einer einheitlichen Richtung von NNW nach SSE. Ihre Talformen mit dem weiten Ausraum ähneln sich, wenn man vom Cubango absieht. Nur beim Cuito entsprechen einander Talform, Flußlauf und Flußarbeit. Die Talformen von Luassinga, Longa, Quiriri und Cuando aber müssen durch Flüsse anderer Erosionskraft geschaffen worden sein. Ihre Bildung muß später als die letzte Ablagerung der Kalahari-Decksande erfolgt sein. Eine Wiederaufdeckung alter Täler ist natürlich möglich.

Für die Engtalzone des Longa unterhalb der weiten Talung bleibt als Erklärung nur ein antezedentes Einschneiden im Bereich einer Hebung parallel zur Komas-Schwelle. Die Mangansandsteinkrusten als Sumpferzbildung in der weiten Talung machen eine frühere Überflutung des Longa-Tales wahrscheinlich. Eine derartige Überflutung haben wir heute noch im Cuando-Tal. Rezente Hebungsvorgänge — bisher keine nennenswerte Sedimentation mit Verschüttung der Termiteninseln — im Unterlauf ließen die Talaue dieses Flußes fast zu einem Endsee werden. Der Cuando vermochte also nicht, sich antezedent einzutiefen. Ein erneutes Einschneiden wäre nur durch rückschreitende Erosion vom Sambesi her denkbar, wobei die Anzapfung schon eingesetzt hat *(Wellington, Lit. 415, p. 416)*. Die Aufdeckung von Präkalahari - Ablagerungen am Lomba und die Laufrichtungen und die Erosionstäler von Cueio, Lomba und Cubia sprechen für einen Horst auch in diesem Raum.

Das Gewässernetz in seiner ursprünglichen Anlage folgt in Südostangola dem erythreischen Streichen. Störungen im somalischen Streichen prägen sich in der Änderung der Laufrichtung des mittleren Cubango und Cuando aus, und zwar in einer Abdrängung nach Osten. Für den Longa und unteren Cuando lassen sich Hebungszonen gleicher Streichrichtung ableiten. Die Dislokationen erfolgten nach Ablagerung der Kalahari-Decksande, was sich mit den Ergebnissen aus dem Raum von Caiundo deckt. Der Gegensatz zwischen Erosion in den wasserreichen Haupttälern und Akkumulation in den Nebentälern, den heutigen Chanas, zwingt zu dem Schluß, daß früher die lineare Erosion und die Zertalung stärker gewesen sind. Die heutige

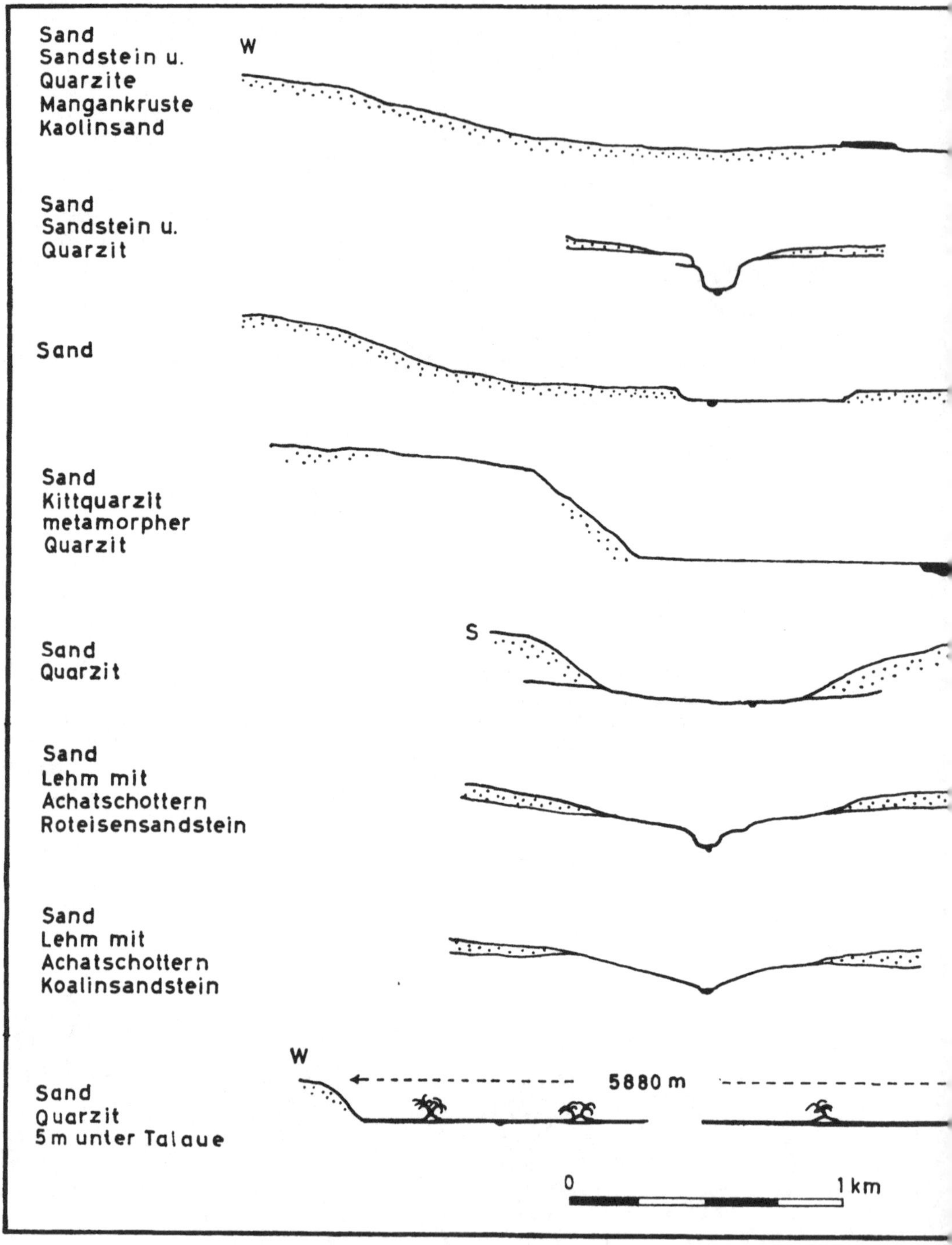

Abb. 12 Die morphologischen

E

	LONGA beim Posten Longa	fossiles Tal mit Wiederbelebung der Erosion	Flußmäandriert in einem Teil des Tales Beginnende Eintiefung
	LONGA (130 km flußabwärts) bei Baixo Longa	antezedente Talbildung	Stromschnellen
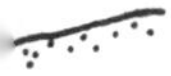	QUIRIRI	fossiles Tal mit Wiederbelebung der Erosion	6 m - Terrasse Fluß mäandriert
	CUITO	Fluß im Gleichgewicht, geringe seitenerosive Unterschneidung	Fluß mäandriert stark in versumpfter Talaue
	CUEIO	rückschreitende Erosion im Mittellauf	Stromschnellen
	LOMBA		Stromschnellen Wasserfall 60 m breit, 8 m Fall
	CUBIA		
	CUANDO	fossile Talung Akkumulationsfluß	überschwemmte Talung mit Papyrusdickicht u. Termiteninseln

5 - fach überhöht

G. Borchert

tischen Taltypen Südostangolas

Abb. 12

Versandung der Nebentäler mit der Bildung von Chanas kann ein Hinweis auf eine Klimaänderung mit Abnahme der Niederschläge sein. Die gleiche Erscheinung kann jedoch auch als ein sich selbst verstärkender Vorgang gedeutet werden, bei dem durch Starkregen Flächenspülungen auf ausgelaugten Sanden ausgelöst werden; die Talungen versanden, so daß das Wasser als Grundwasserstrom abfließt. Die weiten Talungen sprechen aber für eine frühere, größere Wasserführung und damit für höhere Niederschläge.

Die Beobachtungen — weder die wenigen festgestellten Terrassenabfolgen noch die Talgenesen — lassen für den Südosten Angolas irgendwelche Folgerungen über Pluvial- und Interpluvialzeiten noch nicht zu, womit eine Parallelisierung zum Pleistozän Südafrikas *(vergl. Maarleveld, Lit. 248)* ebenfalls nicht möglich ist. In vielfältiger Form bestimmen heute Erosion und Akkumulation, Zertalung und Flächenbildung nebeneinander das morphologische Geschehen in der eintönigen, aber nicht einförmigen und nicht einheitlichen Nordkalahari, die bei der geringen Mächtigkeit der Decksande, der rezenten Verebnung der äolischen Ablagerungen und dem relativen Wasserreichtum ein Übergangsgebiet zum Kernraum des inneren Kalahari - Beckens ist.

C. Klima, Böden und Pflanzen

1. KLIMA

Ist die Nordkalahari schon morphologisch als ein Übergangsraum zu bezeichnen, so trifft das in verstärktem Maße in klimatischer Hinsicht zu. Die Niederschläge nehmen von Vila Serpa Pinto — 1 200 mm pro Jahr — bis zur Südgrenze, also auf eine Distanz von 3 Breitengraden, auf die Hälfte ab. Bei 600 mm Jahresniederschlag erreicht der Variabilitätskoeffizent nach *Queiroz (Lit. 320, p. 3)* dort über 30%. Langjährige Beobachtungsreihen liegen natürlich noch nicht vor. In Vila Serpa Pinto wird seit 1947 mit Unterbrechungen eine meteorologische Station 1. Ordnung unterhalten, und seit 1953 werden die entsprechenden Messungen auch in Mavinga gemacht. In Cuito Cuanavale und Cuangar bestehen seit 1948 Regenmeßstationen. Heute umfaßt das meteorologische Beobachtungsnetz neben obigen Stationen ebenfalls Catota, Cuchi, Longa, Capico, Sta Cruz, Dirico und Mucusso, wobei allerdings nicht immer eine kontinuierliche Ablesung gewährleistet ist. Nur in Vila Serpa Pinto und Mavinga werden die Beobachtungen von Angestellten des Serviço Meteorológico de Angola ausgeführt. Die Ablesungen erstrecken sich an allen Stationen auf Temperaturablesungen (Maximum, Minimum und Mitteltemperatur aus Terminbeobachtungen), auf Bestimmung der Luftfeuchtigkeit und auf Niederschlagsmessungen; weiterhin werden Bewölkungsgrad, Gewitter, Wetterleuchten, Nebel und Dunst registriert.

Eine Analyse der Wetterbeobachtungen und der Monatsmittel *(Lit. 452)* verdeutlicht die großen Gegensätze von Jahr zu Jahr und die starken Änderungen im Wetterablauf. Regen- und Trockenzeit sind die beiden Jahreszeiten, die den Rhythmus des Jahres bestimmen. Ebenso wie der Wechsel dieser Jahreszeiten fluktuiert, gleichen sie sich auch nicht in ihrem Ablauf, ihrer wetterwirksamen Intensität und lokalen Differenzierung. Das Wetter wird in den wechselfeuchten Tropen ebenfalls von vielen heterogenen Faktoren bestimmt.

Das Einsetzen der Regenzeit mit dem Knospen und Aufblühen ist dem Frühling vergleichbar. Die ersten Regen können zwar schon im September fallen, aber selbst der Oktober bildet noch eine Übergangszeit. Es sind dies die beiden Monate mit den höchsten monatlichen Maxima von über 30°. Der Strahlungswettertyp bewirkt zu dieser Zeit noch einen ausgeprägten Tagesgang der Temperatur mit Abkühlung in den Nächten auf etwa 10°. Aber auch im Februar, März und April treten derartige Großwetterlagen von mehreren Tagen Dauer auf und lassen in seltener Gleichförmigkeit die Temperaturen zwischen 10° und 30° schwanken, wobei die Luftfeuchtigkeit täglich von 95% auf 40% in den Mittagsstunden absinkt. Im April wird diese Wetterlage immer stabiler und dauert länger an. Sie leitet damit zur Trockenzeit über. Monate mit wirksamen Niederschlägen sind also nur November bis Anfang April. In Vila Serpa Pinto überschreitet nur in den Monaten Januar bis März der Niederschlag die Verdunstung. In Cuangar ist in allen Monaten die Verdunstung höher als der Niederschlag. In Vila Serpa Pinto erreicht sie 2 178 mm pro Jahr *(Lit. 158, p. 49)*; in Cuangar erbrachten allein die Monate Juli 1958 bis Januar 1959 2 470 mm (gemessen mit einem Piché - Evaporimeter), so daß hier im Jahr 3 500 mm überschritten werden. Starke Einstrahlung und hohe Temperatur bewirken die höchsten Verdunstungsmengen vor Einsetzen des Regens; in Vila Serpa Pinto ist es der Monat September mit 370 mm, in Cuangar wurde der höchste Wert im Oktober 1958 mit 487 mm bei 30 Ablesungstagen ermittelt. Geringere Bewölkung und geringere Anzahl von Regentagen — in Cuangar 55 Regentage, in Vila Serpa Pinto 92 Regentage — lassen die Verdunstungswerte nach Süden erheblich ansteigen und machen den Übergang in einen Trockenraum deutlich. Längere Dürreperioden können auftreten, z. B. im Januar 1959 eine Dürreperiode in Cuangar, womit die Grenze eines gesicherten Regenfeldbaues erreicht ist.

Der Regen fällt im Süden als Gewitterregen, also als Instabilitätsregen im Bereich der SITC. Während beispielsweise über Weihnachten 1958 das Hochland von Angola (NW - Wind) bis Vila Serpa Pinto (SW - Wind) von einer Strahlungswetterlage beherrscht wurde, regnete es in Cuangar bei umlaufenden Winden. Es muß also in diesen Tagen südlich von Vila Serpa Pinto die Konvergenz zwischen den West- und den Ostwinden gelegen haben. Vereinzelt gibt es neben den lokalen, heftigen Gewitterregen aber auch einmal Schlechtwettergebiete von mehreren hundert Kilometern Ausdehnung, wie jenes vom 6. - 10. Februar 1959. Die Temperaturen sind den Tag über mit etwa 20° ausgeglichen, die Luftfeuchtigkeit liegt bei 80 - 90%; eine Stratusdecke ohne scharfe Untergrenze schafft eine düstere Stimmung. Nach einem ergiebigen Dauerregen dreht der Wind von Nordwest auf Südwest. Die Luft wird klar und kühl, bis nach 8 Tagen mit steigender Gewitterneigung die tageszeitliche Schwüle wieder zunimmt.

Noch besser als im Raume Cuangar — Vila Serpa Pinto konnten derartige Erscheinungen im Raume 60 km nordwestlich von Nova Lisboa in 1 800 m Meereshöhe beobachtet werden. Am 16. Dezember 1958 ziehen von Westen her Cirren auf. Die Wolken verdichten sich zu einer Altostratusdecke, aus der bis zum 17. Dezember abends ein gleichmäßiger Regen fällt. Das Tagesmaximum erreicht nur 19°. Der Wind dreht über SW auf S. Die Luft ist sehr klar. Bereits am 22. Dezember erfolgt ein neuer Frontendurchgang: Von NW nimmt die Bewölkung zu. Nach einem starken Gewitter mit Böenkragen dreht der Wind auf W. In der kalten Rückseitenluft bildet sich eine sehr stabile Wetterlage aus, wobei es tagsüber mäßig warm ist und sich nachts bis auf 13° abkühlt. Die Fernsicht beträgt 150 km. Der

Wind dreht dann weiter über SW auf S und nimmt an Stärke ab. Am 28. Dezember kommt es bei SE-Winden zu Wärmegewittern. Am 30./31. Dezember erfolgt die Wetterentwicklung in diesem Raum in analoger Weise. Gleichartige Beobachtungen könnten auch aus dem Raum von Andulo, 120 km nördlich von Silva Porto angeführt werden.

Aus allem wird ersichtlich, daß das Wettergeschehen auf 12° S und zeitweise auch noch auf 15°-18° S einen zellulären Charakter hat. Während zu Beginn der Regenzeit die Niederschläge bei zunehmender Intensität als Gewitterregen bei östlichen Winden im Verlaufe des Durchzuges von line squalls fallen, hat das Wettergeschehen später auf 12° S über kürzere Zeiträume immer wieder zyklonalen Charakter mit westlichen Winden. Erst die Analyse der täglichen meteorologischen Boden- und Höhenbeobachtungen kann Klarheit darüber verschaffen, ob diese Wetterabläufe ihre Ursache in einer Ausweitung der tropischen Westwindzone haben, oder ob es sich um Kaltlufteinbrüche vom Südatlantik her handelt, die nur randlich den Kontinent erfassen.

Es ist auf diese Wettererscheinungen und Wetterlagen besonders aufmerksam gemacht worden, weil sie der bisherigen Auffassung widersprechen, wonach die Niederschläge im Hochland von Angola als Gewitterregen bei SE-Winden fallen. Zwar sind derartige Konvektionsvorgänge mit vertikalem Wolkenaufbau und lokalen Gewittergüssen vorherrschend, aber zumindest für die Monate Dezember, Januar und Februar müssen wir auf 15° S Vorgänge annehmen, die auf Luftmassengegensätze zurückzuführen sind; denn im langjährigen Mittel überwiegen auch in Nova Lisboa in diesen Monaten die Winde aus den Westquadranten *(Lit. 451, Tabelle 18)*. Auch das gelegentliche Auftreten von Nachtfrösten in den Monaten Juni und Juli im Raume Cuchi, Vila Serpa Pinto, Mavinga, Baixo Longa, Cuangar und Caiundo kann nur auf das Einströmen von Kaltluft zurückgeführt werden. In 2 m Höhe werden Extremwerte von –6° erreicht. Die kalte Luftmasse muß dabei in diesem Raum zur Ruhe kommen, und bei der geringen Luftfeuchtigkeit setzt in der Nacht eine starke Ausstrahlung mit Abkühlung der bodennahen Luftschicht ein. Die Einstrahlung am Tage sorgt für eine schnelle Alterung dieser Luft, und es kommt niemals über mehrere Tage zu solchen Schadensfrösten. Diese Fröste treten nicht in jedem Jahr auf, aber schon das gelegentliche Vorkommen dezimiert den Artenreichtum der Pflanzenwelt. Nur an geschützten Plätzen in der Nähe der Flüsse gedeihen noch kümmerliche Bananenstauden, die von Weißen angepflanzt wurden; Papaya-Bäume (Carica papaya) fehlen. Frostfrei ist natürlich das Überschwemmungsgebiet des Cuando, da der große Wärmeinhalt des Wassers die Abkühlung der Luft bis unter den Gefrierpunkt verhindert. Eingeborene zeigten mir Zuckerrohr auf einer Termiteninsel, das über 3 m hoch war und einen Stengeldurchmesser von 7 cm hatte. — Die Eingeborenen tragen stets ein Stück Rohr bei sich, von dem sie Stücke herausreißen und auskauen.

Allgemein gesehen nimmt nach Norden und Süden hin die Frostgefährdung ab. Im Süden ist es die geringere Höhenlage, die eine starke Ausstrahlung verhindert; im Norden tritt trotz der größeren Höhe höchstens noch einmal Bodenfrost in den Anharen auf. Das Fehlen des Schadensfrostes kann nur dadurch erklärt werden, daß die Wetterwirksamkeit der Kaltluftmasse äquatorwärts abnimmt.

In Hanglagen läßt sich daher schon im Raume von Silva Porto — Nova Lisboa in 1600-1700 m Höhe ausgezeichneter Arabica-Kaffee anbauen, ohne daß eine Frostgefährdung vorhanden ist. Für den Südosten aber scheidet jeder Kaffeeanbau aus, will man nicht Gefahr laufen, daß nach einigen Jahren ein einziger Frost alles vernichtet. Hinzu kommt, daß Dürren und Termitenbefall alle Anbauversuche erschweren.

Auch auf dem Planalto kann in kürzester Zeit eine Plantage mit Dauerkulturen für mehr als ein Jahr schwerste Schäden davontragen. Es treten bei den ersten Gewittern zu Beginn der Regenzeit manchmal schwere Hagelfälle auf, die das gesamte Laub von den Bäumen und Büschen schlagen und die Vegetationsdecke am Boden zerstören. Derartige Hagelschauer kommen natürlich immer nur lokal zur vollen Entfaltung. Mehrere verwüstete Areale konnten im Hochland nördlich von Nova Lisboa zu Beginn der Regenzeit 1958 beobachtet werden.

Überhaupt sind die Konvektionsgewitter immer mit einem starken Temperaturabfall verbunden, wie eine genaue Untersuchung der Aufzeichnungen des mitgeführten Thermohygrographen ergab. Innerhalb von einer Stunde sinkt die Temperatur meist um 7° - 11° auf etwa 17° ab. Bleibt es bewölkt, so sind die Nachmittage nach einem solchen Gewitter, das sich um die Mittagszeit entlädt, sowohl auf dem Planalto als auch im Raume Vila Serpa Pinto ausgesprochen kühl. Erst am nächsten Tag setzt der Prozeß der Erwärmung und der Konvektion von neuem ein.

Die Höhenlage mäßigt die Temperaturen so stark, daß es weder auf dem Planalto noch bei Vila Serpa Pinto Tropentage (Minimum > 20°) gibt. Auch an der Südgrenze Angolas dürften auf dem Planalto kaum mehr als 30 Tropentage im Mittel des Jahres erreicht werden. Eine Ausnahme bildet wahrscheinlich nur die unmittelbare Cuando-Talung, deren abendliche Schwüle mit Mückenbelästigung fast ebenso unerträglich ist wie die feuchte Hitze, die am Tage in dem Papyrus-Dickicht herrscht, wo kein Luftzug Kühlung verschafft.

Während das absolute Maximum für Nova Lisboa *(Lit. 451)* mit 32,0° angegeben wird, muß man für den Südosten Werte von etwas über 40° annehmen. Das Maximum in der Sonne wurde in Vila Serpa Pinto am 27. Oktober 1958 mit 78,8° ermittelt.

Das Klima wird also nach Süden hin extremer: Die Niederschlagssumme und die Zahl der Regentage nehmen ab, die Bewölkung ist geringer. Die Maxima liegen höher, die Minima der Lufttemperatur liegen tiefer und sinken in manchen Jahren unter 0°. Die Verdunstung erreicht Werte, die doppelt so groß sind wie die im Hochland von Nova Lisboa. Die Regenzeit wird kürzer, die Trockenzeit ausgeprägter und bestimmender. (Vergl. Karte 2 Südostangola, Klimaregionen und Niederschläge)

2. VEGETATIONSFORMATIONEN

Die von *Guerra (Lit. 158)* übernommene Klimakarte Südostangolas (Karte 2), die vom Serviço Meteorológico de Angola *(Lit. 451)* entworfen wurde, zeigt in aller Schärfe den klimatischen Übergangscharakter zum Trockenraum der Kalahari. Diese Zunahme der Aridität und Kontinentalität müßte sich ebenfalls in der Vegetation ausprägen. Wie wir aber in der Beschreibung hörten, nimmt vom Planalto nach Südosten gerade die Waldbedeckung zu, und die Bäume werden wüchsiger. Die Degradierung der Savannenwälder auf der Lunda-Schwelle läßt sich auch nicht einzig und allein durch den Brandrodungswanderhackbau der Ganguelas, Umbundus, Quiocos oder anderer Bantustämme erklären. Vielmehr dürfte der bessere

Baumbestand seine Ursache in den sandigen Böden haben; denn südlich von Chitembo beginnen mit den Cromopsâmosolos jene Waldungen, die noch brauchbares Nutzholz ähnlich dem Teakholz liefern können. Vor allem ist hier gedacht an Pterocarpus angolensis und Copaifera coleosperma. Bis nach N'Riquinha zieht sich dieses Waldland, das durch Chanas und dürftige Buschgebiete unterbrochen ist. Die Tiefgründigkeit und die bessere Durchlüftung der Sandböden dürfte also zu einem Klimax für den floresta de Panda gerade in diesen Gebieten geführt haben. Der Sand gibt im Gegensatz zum Rotlehm das im Boden enthaltene Wasser weitgehend wieder her und bindet nur ganz geringe Mengen an Adsorptionswasser.

Die trockenen Kalahari-Decksande bilden also in einem Gebiet mit nach Süden zunehmender Aridität physiologisch feuchte Standorte. Dabei hängt die Artenzusammensetzung von den lokalen Standortsbedingungen ab; sie ändert sich von Norden nach Süden und in geringerem Maße auch von Osten nach Westen mit der Abwandlung der klimatischen Bedingungen. Eine eingehende Vegetationskartierung liegt noch nicht vor. *Gossweiler* hat den Südosten Angolas schon in seine Karte mit einbezogen, obgleich nur wenig Unterlagen vorhanden waren. Besser ist die Karte von *P. F. de Almeida (Lit. 158)*. Da aber noch nicht einmal die topographischen Verhältnisse genügend bekannt sind, können die durch wenige Routenaufnahmen gewonnenen Vegetationskarten nur als erster Versuch angesehen werden.

Ganz grob kann man vielleicht sagen, daß im Süden und Osten Burkea africana als Charakterbaum auftritt, der auch noch auf den dürftigen Podsolsanden weiter im Norden und Westen vorkommt. Das Holz ist termitensicher und hart. Es folgt dann eine Zone, am Cuando, an den Nebenflüssen des Sambesi und im Süden am Cubango, in der Baikiaea plurijuga mit hervorragendem Holz dominiert; in diesem Bereich kommen auch die verschiedenen Akazienarten vor. Große Bäume von Copaifera coleosperma und Parinari Mobola mit eßbaren Früchten sind hier häufig. Nördlich einer Linie vom Rio Capembe über die Mündung des Longa zur Mündung des Cuebe beginnt die Vorherrschaft von Berlinia Baumii, wobei nach Norden der Anteil von Brachystegia tamarindoides stark zunimmt. Als Berlinia-Brachystegia-Combretum dehnen sich diese Panda-Wälder als niedriger Trockensavannenwald über die Lunda-Schwelle bis an die Grenze vom Kongo aus. Berlinia Baumii und Brachystegia liefern kein Nutzholz. Dafür werden aber die Blüten dieser Leguminosen-Bäume von den unzähligen Wildbienen aufgesucht. Die Eingeborenen sammeln in Raubwirtschaft den Honig. Wie groß diese Menge sein muß, geht aus der Tatsache hervor, daß allein über Vila Serpa Pinto jährlich etwa 250 t Wachs gehandelt werden, das von den Eingeborenen an die Händler verkauft wird.

In den Wäldern Südostangolas kommt vereinzelt der Girassonde-Baum (Pterocarpus angolensis) vor. Er liefert die hervorragenden Taculas-Hölzer. Die neue Bahn bis Vila Serpa Pinto kann eine Holzwirtschaft in diesem Gebiet in Gang bringen, aber man muß bedenken, daß nur hier und da für den Einschlag geeignete Bäume vorhanden sind. Damit kommen wir sofort zum Hauptproblem; denn mit der Holzwirtschaft muß eine Forstwirtschaft einhergehen. Der Nachwuchs ist gering, und der Anteil der nutzbaren Baumarten müßte erhöht werden. Die Untersuchungen der Trasse für den Bahnbau im Südosten *(Lit. 158)* umfaßten ebenfalls eingehende forstwirtschaftliche Erhebungen, soweit es bei der Weite des Raumes möglich war.

Wie man an den offengelassenen Feldern der Eingeborenen beobachten kann, regeneriert sich der Wald schwer. Es ist nur gut, daß der Südosten von Angola äußerst dünn besiedelt und der Wald nicht über weite Strecken durch Brandrodungswanderhackbau verwüstet ist. Das Verbot des Holzeinschlages durch die Regierung muß zunächst als richtig angesehen werden. Aber jede von der Bahn ausgehende Erschließung wird zu einer Dezimierung des Waldes führen, und es wird Aufgabe der Planungsstellen sein, so vorsichtig wie möglich, schonend, erhaltend und pflegend diese teils dichten, teils lichten Trockensavannenwälder Südostangolas zu nutzen. Bei allen Maßnahmen muß man sich vor Augen halten, daß man in dem subhumiden bis semiariden Raum sehr leicht das natürliche Gleichgewicht stören kann, und so stellt auch *Almeida (Lit. 158, p. 159)* heraus, "é de capital importancia encarar-se o problema da conservação das matas e o do repovoamento florestal".

Neben dem Wald bestimmen die Chanas das Landschaftsbild des Südostens. Diese Grasfluren ziehen sich an den Flüssen entlang, nehmen zugesandete, ehemalige Flußbetten ein und bedecken weite Regionen, wie z. B. in der Überschwemmungssavanne von Chitenge, wo in der Regenzeit das Wasser den Boden überdeckt. Der Wald ist also immer auf die höheren Areale beschränkt. Einen tropischen Galeriewald entlang der Flüsse gibt es in Südostangola nicht. Die Waldgrenze liegt dort, wo in geringer Tiefe das Grundwasser ansteht. Chanas sind also vernäßte Grasfluren. Für die Bäume dürften die Standorte nicht so sehr physiologisch zu feucht, als vielmehr zu schlecht durchlüftet sein. Vielleicht wirken aber auch die stärkeren Fröste in den Senken der Chanas einem natürlichen Aufkommen von Wald entgegen. Der Anteil der Chanas an der Gesamtfläche nimmt nach Südosten zu, wo nach *Schönfelder (Lit. 341, p. 51)* in dem Rinnensystem nördlich des Caprivi-Zipfels das Grundwasser am Ende der Regenzeit oberflächlich austritt. Auch bei *Guerra (Lit. 158, Abb. 46)* finden sich Bilder, die diese Chanas noch in der Trockenzeit überschwemmt zeigen. Den sandigen Chanas des Südostens entsprechen auf dem Planalto die Senken der Anharas, in denen aber schwere, vernäßte, kaolinisierte Tone anstehen. Allgemein haben wir es von den umliegenden Höhen in die Niederungen hinein ebenfalls mit einer Catena-Abfolge zu tun.

Die wichtigsten sechs auftretenden Typen der Chanas und Anharas sind in Abbildung 13 generalisiert dargestellt.

3. BODEN- UND CATENATYPEN

Die Abfolge der verschiedenen Bodentypen innerhalb der Catena-Reihe wird dabei natürlich bei größerer Reliefenergie reichhaltiger. Auch die unterschiedlichen Gesteinsverhältnisse auf dem Planalto bewirken Variationen in der Bodenentwicklung. Trotz der unterschiedlichen Böden gleichen sich Chanas und Anharas in ihrem landschaftlichen Erscheinungsbild, so daß die Feuchtigkeit bestimmend ist für die Verteilung von Wald- und Grasfluren.

Die Bezeichnung der Böden wurde in Anlehnung an *Azevedo (Lit. 24)* durchgeführt. *Guerra (Lit. 158)* nimmt in seiner Bearbeitung eine stärkere Aufgliederung der Sandböden vor, was aber häufig nur eine Differenzierung nach Farbe und Bodenprofil ist. Im ganzen werden aber gerade die detaillierten Beobachtungen Guerras Ausgangspunkt jeder bodenkundlichen Arbeit in Südostangola sein, wenn auch für seine Extrapolationen in bezug auf den Flächenanteil der 18 Bodentypen die regionalen Kenntnisse noch nicht ausreichen dürften.

Wie im ganzen Südosten von Angola, von kleinen Arealen abgesehen, Sande die Oberfläche bilden, so sind sie auch am Aufbau der Chanas beteiligt. Immer sind es Bleichsande mit Einzelkornstruktur; dabei zeigt der Boden eine saure bis starksaure Reaktion (p_H = 4 - 5,5). Derartige Sande können mit geringer Farbdifferenzierung von den höheren Flächen bis zum Inneren der Chana reichen. Eine eindeutige Bodenhorizontentwicklung fehlt zumeist. Die Oberfläche weist stellenweise weiße Sande auf, dann wieder kann in 1 m Tiefe weißer Sand anstehen, ohne daß darüber die schwach gelblichen Sande irgendeine Differenzierung zeigen. Es sind dies die ganz flachen Chanas, wie sie 38 km und 46 km nördlich von Vila Serpa Pinto, am Oberlauf des Cambumba, besonders zwischen Cuito Cuanavale und Cunjamba und westlich von Cuito Cuanavale und südwestlich von Caiundo auftreten. Ihre Breite schwankt zwischen einigen hundert Metern und einigen Kilometern. An einigen Stellen können diese Chanas versumpfte Wannen haben, in denen zähe, graue oder bläuliche Gleiböden anstehen, die als Solo gleisiálico oder Solo gleihúmico anzusprechen sind. Häufig sind hier Wasserstellen für das Wild. Auch die übersandeten Talungen nördlich Caiundo haben unter der Sandschicht von 20 - 30 cm derartige vernäßte, durch Reduktionsprozesse verfärbte, übelriechende Glimmerton - Gleibödenhorizonte. Zu solchen Sonderfällen der Chanabildung kann nicht der Lago de Capua zwischen Cunjamba und Cuito Cuanavale gerechnet werden. Dieser kreisrunde See von etwa 500 m Durchmesser ist in Sand eingebettet; der Muinho fließt in der nördlich gelegenen Chana vorbei. Vom Ufer geht es verhältnismäßig steil hinein. Eine Auslotung des Sees konnte nicht vorgenommen werden, da die Eingeborenen aus Furcht vor einem Seeungeheuer keine Einbäume auf dem See haben. Als Wanne in einer Chana kann dieser See nicht erklärt werden. Er bildet ein fremdes Element in diesem Raum. (Abb. 13)

Dagegen lassen sich die flachen, weiten, regenzeitlich überfluteten Wannen als Sümpfe auf der Wasserscheide zwischen Cuito und Cuando erklären. Das Wasser in den Wannen ist in der Regenzeit nicht salzig. Es wurden mit dem Bohrstock auch keine Tonböden festgestellt. In der Trockenzeit soll es hier nach Aussagen der Eingeborenen zu Salzausblühungen kommen, so daß wir es nach *Azevedo (Lit. 24, p. 34)* mit Solos halosiálicos zu tun haben. Zwischen den Wannen zeigten Bohrungen nur gelbliche Sande. Auffallend sind in der Landschaft Chitenge die kleinen, mit Palmen bestandenen Erhebungen von etwa 10 m Durchmesser. Der Boden ist lehmig und graubraun und zeigt bei einem p_H - Wert von 7,0 eine positive Phosphatreaktion. Wie in der Talaue des Cuando wird es sich um ehemalige Termitenbauten handeln.

Die typische Ausbildung einer Chana mit Catena - Abfolge findet sich an den Flüssen im Einzugsbereich des Cuito und am Luiana und dessen Nebenflüssen. Während die Rücken zwischen den Flüssen von rötlichen oder auch hellen Sanden (Cromopsâmosolo und Oxipsâmosolo) bedeckt sind, folgen zum Fluß hin in der weiten Talung eine Bleichsandzone, eine Zone mit humosen Sanden und die Region der Humusböden am Fluß. Für diese Humusböden wird von *Guerra (Lit. 158, p. 72)* ein p_H - Wert von 3,5 - 4,0 angegeben. Untersuchungen am Lomba erbrachten einen p_H -Wert von 6,0 (mit Lyphan - Papier gemessen). Die gleiche Reaktion wurde für das Wasser des Rio Lomba ermittelt. Wie oben schon beschrieben, stellen diese Turfasolos die fruchtbarsten Böden Südostangolas dar. Werden diese Böden aber genutzt, wird ein Humusabbau einsetzen; außerdem besteht in der Trockenzeit die Gefahr zu starker Austrocknung und Winderosion. Solche ausgetrockneten Humusböden sind schwer benetzbar. Die Erhaltung der Bodenfruchtbarkeit wird also bei diesen Böden besonders schwierig.

In einigen Jahren werden darüber jedoch schon Erfahrungen vorliegen; denn derartige Böden wurden in dem Colonat Cela (*Borchert, Lit. 57*) mit in Kultur genommen. Dieses Colonat liegt im Randschwellenbereich 350 km südöstlich von Luanda in 1 300 m Meereshöhe. Von den Inselbergen folgen über die Fußflächen zum Fluß hin durch das Relief bedingte Boden- und Vegetationszonen. Am Fuß der Inselberge sind es tropische Rotlehme, die feucht, tiefgründig und gut durchlüftet sind. Sie enthalten ausreichende Verwitterungsreserven, verhärten aber leicht, wenn sie in Kultur genommen und der Besonnung ausgesetzt werden. Zur Niederung hin folgt auf diese Eucroferralsolos eine Zone von orangefarbenen Eucroferralatosolos.

In diesem Bereich weisen Eisenkonkretionen und Limonitbänke ebenso wie die Abnahme der Rotfärbung auf Degradation hin. Es erfordert große Anstrengungen, diese Areale für eine Nutzung wieder hinreichend fruchtbar zu machen. In den Niederungen finden wir humose Gleiböden, Humusböden und kaolinisierte Niederungsböden. Derartige Kaolinböden sind völlig degradierte Tone im Bereich schlechter Entwässerung; zum Teil enthalten sie einzelne Eisenkonkretionen. Bei Humusanreicherung gehen diese Cineralatosolos, die also nach den Lateritkrustenböden ein anderes Endglied in der „Lateritentwicklung" oder besser gesagt der allgemeinen Degradation tropischer Rotlehme sind, in humose Gleiböden über. Das Innere der Niederung nehmen auch hier die fruchtbaren Turfasolos ein, die *Ganssen (Lit. 143, p. 125)* zusammen mit den Solos gleihúmicos als Omurambaböden bezeichnet. (Abb. 13)

Werden in dieser Catena-Abfolge der Inselberglandschaften immer juvenile Böden nachgeschaffen, so sind auf dem flachwelligen Planalto häufig nur zwei Typen vorhanden, die sich weitgehend den Endstufen der Entwicklung genähert haben. Dabei treffen wir in dem Dellensystem wieder die vernäßten kaolinisierten Tonböden an, die Cineralatosolos, die oberflächlich durch Asche grau oder schwarz gefärbt sind; denn die Eingeborenen brennen alljährlich das Gras in den Anharas in der Trockenzeit ab. An den Hängen treten Lateritkrusten aus, und die darüberliegenden Gelblehme mit dem unterlagernden Limonit sind Eucrolatosolos.

Wenn wir von den geringen Sandüberdeckungen auf den Altflächenresten des Planalto absehen, so haben wir im Bereich der Randschwelle und in Mittelangola Tonböden unterschiedlicher Reife und Entwicklung. Dabei können rote Tonböden auch durch Verwitterung aus Quarziten hervorgehen, wie es in der Paßregion zwischen Quipeio und Luimbale in 1 900 m Meereshöhe eindeutig festgestellt werden konnte. In dem verwitterten Boden waren noch die gleichen Strukturen zu erkennen wie im darunter anstehenden Gestein. In mehreren Aufschlüssen konnte diese Tatsache überprüft werden. Auch *Ganssen (Lit. 143, p. 123)* sagt: „Zusammenfassend können wir infolge der überragenden Rolle des Klimas eine geringere Rolle der Gesteinszusammensetzung für die Bodentypenausbildung als in den gemäßigten Klimaten unserer Breiten feststellen".

Im Südosten überwiegen aber Sandböden bei weitem, und es sind hier an den Sanden keine weitergehenden Verwitterungsprozesse mehr feststellbar. Wenn man

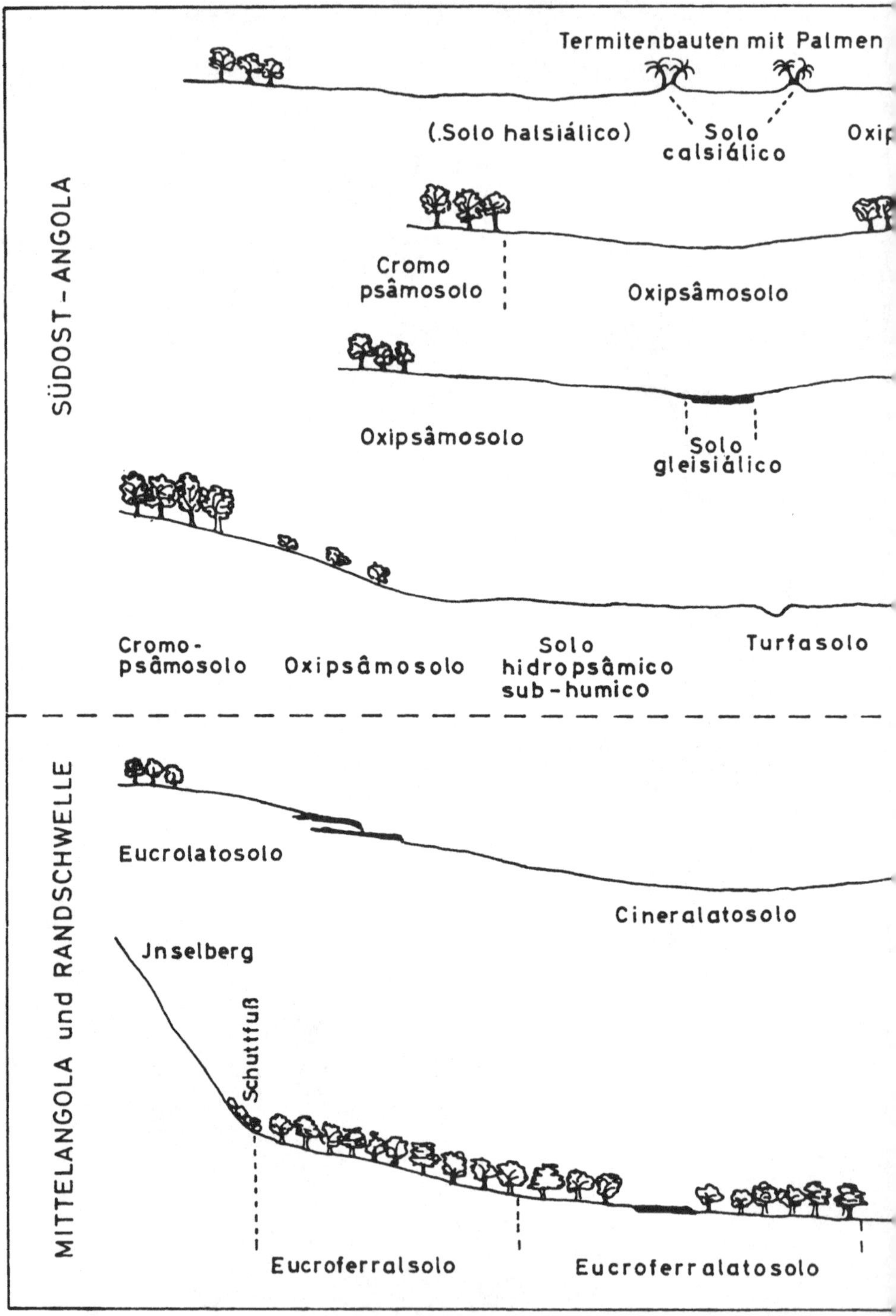

Abb. 13 Catena-Typen der Chanas u

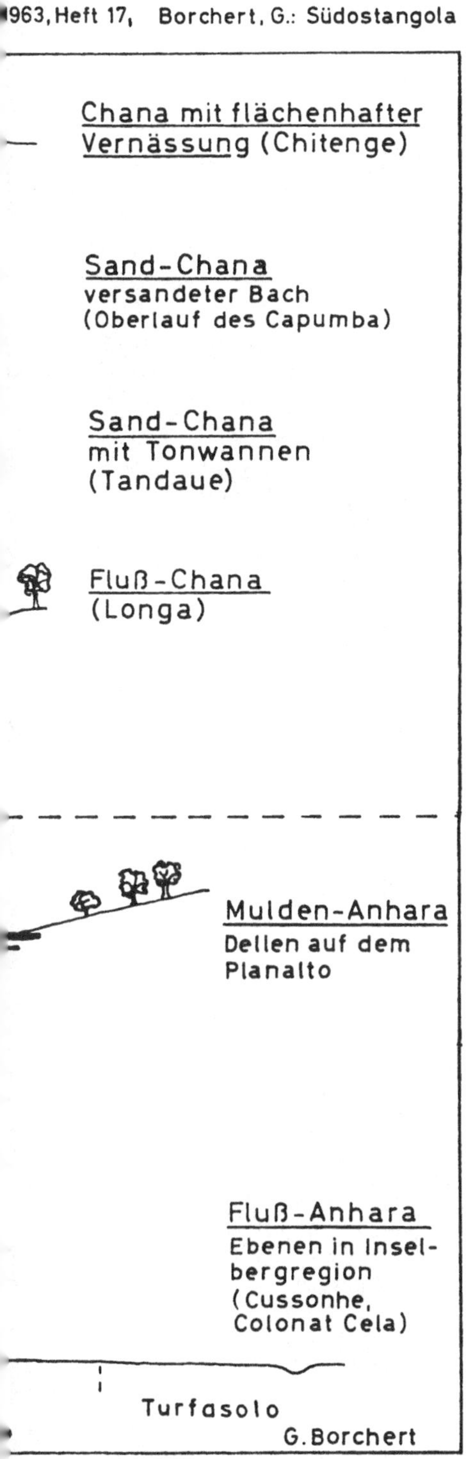
1963, Heft 17, Borchert, G.: Südostangola
Chana mit flächenhafter Vernässung (Chitenge)
Sand-Chana
versandeter Bach
(Oberlauf des Capumba)
Sand-Chana
mit Tonwannen
(Tandaue)
Fluß-Chana
(Longa)
Mulden-Anhara
Dellen auf dem
Planalto
Fluß-Anhara
Ebenen in Insel-
bergregion
(Cussonhe,
Colonat Cela)
Turfasolo
G. Borchert

Abb. 13

bedenkt, daß den Rotlehmen und kaolinisierten Tonen des Planalto die Sandkomponente fehlt, so erkennt man, daß zwischen diesen beiden Bodenregionen hinsichtlich der Bildungsbedingungen große Klimaunterschiede bestanden haben müssen. Allerdings ist dabei zu berücksichtigen, daß die Sande über weite Strecken verlagert sein können. Es bleibt jedoch noch ein ungelöstes Problem, warum nicht wenigstens heute in geringem Maße die Sande umgeformt werden. Vielleicht liegt es am Fehlen von Ionen und Kolloiden im Bodenwasser. Auf jeden Fall widerspricht *Ganssen (Lit. 143, p. 123)* seiner auf derselben Seite dargestellten Ansicht, wenn er schreibt: Beachtung . . . . . „als anorganisches Ausgangsmaterial der Bodenbildung verdienen die losen, lockeren, fast reinen Quarzsande, die wahrscheinlich das Restprodukt einer Gesteinsauslaugung und späteren Aufarbeitung und Umlagerung in einem warmhumiden Klima darstellen". Während hier ein warmhumides Klima als Erklärung für die Sandbildung herangezogen wird, wird weiter oben bei *Ganssen* die Gesteinszusammensetzung negiert und die ausgleichende Wirkung des tropischen Klimas auf die Bodenbildung hervorgehoben. Es sind also noch grundsätzliche bodengenetische Fragen in den Randtropen Afrikas mit dem Nebeneinander von Decksanden und Rotlehmen zu klären. Zu denken geben muß bei den Sanden immer die Ähnlichkeit mit den Podsolsanden der borealen Nadelwaldzone, und es muß stets die Frage geprüft werden, ob diese Sande nicht vorzeitliche, unter anderen Klimabedingungen entstandene Verwitterungsprodukte sind, die umgelagert, vielleicht sogar mehrfach umlagert wurden.

4. BODENFRUCHTBARKEIT UND MÖGLICHKEITEN DER BODENNUTZUNG

Für agrarwirtschaftliche Planungen im Südosten müssen vor allem die Sandböden auf ihre Fruchtbarkeit untersucht werden, da sie etwa 95% der Fläche einnehmen. Nur im Raume zwischen Cubia und Lomba kommen unter dem Sand Lehme und Eisenkrusten vor. Um Vila Serpa Pinto bilden Rotlehme, Gelblehme, Gleiböden und Lateritkrusten auf kleinen Arealen die Oberfläche. Ein geringer Tonanteil und eine stärkere Rotfärbung der Sandböden bis zum Longa lassen vermuten, daß aus den Rotlehmen um Vila Serpa Pinto Material mit ausgeblasen wurde und in den Sanden weiter östlich enthalten ist. Mit dem Austreten der Gesteine unter den Sanden in Richtung Cuchi — Cutato nimmt die Ausdehnung von Arealen mit Rotlehmböden zu, die dann bei Vila da Ponte und nördlich Cachingues nur noch streckenweise von Sanden bedeckt sind. Diese Böden sind vom Planalto her ausreichend bekannt. Vergleichsweise Untersuchungen sollen weiter unten mitgeteilt werden.

Über die Fruchtbarkeit der Sandböden liegen praktisch jedoch keine Erfahrungen von Europäern vor. Die Eingeborenen wechseln bereits nach zwei Jahren das Feld; der Boden gilt dann für die an minimale Erträge gewöhnten Bantustämme als erschöpft. Nach zwei Jahren sind die geringen natürlichen Reserven und die durch die Brandrodung in den Boden gebrachten Nährstoffe aufgezehrt oder ausgewaschen. Die Sandböden Südostangolas sind also ausgesprochen sterile Böden. Das Klima bewirkt einen starken Humusabbau. Die sich ergebende Einzelkornstruktur läßt die Oberflächenzone leicht austrocknen. Gegenüber den Rotlehmen bieten diese Sandböden den Vorteil, daß sie leicht zu bearbeiten sind, den Einsatz von Maschinen zulassen und eine künstliche Düngung zu einer sofortigen Ertragssteigerung führt. Eine Humusanreicherung und Krümelstruktur wird sich nur sehr langsam erreichen lassen. Das größte Hindernis für die Inkulturnahme ist die lange Trokkenzeit ohne nennenswerte Niederschläge von April bis Oktober. Der oberflächlich ausgedörrte Lockerboden ist in starkem Maße der äolischen soil erosion ausgesetzt. Man wird also zunächst nur an die probeweise Kultivierung von Feldern herangehen können, die allseitig von Wald umgeben sind. Kann man einerseits durch einen derartigen Windschutz Bodenverwehungen verhindern, so wird andererseits der Wildschaden bei diesen Feldern beträchtlich sein. Die Variabilität der Niederschläge erfordert weiterhin die Möglichkeiten zur Bewässerung dieser Sandböden. Es liegen zwar noch keine pflanzenökologischen und phytopatologischen Erfahrungen aus diesem Gebiet vor; man darf jedoch annehmen, daß sich Getreide, Kartoffeln, Erdnüsse und Tabak, also anuelle „Feldfrüchte", zum Teil ertragreicher und mit geringerem Risiko anbauen lassen werden als auf den Rotlehmen des Planalto, wo eine Landwirtschaft europäischer Prägung immer wieder gescheitert ist. Voraussetzung für brauchbare Erträge auf den Sandböden des Südostens sind Düngung und in Trockenperioden Bewässerung. Ohne Pumpanlagen läßt sich das Wasser nicht auf die Felder bringen, womit die Rentabilität solcher Maßnahmen in Abseitslage in Frage gestellt wird. Es kommt erschwerend hinzu, daß zusammenhängende große Flächen auf Grund der Wasserversorgung und der Winderosionsgefahr nicht geschaffen werden können. Dies wirkt sich nachteilig auf die Produktionskosten aus. Neben den Turfasolos und den Solos hidropsâmicos sub-húmicos wird also nur ein geringer Teil der Sandfläche Südostangolas in eine Ackerflur umgewandelt werden können.

Der Zustand, das Verhalten und die Fruchtbarkeit der wichtigsten tonigen Böden wurde im Bereich der Struktur von Canata eingehend untersucht, wo sich entsprechende Böden auf engem Raum beieinanderfinden. Vor allem waren dort hervorragende Arbeits-, Untersuchungs- und Versuchsmöglichkeiten gegeben. Die Ergebnisse wurden im Raume von Nova Lisboa überprüft und können entsprechend auf die gleichartigen Böden im Raume von Vila Serpa Pinto, Cuchi, Vila da Ponte angewandt werden.

Der Kessel von Canata (siehe Karte 5) ist etwa 80 km² groß und liegt 150 m niedriger als der umgebende Planalto. Im südlichen Halbrund überragen herauspräparierte Syenitberge die Umgebung. Im Essale steht Titanomagnetit an, von dem in den Jahren 1960 und 1961 probeweise 29000 t abgebaut wurden. Auch an dem nördlichen Zweigkessel befindet sich am Berg Selegete ein gleiches Vorkommen (Anhang Probe 35 - 40). Die Lagerstätten dürften einen Vorrat von mehr als 50 Mill. t Erz aufweisen.

Von Osten fließen zwei größere Bäche, der Rio Lonjamba und der Rio Canata, in den Kessel. Sie entspringen auf dem Planalto, haben einen weiten Quellkessel und führen dann in einer engen Talung durch die Syenitrandberge auf die ebene Fläche im Innern des Kessels. Die Bäche haben sich wahrscheinlich epigenetisch in die Umwallung eingetieft. Sie fließen heute in einem 1,50 - 2,00 m tiefen, grabenartigen Bachlauf und münden in einem Sumpf, in dem das Wasser durch Gesteinsbänke aufgestaut wird. Über kleine Wasserfälle und Sinterterrassen wird der Kessel nach Westen über den Rio Canata unzureichend entwässert.

Das Innere des Kessels ist eine Anhara mit grauen Tonböden. Der Hangfuß der Berge wird aus Rotlehmen gebildet. Am breitesten ist diese Fläche am Fuß des Essale. Die Eingeborenen haben ihre Felder noch an Hängen mit 6° Neigung angelegt. Über der Fußfläche steigen die bewaldeten Hänge mit durchschnittlich 20 - 35°

Neigung zu den im Halbkreis angeordneten Canata-Bergen empor. Jenseits der Umwallung auf dem Übergang zum Planalto sind die Böden orangefarbig und haben Eisenkrusten.

Die ebene Fläche im Kessel von Canata verlockte schon mehrfach zur Inkulturnahme. Alle Anbauversuche sind gescheitert. Obgleich mit großem Aufwand die Verbesserung der Böden angestrebt wurde, gelang es nicht, aus den Cineralatosolos ertragreiche Kulturböden zu schaffen und den Bodenwasserhaushalt zu regeln. Dabei macht der Boden mit seiner grauen bis schwarzen Farbe und der krümeligen Struktur beim ersten Hinsehen einen guten Eindruck. Bei näherer Untersuchung erweist sich die Schwarzfärbung aber nicht als Humus sondern als Asche, die durch jährliches Abbrennen im Boden angereichert ist. Asche und Ton bilden zusammen sandgroße Körner, die auch bei einer Aufschlämmung mit Wasser nicht dispergieren und sich wie Sandkörner schnell wieder absetzen. Erst allmählich quellen die Tone; mit einer Farbänderung nach graugelb tritt kein Absetzen nach dem Umschütteln mehr ein. Die Aschenanreicherung hat in der Bodenkrume also durchaus eine Strukturverbesserung bewirkt. Eine derartige Schwarzfärbung durch Asche kann auch auf Rotlehmen eintreten, wie auf einem Feld in Hanglage festgestellt wurde.

Während hier der Boden immer locker und krümelig blieb und hinreichend fruchtbar war, trat in der Regenzeit in der Anhara bei den Cineralatosolos eine deutliche Verschlechterung ein. Macht man Aufgrabungen in der Anhara, so erhält man folgendes Profil:

Profil Anhara von Canata zu Beginn der Regenzeit

0 - 50 cm	Graue bis schwarze gekörnte Tone (p_H= 5,5 - 6,0)
50 - 220 cm	Dichte, schmierige, gelbe bis weiße Tone mit Eisenkonkretionen, hoher Kaolingehalt
220 - 250 cm	Dichter und fester Kaolinsand

Mit zunehmender Vernässung verschmieren diese Böden in der Anhara immer mehr; sie sind dann nicht mehr durchlüftet und als Kulturböden unbrauchbar. Mineraldünger wird vom Kaolin absorbiert — die Phosphatreaktion war schon vier Wochen nach Düngung mit Nitrophoska negativ —, so daß bei natürlichem Nährstoffmangel und schlechter Bodenstruktur diese Cineralatosolos zum Anbau von Kulturpflanzen ungeeignet sind. Die Kultivierung der jahreszeitlich vernäßten Böden ist äußerst schwierig. Sie setzt immer eine Regelung des Wasserhaushalts voraus. Über ein enges Grabensystem muß die Höhe des Grundwassers reguliert werden können; erst dann kann über Jahre hinaus eine allmähliche Bodenverbesserung erreicht werden. In der Trockenzeit neigen diese Böden dazu, in staubfeines Pulver zu zerfallen. Als mineralarme, unfruchtbare Naßböden sind die Cineralatosolos nach den Lateritkrusten die schlechtesten Böden auf dem Planalto. In Südostangola werden diese Böden am Cuebe unterhalb von Vila Serpo Pinto angetroffen.

Nach einer Übergangszone mit Rotlehmen im Untergrund und oberflächlichen schwarzen, gekörnten Tonen folgen in Canata die Rotlehme der Hangfußfläche. Eine Zone mit orangefarbenen Böden und Limonitbänken wie in der Catena - Abfolge in der Inselberglandschaft um Cela wurde im Kessel von Catana an keiner Stelle festgestellt.

Die Rotlehme — besser wäre die Bezeichnung Rottone, da keine Sandkomponente enthalten ist — weisen an den Hängen die stärkste Färbung auf. Die Oberflächenzone ist hier stets etwas weniger intensiv gefärbt. Die Böden sind entweder hart und rissig-trocken oder nach einem Regen von Wasser durchtränkt und verschmiert. Werden sie umgebrochen, so setzen sich in Pflugfurchen gekörnte Tone in Sandkorngröße ab. Normalerweise sind diese Eucroferralsolos durch mehrfache Nutzung von Eingeborenen, durch die Sonneneinwirkung und durch die Humusarmut ohne Bodengare und dadurch zunächst für die Pflanzen steril. Unter einem Primärwald sind diese Böden sehr fruchtbar. Eine Beackerung bringt aber eine Strukturverschlechterung mit sich. Außerdem werden bei dem Austrocknen der Böden in der Trockenzeit die Nährstoffe an die Tonmineralkomplexe gebunden, und die Phosphate gehen Komplexverbindungen mit dem Eisenoxidhydrat ein. Zum Teil werden die Nährstoffe dabei irreversibel festgelegt und sind für die Pflanzen nicht mehr zugänglich. So war auf allen offenen, der Sonne ausgesetzten Böden schon nach vier Wochen eine Phosphatdüngergabe nicht mehr nachzuweisen. Überdeckt man dagegen in einer Dauerkultur (Kaffee) den Boden mit einer Mulchschicht, so ist die Phosphatreaktion nach der gleichen Zeit in einer Bodenprobe positiv. Unter der Mulchdecke ist der Boden stets feucht. Verhärtung und negative Strukturänderungen treten nicht auf. Dem Boden wird gleichzeitig Humus zugeführt. Mit Hilfe der sich entwickelnden Bodenbakterien werden die Nährstoffe aufgeschlossen und in einer von den Pflanzen aufnehmbaren Form an die Humussubstanzen angelagert. Weitere von mir angestellte Untersuchungen zeigten, daß die Wasserführung in dem Oberboden (0 - 20 cm) einer gemulchten Fläche um 50% höher liegt als beim offenen Rotlehmboden (gemessen am 4. Dezember 1958 nach nächtlichem Gewitterregen). Der gemulchte Boden muß also eine erhebliche Strukturverbesserung erfahren haben, da er mehr Wasser speichern kann.

In der Ertragssteigerung und im Wachstum des Kaffees ist das Mulchen ebenfalls deutlich zu sehen. Ohne Mulchen tritt Spitzenwuchs ein, und die unteren Triebe sterben ab. Dagegen sind die Kaffeesträucher bei einem Abdecken des Bodens mit einer Grashumusschicht bis unten voll belaubt und haben einen kegeligen Wuchs. Nach zu starker Kalidüngung zeigt sich auf den Rotböden schnell ein Magnesiummangel, was am Vergilben der Blätter zu erkennen ist. Ebenfalls kann das Kalken zu einer Verschlechterung der Bodenstruktur führen, und es werden Nährstoffe festgelegt. Die festgestellte schwach saure Bodenreaktion von $p_H = 6$ bis 6,5 dürfte für die Bodenprozesse und Erhaltung der Fruchtbarkeit optimal sein.

Man sieht also, daß die Eucroferralsolos sich durch sorgfältige Bodenpflegemaßnahmen mit der Zeit in gute bis sehr gute Kulturböden umwandeln lassen. Durch ein Mulchen läßt sich die Bodenfruchtbarkeit erhalten und verbessern, so daß nicht mehr jährlich in den Tropen große Flächen mit Rotlehmböden sich selbst überlassen bleiben und als abgewirtschaftet betrachtet werden müssen. Dieses Mulchen läßt sich aber nur in Dauerkulturen durchführen. Wir erkennen jetzt auch, weshalb ein Ackerbau in europäischem Sinne auf diesen Rotlehmen nie erfolgreich war: Jede Bearbeitung, jede Feldbestellung, aber auch jedes Hacken führt bei den Starkregen, der Verschlämmung, Besonnung und Verhärtung immer zu einer Abnahme der Bodengare und Bodenfruchtbarkeit und zur Degeneration und Verödung. In den winterkalten Waldländern ist der Prozeß der Bodenverödung eine durch Perkolation bewirkte Auslaugung; in den wechselfeuchten Tropen ist die chemische, biologische und strukturelle Degeneration eine Starre durch Überhitzung.

In Südostangola treten Rotlehme von Vila da Ponte bis Vila Serpa Pinto auf. Kulturen, die die gelegentlichen Nachtfröste ertragen und die Trockenzeit überstehen, müßten für diese Böden des Südostens noch erprobt werden. Bei den orangefarbenen bis gelblichen Böden, den Eucroferralatosolos und Eucrolatosolos, kommt es ganz auf den Grad der Lateritisierung und die Tiefe der Limonitschicht an, ob sie kultiviert werden können oder nicht. Ist die Verkrustung gering, so wird man mit Hilfe einer Mulchwirtschaft ebenfalls Dauerkulturen wie Kaffee oder Agrumen in Gang bringen. Es besteht aber immer die Gefahr, daß nach einigen Jahren Wachstumsstörungen durch Behinderung der Wurzelausbreitung auftreten. Im Bereich der Randschwelle ist mit Erfolg versucht worden, auf diesen gelben Lehmen und auch auf den Rotlehmen in Kaffeeplantagen (coffea robusta) durch Schattenbäume – angepflanzt werden die aus Australien stammende Grevillea, eine Albizzia- und eine Akazienart – eine Bodengare zu erzeugen und den Boden mit Humus zu versorgen; die Laubstreu bei Grevillea beträgt etwa 15 t pro Hektar pro Jahr. Bei einer ausgeprägteren Regenzeit und Nebel in der Trockenzeit ist diese Methode für die Randschwelle geeignet, aber im Südosten wird sie bei dem extremeren Klima versagen. Da bessere Bööden in genügender Ausdehnung im Raume Vila da Ponte – Vila Serpa Pinto noch ungenutzt brachliegen, wird man die Eucroferralatosolos und Eucrolatosolos meiden. Wo sie ohne Baumbestand sind, wie im näheren Umkreis von Vila Serpa Pinto, sollte man an eine Aufforstung mit Eukalypten und Zedern herangehen, die in Mittelangola auf diesen minderwertigen, degenerierten tropischen Gelblehmen noch gut gedeihen und einen dreimal so großen Zuwachs pro Hektar wie Waldbestände in Mitteleuropa haben.

Von einer üppigen, tropischen Fruchtbarkeit können wir also in Mittel- und in Südostangola nicht sprechen. Ja, es fehlt sogar eine natürliche Fruchtbarkeit, wenn man von den Turfasolos absieht, die dazu noch einem raschen Abbau unterliegen. In die Rot- und Gelblehme kann nur allmählich Leben hineingebracht werden. Die Sandböden des Südostens sind weitgehend steril. Das am stärksten degradierte Produkt einer Bodenentwicklung sind aber die Psâmolatosolos, jene übersandeten Eisenkrusten, die auf Kaolin lagern und dabei noch wasserstauend sind. Der Reifegrad der Böden entspricht den reifen Landschaftsformen mit ihrer langen, terrestren Entwicklung. Nur, wo eine Belebung der Morphogenese erfolgte, wo die Abdeckung der Decksande oder der greisenhaften Böden eine neue Phase der Entwicklung einleitete, wird das starre Bild einer Altlandschaft etwas modifiziert. Bietet ein solches Gebiet, das bisher noch ein "no fim do mundo" war, nun aber die Voraussetzungen und den Anreiz zu einer Entwicklung und Erschließung, um damit zum aktiven, belebenden Zentrum für die umliegenden, toten Räume zu werden?

D. Der Landschaftshaushalt Südostangolas

Bei der unzureichenden Kenntnis und den spärlichen, exakten Daten vom Südosten Angolas muß es schwerfallen, eine Bilanz zu ziehen, die Aussagen über die Zusammenhänge von Klima, Boden und Pflanzen enthält, die die Relation zwischen Niederschlag, Verdunstung und Abfluß erfaßt, die die Prozesse der Landformung wiedergibt und die somit das Wirkungsgefüge in dem Naturraum analysiert und als Ganzes präzisiert. Dabei stehen Landschaftsökologie und Landschaftsgenese gerade in diesem Binnenraum in enger Wechselbeziehung. Ein Eingriff in die Vegetation wird Winderosion auslösen, die Oberfläche umgestalten, die Abflußmengen und die Geschiebeführung ändern und so die Landschaft wandeln. Ein vermehrter Abfluß belebt mit Erosion im Ober- und Mittellauf und Akkumulation im Unterlauf und mit der daraus resultierenden Änderung des Grundwasserspiegels in einem derartigen Binnenbecken die Prozesse einer Landschaftsentwicklung. Ähnliche Wirkungen gehen von tektonischen Bewegungen aus. Am stärksten werden sich Klimaänderungen auswirken. Schon eine geringe Zu- oder Abnahme des Niederschlages muß den Landschaftshaushalt stören, ja selbst geringe Temperaturänderungen würden in diesem Übergangsgebiet zu einem Trockenraum die Aridität oder Humidität entscheidend ändern. In der Nordkalahari, der Abdachung von der Lunda-Schwelle in das Okavango-Becken, stehen alle naturgeographischen Elemente miteinander in einem quasistationären Gleichgewicht. Jede Änderung eines Faktors zieht die Änderung der anderen Elemente und damit der Landschaft als Ganzes nach sich. Auf der weitgehend ebenen Abdachung werden landschaftsökologische Umstrukturierungen stets ein größeres Areal erfassen, da es hier keine scharfen Grenzen, sondern nur eine Fluktuationszone gibt, innerhalb derer die Einzelelemente des Landschaftshaushaltes einander adäquat sind.

Eine Konkretisierung in Meßwerten ist aus diesem Grunde und wegen der geringen Kenntnisse, die wir bis heute von diesem Gebiet besitzen, kaum möglich. Aber die wenigen, aus der Situation gewonnenen Werte lassen schon Aussagen über das landschaftsökologische Wirkungsgefüge zu. Der Wasserhaushalt als Teil des Landschaftshaushaltes läßt sich in seiner Größenordnung erfassen. Regionale Unterschiede können zur Ausgliederung von Teillandschaften mit herangezogen werden.

Wie wir gesehen haben, besitzen nur der Cuando, Cuito und Cubango eine bedeutende Wasserführung; beim Cutato, Cuchi, Cuelei und Cuebe sinkt die Abflußmenge auf weniger als die Hälfte dieser Flüsse. Alle anderen Wasserläufe entsprechen nur größeren Bächen. Dazu sind zu rechnen die linken Nebenflüsse des Cubango unterhalb der Einmündung des Cuebe: Queio, Cuatir und Buga. Beim Cuito handelt es sich um folgende rechte Zuflüsse: Sobi, Quiriri, Longa und Luassinga. Aber auch Cueio, Lomba und Cubia führen dem Cuando nicht mehr als 10 m^3 Wasser pro sec zu. Auch Uefo und Luiana mit ihren Nebenbächen sind, soweit man es den Darstellungen ***Schönfelders (Lit. 341)*** entnehmen kann, nur kümmerliche Rinnsale. Dabei wurde vergleichsweise am Lomba und am Cuebe mit der Lage der Meßpunkte ein etwa gleich großes Einzugsgebiet erfaßt (Lomba: 2 800 km^2, Cuebe: 3 200 km^2). Die Wasserführung des Cuebe ist aber achtmal so groß. Es ist auffällig, daß alle wasserreichen Flüsse von der Lunda-Schwelle kommen, während sich im Südosten kein kraftvolles Flußnetz mehr ausbilden kann. Dabei wird auch deutlich, daß ganz im Süden überhaupt keine subaerische Entwässerung mehr stattfindet. Nur Cubango, Cuito und Cuando durchziehen diesen Raum.

Versucht man, mit Hilfe des von *Lauer* modifizierten *de Martonne*'schen Ariditätsindex

$$I = \frac{12n}{t+10}$$

(n = mittlerer monatlicher Niederschlag, t = Monatsmittel der Temperatur, I = Ariditätsindex, Grenzwerte der Aridität bei I = 20)

die Aridität oder Humidität in dem Raum zu ermitteln, so ergeben sich etwa folgende Werte, wobei keine synchronen Klimareihen zugrunde gelegt werden konnten.

	Geographische Breite	Anzahl der humiden Monate	Anzahl der ariden Monate	Summe des jährlichen Niederschlages
Silva Porto (1958/59)	12° 23' S	8 (7)	4 (5)	1200 mm
Nova Lisboa (1940-52)	12° 48' S	7	5	1479 mm
Chitembo (1940-52)	13° 30' S	7	5	1124 mm
Vila Serpa Pinto (1947-1954)	14° 39' S	7	5	1218 mm
Mavinga (1953/54)	15° 50' S	6	6	911 mm
Dirico (1958/59)	17° 59' S	5	7	670 mm

Tabelle 6 **Anzahl der humiden und ariden Monate**

(Index nach *de Martonne Lauer*)

Die Anwendung dieser Methode führt uns nicht viel weiter, da sie praktisch nur die Anzahl der Monate angibt, in denen der Niederschlag in diesem Raum 50 - 60 mm überschreitet. Das ist aber während der Regenzeit immer der Fall. Der Grad der Aridität oder der Humidität wird nicht erfaßt. Die Methode erlaubt also keine Aussagen darüber, ob ein Überschuß an Wasser vorhanden ist oder nicht. Damit entfallen jegliche Kalkulationen über die Abflußspende in einem Gebiet.

Das von *Thornthwaite* ausgearbeitete Verfahren kann hier weiterhelfen. Es läßt sich damit die klimatische Gliederung eines Raumes differenzieren. Die Methode von *Thornthwaite*[6] vermag auch die Abflußformel

$$A = N - V - (R - B)$$

(A = Abfluß, N = Niederschlag, V = Verdunstung, B = Aufbrauch früher gespeicherten Wassers, R = Speicherung)

zu beinhalten, wobei unter Berücksichtigung der Vegetationsbedeckung und der Bodenart die aktuelle Verdunstung aus Monatsmitteltemperatur und mittlerem monatlichen Niederschlag berechnet wird. Aus dem Feuchtigkeitsüberschuß kann der monatliche Abfluß ermittelt werden (Beschreibung der Methode und erforderliche Tabellen bei *Thornthwaite* und *Mather*[7]).

---

6) Thornthwaite, C. W.: An approach toward a rational classification of climate. G. Rev. 38, 1948, p. 55 - 94

7) Thornthwaite, C. W., Mather, J. R.: Instructions and tables for computing potential evapotranspiration and the water balance. Publ. in climatology X, 3, 1957, p. 181 - 311

Für die Berechnungen in diesem Raum stehen für Nova Lisboa und Chitembo Mittelwerte von 1940 - 1952 zur Verfügung *(Lit. 451)*, für Vila Serpa Pinto lagen Mittelwerte des Zeitraumes von 1947 - 1954 vor *(Lit. 158)*. Die Werte von Mavinga sind Beobachtungen aus den Jahren 1953 und 1954 *(Lit. 158)*. Es wurde weiterhin für die Regenzeit und Trockenzeit 1958/59, wo die Abflußmengenmessungen durchgeführt wurden, für alle Stationen dieses Raumes eine Berechnung angestrebt, aber nur bei Silva Porto, Chitembo und Dirico lag eine lückenlose Abfolge der Monatsmittel der Temperaturen und der Summe der monatlichen Niederschläge vor. Wie man aber aus dem Vergleich mit Karte 1 ersieht, entsprechen die Niederschläge 1958/59 den Mittelwerten. Die Monatsmittelwerte der Temperatur zeigen sowieso von Jahr zu Jahr nur eine geringe Schwankungsbreite, so daß sie ebenfalls zur Bestimmung des Hitzeindex benutzt werden konnten.

Vergleicht man die folgenden Diagramme und Tabellen, so überraschen die großen Gegensätze, die über fünf Breitengrade hinweg vorhanden sind. Nova Lisboa hat in der Regenzeit einen Feuchtigkeitsüberschuß von 750 mm, während bei Dirico in keinem Monat aus dem Grundwasser eine Abflußspende erfolgen kann. Die effektiven Niederschläge reichen im Raume von Dirico nicht mehr aus, um die maximale Wasserkapazität des Bodens zu kompensieren. Dieses Ergebnis macht uns das Fehlen von kleinen Flüssen und Bächen sofort verständlich. Cuando, Cuito und Cubango sind also im südlichen Grenzbereich schon Fremdlingsflüsse. Das Ergebnis von Dirico können wir dabei ohne weiteres auch für Cuangar ansetzen, wo die Abflußmessungen gemacht wurden. Während der Trockenzeit tritt in Dirico ein Feuchtigkeitsdefizit von 500 mm ein, während Nova Lisboa nur ein solches von 144 mm hat. Dabei liegt das Defizit in anderen Jahren noch höher, denn das Jahr 1958/59 war insgesamt in Dirico etwas zu feucht. Die potentielle Verdunstung ist hier an der Südgrenze fast doppelt so hoch wie der Niederschlag, während in Nova Lisboa der Niederschlag mehr als $1^1/_2$ mal so groß ist wie die potentielle Verdunstung. (Abb. 14, Tab. 7, 13)

Die Abflußspende sinkt im Gebiet von Silva Porto auf 500 mm und liegt bei Chitembo zwischen 300 und 350 mm. Im Raume von Vila Serpa Pinto steigen die Niederschläge noch wieder an, der Abfluß liegt bei 400 mm pro Jahr. In Mavinga überschreitet die potentielle Verdunstung schon wieder den Niederschlag und nur die Monate Januar bis April haben einen Feuchtigkeitsüberschuß. Der Abfluß liegt in der Größenordnung von 100 mm. Das Feuchtigkeitsdefizit ist nicht größer als in Chitembo, was durch die niedrigen Temperaturen in der Trockenzeit bedingt ist. Etwas südlich von Mavinga liegt also die Zone, in der der Abfluß gegen Null geht. Das ist gleichzeitig die Grenzzone, bis zu der Dornsträucher nach Norden reichen; die Akazienregion deckt sich hier also mit dem Gebiet, in dem der Boden nicht mehr die maximale Wasserkapazität erreicht. Diesen theoretischen Folgerungen sei aber die Tatsache entgegengehalten, daß in der Überschwemmungssavanne von Chitenge, 70 km westlich von Mavinga, der Boden in der Regenzeit vollständig mit Wasser durchtränkt und in großen Arealen überstaut wird. Da nicht die Tiefe der wasserstauenden Schicht und die Lagerungsdichte des Sandes ermittelt werden konnte, läßt sich natürlich nicht sagen, ob ein Feuchtigkeitsüberschuß von 100 mm bei mangelnder Perkolation schon zu einem derartigen Überstauen führen kann. (Abb. 14, Tab. 8-12)

1940-1952	Jan.	Feb.	März	April	Mai	Juni	Juli	Aug.	Sept.	Okt.	Nov.	Dez.	Jahr mm
1. Monatliche Mitteltemperatur	19,5	19,3	19,4	19,7	18,3	16,7	16,8	19,4	21,1	20,4	19,4	19,4	
2. Potentielle Evapotranspiration	79	71	76	74	65	51	53	72	87	87	76	80	871
3. Niederschlag	218	200	258	136	8	0	0	1	19	146	251	242	1479
4. Niederschlag minus Verdunstung	139	129	182	62	-57	-51	-53	-71	-68	59	175	162	608
5. Akkumulierter, potentieller Wasserverlust					-57	-108	-161	-232	-300				
6. Wasserführung des Bodens	200	200	200	200	150	116	88	62	44	103	200	200	
7. Änderung der Wasserführung des Bodens	0	0	0	0	-50	-34	-28	-26	-18	59	97	0	
8. Aktuelle Verdunstung	79	71	76	74	58	34	28	27	37	87	76	80	727
9. Feuchtigkeitsdefizit	0	0	0	0	7	17	25	45	50	0	0	0	144
10. Feuchtigkeitsüberschuß	139	129	182	62	0	0	0	0	0	0	78	162	752
11. Abfluß	120	125	153	107	54	27	13	7	4	3	39	100	752

Tabelle 7 **Wasserhaushaltsbilanz von Nova Lisboa**

Geogr. Breite: 12° 46' S Geogr. Länge: 15° 44' E Höhe: 1715 m

1940-1952	Jan.	Feb.	März	April	Mai	Juni	Juli	Aug.	Sept.	Okt.	Nov.	Dez.	Jahr mm
1. Monatliche Mitteltemperatur	21,3	21,4	21,4	21,2	19,7	17,4	17,2	20,0	22,5	22,6	21,8	21,2	
2. Potentielle Evapotranspiration	93	82	88	82	68	51	50	72	93	100	93	94	966
3. Niederschlag	224	196	227	86	10	0	0	0	10	71	128	172	1124
4. Niederschlag minus Verdunstung	131	114	139	4	-58	-51	-50	-72	-83	-29	35	78	158
5. Akkumulierter, potentieller Wasserverlust					-58	-109	-159	-231	-314	-343			
6. Wasserführung des Bodens	150	150	150	150	101	71	51	31	18	15	50	128	
7. Änderung der Wasserführung des Bodens	22	0	0	0	-49	-30	-20	-20	-13	-3	35	78	
8. Aktuelle Verdunstung	93	82	88	82	59	30	20	20	23	74	93	94	758
9. Feuchtigkeitsdefizit	0	0	0	0	9	21	30	52	70	26	0	0	208
10. Feuchtigkeitsüberschuß	109	114	139	4	0	0	0	0	0	0	0	0	366
11. Abfluß	55	84	111	58	29	15	7	3	2	1	1	0	366

Tabelle 8 **Wasserhaushaltsbilanz von Chitembo**

Geogr. Breite: 13° 31' S Geogr. Länge: 16° 45' E Höhe: 1465 m

1947-1954	Jan.	Feb.	März	April	Mai	Juni	Juli	Aug.	Sept.	Okt.	Nov.	Dez.
1. Monatliche Mitteltemperatur	21,9	21,6	22,0	20,4	17,8	14,6	14,7	17,4	20,8	23,0	23,4	21,7
2. Potentielle Evapotranspiration	104	85	98	79	56	34	39	57	81	109	112	101
3. Niederschlag	225	275	174	70	18	0	0	0	1	119	169	167
4. Niederschlag minus Verdunstung	121	190	76	-9	-38	-34	-39	-57	-80	10	57	66
5. Akkumulierter, potentieller Wasserverlust				-9	-47	-81	-120	-177	-257			
6. Wasserführung des Bodens	150	150	150	141	109	87	66	45	26	36	93	150
7. Änderung der Wasserführung des Bodens	0	0	0	-9	-32	-22	-21	-21	-19	10	57	57
8. Aktuelle Verdunstung	104	85	98	79	50	22	21	21	20	109	112	101
9. Feuchtigkeitsdefizit	0	0	0	0	6	12	18	36	61	0	0	0
10. Feuchtigkeitsüberschuß	121	190	76	0	0	0	0	0	0	0	0	9
11. Abfluß	63	127	101	51	25	13	6	3	2	1	0	4

Tabelle 9 **Wasserhaushaltsbilanz von Vila Serpa Pinto**

Geogr. Breite: 14° 50' S Geogr. Länge: 17° 42' E Höhe: 1380 m

1953-1954	Jan.	Feb.	März	April	Mai	Juni	Juli	Aug.	Sept.	Okt.	Nov.	Dez.
1. Monatliche Mitteltemperatur	23,2	23,0	22,8	20,8	17,6	13,6	13,4	17,2	20,8	23,0	23,8	23,9
2. Potentielle Evapotranspiration	118	101	104	79	53	28	29	54	81	109	116	122
3. Niederschlag	236	195	104	82	0	0	0	0	0	26	134	134
4. Niederschlag minus Verdunstung	118	94	0	3	-53	-28	-29	-54	-81	-83	18	12
5. Akkumulierter, potentieller Wasserverlust					-53	-81	-110	-164	-245	-328		
6. Wasserführung des Bodens	150	150	150	150	105	86	71	50	29	16	34	46
7. Änderung der Wasserführung des Bodens	104	0	0	0	-45	-19	-15	-21	-21	-13	18	12
8. Aktuelle Verdunstung	118	101	104	79	45	19	15	21	21	39	116	122
9. Feuchtigkeitsdefizit	0	0	0	0	8	9	14	33	60	70	0	0
10. Feuchtigkeitsüberschuß	14	94	0	3	0	0	0	0	0	0	0	0
11. Abfluß	7	51	25	14	7	3	2	1	1	0	0	0

Tabelle 10 **Wasserhaushaltsbilanz von Mavinga**

Geogr. Breite: 15° 50' S Geogr. Länge: 20° 21' E Höhe: 1188 m

1958-1959	Sept.	Okt.	Nov.	Dez.	Jan.	Feb.	März	April	Mai	Juni	Juli	Aug.	Jahr mm
1. Monatliche Mitteltemperatur	20,8	20,6	19,4	19,0	19,0	19,1	19,4	19,2	17,8	15,5	16,0	17,9	
2. Potentielle Evapotranspiration	84	89	80	80	78	70	79	71	63	46	50	67	857
3. Niederschlag	16	57	144	317	272	119	92	103	79	0	0	1	1200
4. Niederschlag minus Verdunstung	-68	-32	64	237	194	49	13	32	16	-46	-50	-66	343
5. Akkumulierter, potentieller Wasserverlust	-230	-262								-46	-96	-162	
6. Wasserführung des Bodens	9	7	71	100	100	100	100	100	100	62	37	19	
7. Änderung der Wasserführung des Bodens	-10	-2	64	29	0	0	0	0	0	-38	-25	-18	
8. Aktuelle Verdunstung	26	59	80	80	78	70	79	71	63	38	25	18	688
9. Feuchtigkeitsdefizit	58	30	0	0	0	0	0	0	0	8	25	48	169
0. Feuchtigkeitsüberschuß	0	0	0	208	194	49	13	32	16	0	0	0	512
1. Abfluß	2	1	1	104	149	99	56	44	30	15	7	4	512

Tabelle 11 **Wasserhaushaltsbilanz von Silva Porto**

Geogr. Breite: 12° 23' S Geogr. Länge: 16° 57' E Höhe: 1701 m

1958-1959	Sept.	Okt.	Nov.	Dez.	Jan.	Feb.	März	April	Mai	Juni	Juli	Aug.	Jahr mm
1. Monatliche Mitteltemperatur	23,0	22,9	23,4	21,2	20,8	20,4	20,6	20,4	18,9	16,5	16,3	18,8	
2. Potentielle Evapotranspiration	102	109	112	94	90	76	82	76	68	45	47	66	967
3. Niederschlag	4	80	122	278	168	136	169	98	24	0	0	0	1079
4. Niederschlag minus Verdunstung	-98	-29	10	184	78	60	87	22	-44	-45	-47	-66	112
5. Akkumulierter, potentieller Wasserverlust	-300	-329							-44	-89	-136	-202	
6. Wasserführung des Bodens	19	16	26	150	150	150	150	150	111	82	60	38	
7. Änderung der Wasserführung des Bodens	-19	-3	10	124	0	0	0	0	-39	-29	-22	-22	
8. Aktuelle Verdunstung	23	83	112	94	90	76	82	76	63	29	22	22	772
9. Feuchtigkeitsdefizit	79	26	0	0	0	0	0	0	5	16	25	44	195
0. Feuchtigkeitsüberschuß	0	0	0	60	78	60	87	22	0	0	0	0	307
1. Abfluß	1	1	0	30	54	57	72	47	24	12	6	3	307

Tabelle 12 **Wasserhaushaltsbilanz von Chitembo**

Geogr. Breite: 13° 31' S Geogr. Länge: 16° 45' E Höhe: 1465 m

1958-1959	Sept.	Okt.	Nov.	Dez.	Jan.	Feb.	März	April	Mai	Juni	Juli	Aug.	Jah mı
1. Monatliche Mitteltemperatur	25,0	26,3	26,2	25,0	24,9	24,8	24,1	24,0	20,6	18,8	17,5	19,0	
2. Potentielle Evapotranspiration	114	143	143	130	129	107	104	96	64	50	40	50	117
3. Niederschlag	15	4	79	157	124	115	159	9	8	0	0	0	67
4. Niederschlag minus Verdunstung	-99	-139	-64	27	-5	8	55	-87	-56	-50	-40	-50	-5(
5. Akkumulierter, potentieller Wasserverlust	-393	-532	-596		(-130)		(-11)	-98	-154	-204	-244	-294	
6. Wasserführung des Bodens	2	1	1	28	26	34	89	36	21	12	8	5	
7. Änderung der Wasserführung des Bodens	-3	-1	0	27	-2	8	55	-53	-12	-9	-4	-3	
8. Aktuelle Verdunstung	18	5	79	130	126	107	104	62	23	9	4	3	67
9. Feuchtigkeitsdefizit	96	138	64	0	3	0	0	34	41	41	36	47	50
10. Feuchtigkeitsüberschuß	0	0	0	0	0	0	0	0	0	0	0	0	(
11. Abfluß	0	0	0	0	0	0	0	0	0	0	0	0	(

Tabelle 13 **Wasserhaushaltsbilanz von Dirico**

Geogr. Breite: 17° 59' S Geogr. Länge: 20° 44' E Höhe: 1200 m

	Anzahl der Monate								
	nach *de Martonne / Lauer*		nach *Walter*		nach *Thornthwaite*			Interpretation der *Thornthwaite*schen Berechnungen	
	arid	humid	Dürremonate	Trockenmonate	Wasserdefizit	indifferent	Wasserüberschuß	ohne ausreichendes pflanzenverfügbares Wasser	
Silva Porto	4 (5)	8 (7)	4	5	5	1	6	3 – 4	Juni / Juli - Sept. / Oktober
Nova Lisboa	5	7	5	5	5	1	6	3 – 4	Juni / Juli - September
Chitembo	5	7	5	5	6	2	4	4	Juni - September
Vila Serpa Pinto	5	7	5	5	5	3	4	3 – 4	Juni - September
Mavinga	6	6	6	6	6	3	3	4	Juli - Oktober
Dirico	7	5	7	7	9 (8)	3 (4)	0	7 – 8	April - November

Tabelle 14 **Vergleich der Berechnungen der ariden und humiden Monate nach *Lauer, Walter* und *Thornthwaite***

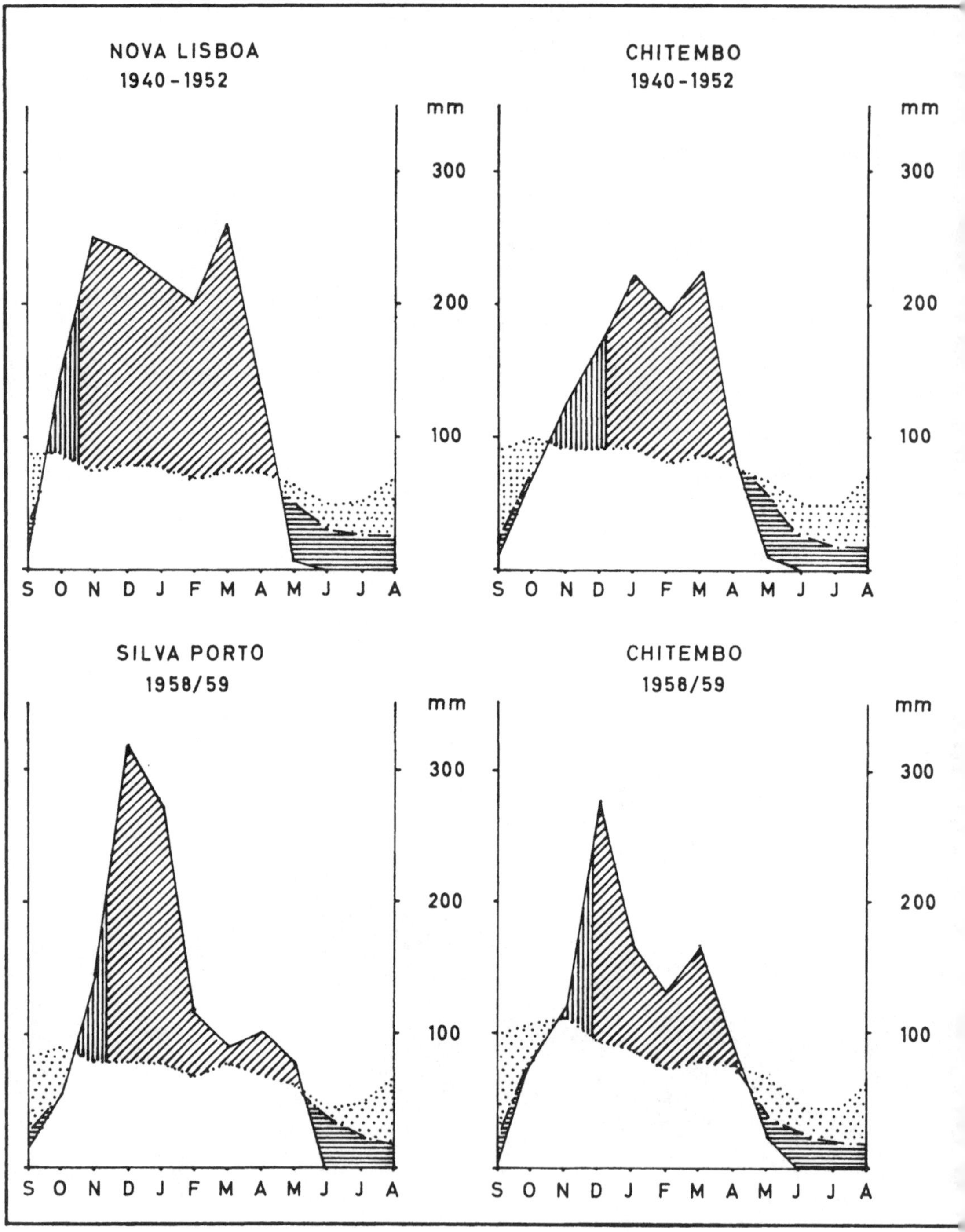

Abb. 14 Wasserhaushalts-Diagramme aus dem Einzu

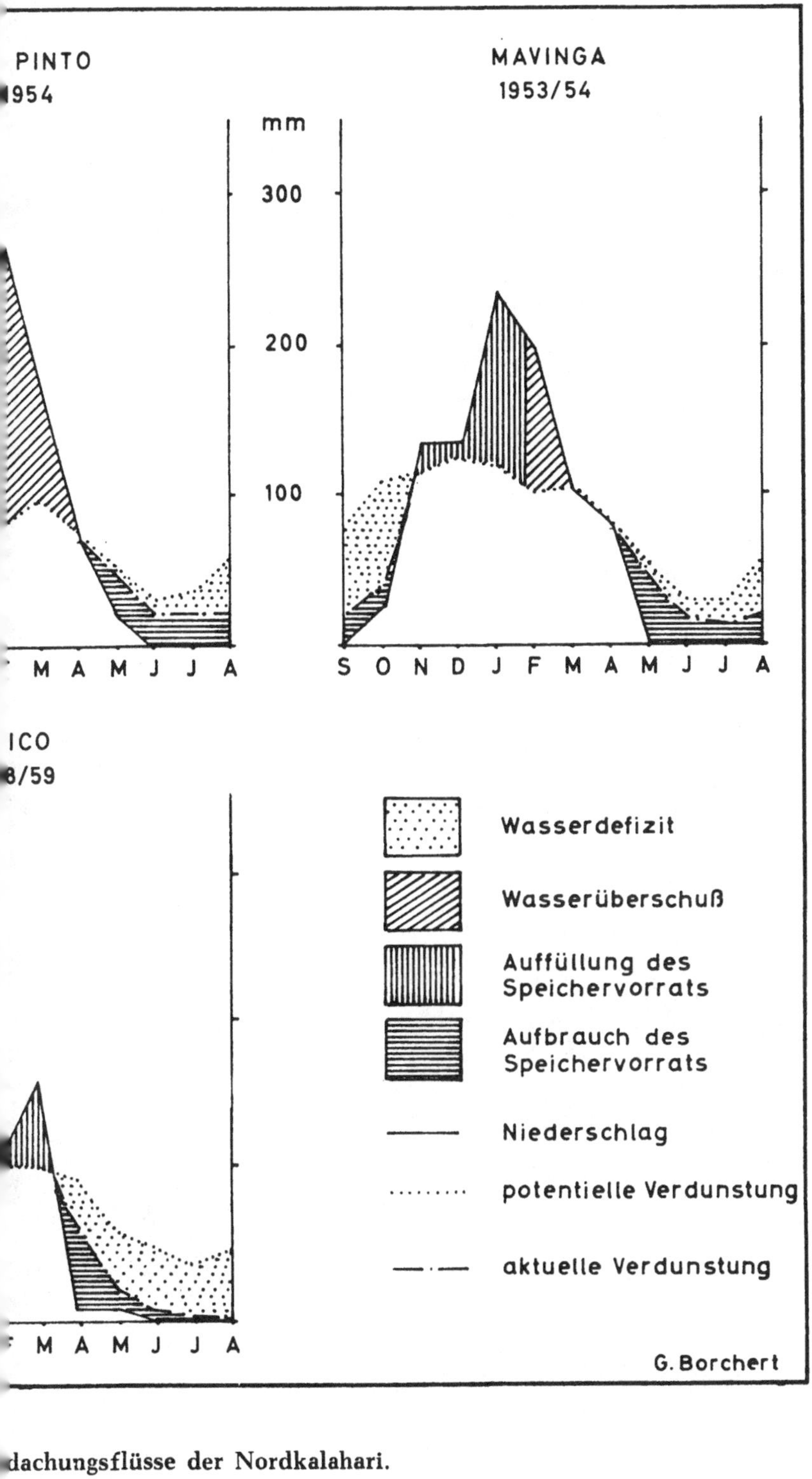

dachungsflüsse der Nordkalahari.

Abb. 14

Insgesamt sehen wir, daß die potentielle Verdunstung von Norden nach Süden zunimmt. Den geringsten Wert hat Silva Porto; dies ist im Vergleich zu Nova Lisboa auf die stärkere Temperaturabnahme in der Trockenzeit zurückzuführen. Die höchsten Werte ermittelten wir für Dirico, was durch die geringere Höhenlage und durch die längere Einstrahlung bedingt ist (die potentielle Evapotranspiration ist bei *Thornthwaite* nur eine Funktion der Monatsmitteltemperatur und der Dauer der Sonneneinstrahlung).

Während die potentielle Verdunstung also nach Süden zunimmt, verringern sich die Niederschläge. Damit nimmt die Aridität diskontinuierlich zu und der Übergang aus dem Gebiet mit Feuchtigkeitsüberschuß in den Raum mit einem Feuchtigkeitsdefizit wird auf eine schmale Zone zusammengedrängt.

Bei einem Vergleich der Methode von *Martonne/Lauer* und *Thornthwaite* könnte man auf den Gedanken kommen, Monate mit Feuchtigkeitsüberschuß mit humiden Monaten gleichzusetzen und Zeitabschnitte mit Feuchtigkeitsdefizit als arid zu bezeichnen; daneben müßte noch eine Rubrik „Übergangsmonate" oder „indifferente Phasen" für solche Monate ohne Defizit und Überschuß erscheinen. Dieser Vergleich ist aber kaum möglich, da die *Thornthwaite*'sche Methode auf die Wasserbilanz abgestellt ist, bei *Lauer* aber klimatisch-vegetationskundliche Zielsetzungen zugrunde liegen. Diese können auch aus den Berechnungen nach Thornthwaite gewonnen werden, wenn man den Grad des Bodenwasseraufbrauchs, die Evapotranspiration und die Niederschläge gegeneinander abwägt; dies ist in der Tabelle in der Rubrik „Anzahl der Monate ohne ausreichende Mengen an pflanzenverfügbarem Wasser" geschehen. Das sind Monate ohne ausreichende Niederschläge und mit großem Bodenwasserdefizit. Niederschläge zu Beginn der Regenzeit können schon so stark sein, daß trotz eines Wasserdefizits genügend Wasser für die austreibende Vegetation zur Verfügung steht; denn bei *Thornthwaite* ist in dem Wert der aktuellen Verdunstung die Transpiration mit enthalten. Zu Beginn der Trockenzeit sichert der Bodenwasservorrat noch lange die Versorgung der Pflanzen; schließlich wird der Welkepunkt erreicht. Erst in den folgenden Monaten ruht die Vegetation, wobei ein großer Teil der Bäume das Laub abwirft. In der Übersicht ist auch die Anzahl der Trocken- und Dürremonate nach *Walter* [8]) enthalten. Der Humiditätsindex nach *Thornthwaite*[9]) läßt sich nicht auf die Monate beziehen, da das Wasserdefizit sich von Monat zu Monat addiert und nicht zur Differenz zwischen Niederschlag und Evapotranspiration in Beziehung gesetzt werden kann. Der Humiditätsindex ist in dieser Form also nicht zur Ausgliederung von humiden und ariden Monaten geeignet, sondern kann nur die Humidität und Aridität eines Klimas wiedergeben. (Tab. 14)

8) Walter, H.: Klimatypen dargestellt durch Klimadiagramme, Geogr. Taschenbuch 1958/59, p. 541.
Trockenmonat: $n = 3\,t_m$ n = monatlicher Niederschlag
Dürremonat: $n = 2\,t_m$ t_m = Monatsmittel der Temperatur

9) Thornthwaite, C. W.: An approach toward a rational classification of climate G. Rev. 38, 1948, p. 76

Man kann der Tabelle entnehmen, daß die Berechnungen nach *Walter* und *de Martonne/Lauer* zu gleichen Ergebnissen führen. Die *Thornthwaite*'schen Betrachtungen ergeben die Wasserbilanz und damit nicht die Anzahl an humiden und ariden Monaten. Mit der Berücksichtigung des Bodenwasservorrats, des Wasserdefizits und der Differenz zwischen Niederschlag und Evapotranspiration erhält man aber detailliertere Angaben über die Andauer der pflanzenphysiologischen Trockenzeit. Auffällig ist in der Übersicht die starke Zunahme der Monate ohne ausreichende Mengen an pflanzenverfügbarem Wasser in Dirico; unzureichende Auffüllung des Bodenwassers und die geringe Zahl von Monaten mit effektiven Niederschlägen lassen über die Hälfte des Jahres zur Trockenzeit werden. Überraschen muß dabei allerdings, daß zwar eine Änderung in der prozentualen Zusammensetzung der Baumarten erfolgt – Akazien treten auf –, aber die Vegetationsformation des Trockenwaldes bleibt die gleiche, und einzelne Baumarten treten hier wie dort auf. Die Kraut- und Grasdecke hat auf der Lunda-Schwelle und im Süden ebenfalls zur gleichen Zeit – nämlich schon Ende Februar – die Vegetationsperiode abgeschlossen und ist vergilbt. Ein hoher Nährstoffgehalt ist also im Norden nur von Oktober bis Dezember, im Süden von Mitte November bis Anfang Januar vorhanden. Das spätere Einsetzen ausreichender Niederschläge – nicht der Regenzeit – und die geringe Auffüllung des Bodenwasservorrats bewirken also südlich einer Linie Caiundo – Mavinga eine starke Zunahme der pflanzenphysiologischen Trokkenzeit. (Tab. 14)

Lassen sich in dieser Weise die Berechnungen nach *Thornthwaite* auch noch vegetationskundlich interpretieren, so liegt auf der anderen Seite der Wert dieser Methode darin, daß man neben der Herausarbeitung von Klimaregionen eindeutige Ergebnisse zur Wasserbilanz eines Raumes unmittelbar ablesen kann. Es wurde oben schon auf das überraschende Resultat hingewiesen, daß im Süden Angolas kein Abfluß aus dem Grundwasser mehr erfolgen kann, da die maximale Wasserkapazität des Bodens nicht mehr aufgefüllt wird. Die Abflußspende ($l \cdot sec^{-1} \cdot km^{-2}$) beträgt also Null, ein Abflußnetz fehlt.

Es lag natürlich auf der Hand, die Ergebnisse der Abflußmessungen am Cuebe bei Vila Serpa Pinto vom 20. Januar 1959 mit den Berechnungen nach *Thornthwaite* zu vergleichen. Es mußten also vom Februar 1958 bis zum Januar 1959 alle Werte wie in obigen Tafeln aufgerechnet werden. Es ergab sich für Januar 1959 ein Abfluß von 55 mm. Das Einzugsgebiet des Cuebe oberhalb von Vila Serpa Pinto ist 3 200 km^2 groß. Extrapoliert man den Abfluß, der für die meteorologische Station von Vila Serpa Pinto errechnet wurde, auf das Einzugsgebiet, so erhält man eine monatliche Abflußmenge von $176 \cdot 10^6 m^3$. Extrapoliert man die am 20. Januar 1959 aus Strömungs- und Flußquerschnittsmessungen ermittelte Abflußmenge auf den Monat, so erhält man einen Wert von $133 \cdot 10^6 m^3$. Die beiden Werte stimmen in der Größenordnung also überein; die Differenz kann auf die Extrapolation auf den Monat bzw. auf das Einzugsgebiet zurückgeführt werden. Die *Thornthwaite*'sche Methode läßt sich also allem Anschein nach auch zur näherungsweisen Bestimmung von Abflußmengen in Flüssen heranziehen, von denen keine hydrographischen Daten bekannt sind.

Der mittlere jährliche Abfluß für Vila Serpa Pinto beträgt 396 mm. Das bedeutet im Cuebe eine Abflußmenge von $1{,}27 \cdot 10^9 m^3$. Nehmen wir an, daß die mittlere monatliche Abflußmenge im Cuebe 60 - 70% der Januar-Abflußmenge beträgt, so können wir mit einer Abflußmenge von $0{,}96 \cdot 10^9$ bis $1{,}18 \cdot 10^9 m^3$ pro Jahr rechnen. In der Größenordnung sind auch diese Werte einander gleich.

Für das 20 000 km² große Einzugsgebiet des Cuito oberhalb von Cuito Cuanavale und das 36 000 km² große Einzugsgebiet des Cubango oberhalb von Caiundo ergeben sich keine so guten Übereinstimmungen. Nach den hydrographischen Untersuchungen ergab sich eine jährliche Abflußmenge von $3{,}15 \cdot 10^9 \, m^3$ bei Caiundo. Die Pegelbeobachtungen mehrerer Jahre und die am 11. Februar 1959 durchgeführte Abflußmengenbestimmung bei Caiundo lassen nur einen begrenzten Fehler bei diesem Wert zu, da sonst abnorme Änderungen der Strömungsgeschwindigkeit angenommen werden müßten. Bei Caiundo ergibt sich aber für die Abflußhöhe (nach *Thornthwaite*) ein dreifach höherer Wert, bei Cuito Cuanavale ein doppelt so großer. So groß können aber bei den geringen Reliefunterschieden die Unterschiede auf engem Raum bei den Niederschlagssummen und den Monatsmitteln der Temperatur nicht sein. Wenn also der Abflußwert nach der *Thornthwaite*'schen Berechnung hinreichend gesichert ist, muß für dieses Gebiet mit einem erheblichen Wasserverlust durch Versickerung in tiefere Grundwasserstockwerke gerechnet werden. Es ist natürlich beim Cubango auch noch an den postulierten Wasserverlust in die Mulola-Kalahari zu denken. Beim Cuito können anderseits größere Wassermengen in den Sanden der Talaue als Grundwasserstrom abfließen. Durch umfangreiche Pegelbeobachtungen, Strömungsmessungen und Klimadaten ließe sich der Wasserhaushalt genauer fassen, und die Widersprüche könnten überprüft werden. Generell ließe sich der Fehler in der Wasserbilanz ermitteln, der durch den Bodenwasserhaushalt und durch Versickerung entsteht. Die hohen, nach der Methode von *Thornthwaite* berechneten Abflußspenden im Einzugsbereich von Cubango und Cuito stehen also den recht viel niedrigeren bei Hochwasser ermittelten Abflußwerten gegenüber. Pegelstände und Strömungsgeschwindigkeiten geben keinen Anhalt für eine derartig hohe Abflußspende im Einzugsgebiet.

Wie wir den Tabellen 11 und 13 zur Wasserbilanz entnehmen können, ist die Evapotranspiration in hohem Maße temperaturabhängig (vergl. die Werte von Silva Porto und Dirico). Die Glazialzeiten brachten auch diesen äquatornahen Regionen eine beträchtliche Abkühlung. *Flohn*[10]) gibt eine Temperaturerniedrigung von 4° an. Damit hat in jener Zeit auch in Südostangola eine ganz andere Wärme- und Wasserbilanz bestanden. Bei gleich hohen Niederschlägen wie heute würde der Abfluß bedeutend größer gewesen sein. Dem stehen aber die Forschungen von *Balout*[11]) entgegen, wonach in Glazialzeiten der Trockenraum der Sahara weiter äquatorwärts reichte. Die geringeren Temperaturen ließen also die ITC nicht soweit wie heute ausschwingen. Schon *Beetz (Lit. 48, p. 110)* vertrat 1938 für Angola den Standpunkt, daß den Glazialzeiten in Europa in den südlichen Randtropen Afrikas ein Trockenklima entsprochen habe. *Butzer*[12]) dagegen kommt auf Grund seiner Arbeiten zu dem Ergebnis, daß im Mindel / Riß - Interpluvial, im Riß / Würm - Interpluvial und im Postpluvial von 16 000 - 5 000 v. Chr. die Sahara weiter äquatorwärts reichte. Die Glazialzeiten sind dann mit Pluvialzeiten gleichzusetzen.

---

10) Flohn, H.: Alllgemeine atmosphärische Zirkulation und Paläoklimatologie. Geol. Rdsch. 40, 1952, p. 171

11) Balout, L.: Pluviaux interglaciares et prehistorie saharienne. Travaux Inst. Recherche Sahar. 8, 1952, p. 9 - 21.

12) Butzer, K. W.: The recent climatic fluctuation in lower latitudes and the general circulation of the pleistocene. G. A. 39, 1957, p. 105 - 113.

Die Widersprüche sind also noch außerordentlich groß, und es wird noch umfangreicher Geländearbeit bedürfen, bis eine eindeutige Datierung der rötlichen und gelblichen Sande, der ausgewaschenen Sande und der Bildung der Talungen möglich ist. Die Auswirkungen zunehmender Humidität oder Aridität werden auf jeden Fall auch in dem Übergangsraum der Nordkalahari beträchtlich gewesen sein. Die innere Randschwellenregion und der Planalto von Mittelangola lagen dabei in der humiden Zone. Nur eine einzige Trockenphase machte dieser Raum durch. Es wurden währenddessen die Steinsohle mit der Staubdecke und die Decksande auf den Lateritkrusten der 1700 m - Fläche abgelagert. Die erosive und denudative Abtragung dieser Ablagerungen im Zusammenhang mit starker Zerschneidung weisen aber auf ein größeres Alter dieser Trockenphase hin, die man mit *Mouta (Lit. 288)* vielleicht Miozän ansetzen darf.

Aus Interpluvialzeiten fehlen dem Südosten von Angola eindeutige Ablagerungen versiegender Flußläufe; einzig die Mangansandkrusten in der Talaue des Longa und vielleicht noch die Eisenkrusten am Lomba bringen Hinweise auf einen Wechsel von Überflutung und Austrocknung mit Ausscheidung von Sumpferz. Großflächige, tonige Beckenabsätze, die auf ein vorzeitiges Versiegen der Flüsse in Trockenzeiten hindeuten würden, konnten an keiner Stelle beobachtet werden. Weder die 40 - noch die 20 m - Terrasse bei Caiundo wurden vom Kalaharisand überdeckt; es erfolgte auch keine Verschüttung der großen Täler und der Quiriri- und Luahuca- Terrassen; man kann also folgern, daß auf jeden Fall die letzte aride Phase in dem Übergangsraum der Nordkalahari vor der Zeit der Bildung des Entwässerungssystems mit den weiten Talungen anzusetzen ist. Rezent versanden die kleineren Täler zu Chanas und nur die wasserreichen Flüsse, die auf der Lunda-Schwelle entspringen, sind ihren Talformen äquivalent.

1. DAS WASSER IM LANDSCHAFTSHAUSHALT

Für den heutigen Wasserhaushalt können wir allgemein herausstellen, daß die großen Abflußspenden dem nördlichen Bereich, hauptsächlich sogar der Wasserscheidenregion, entstammen. Bedeutende Wassermengen müssen in tiefere Bodenhorizonte versickern. Die Durchlässigkeit und Mächtigkeit der Decksande schaffen dafür südöstlich einer Linie Vila da Ponte, Chitembo, Silva Porto die entsprechenden Voraussetzungen. In den tieferen Stockwerken ist das Bodenwasser vor der Verdunstung geschützt und wird konserviert. Nach Auffüllung der maximalen Bodenwasserkapazität kann also bei starkem Regen Wasser in den Unterboden gelangen. Es hängt dann nur von den Lagerungsverhältnissen, dem Relief und der petrographischen Beschaffenheit der ehemaligen Landoberfläche unter den Decksanden ab, in welcher Tiefe sich ein Grundwasserhorizont bildet, und ob und wo das Wasser wieder zutage tritt. In dem Rinnensystem zwischen Cubango und Cuando an der Südgrenze treten derartige Sickerwässer ohne Anzeichen von Strömung aus *(Schönfelder, Lit. 341, p. 51)*. Überschüssige Wassermengen aus tiefgründigen, lockeren Sandböden kompensieren also zum Teil das Defizit im Süden, wo im Monatsmittel der Speichervorrat nicht aufgefüllt wird und normalerweise keine Sicker- und Grundwässer auftreten. Wenige Tage mit überreichlichen Niederschlägen können natürlich auch hier eine Perkolation auslösen. Derartige lokale Überschüsse können aber nicht zu einem stetigen Ansteigen des Wassers in den Rinnen am Ende der Regenzeit führen. Die Kalahari-Decksande im Südosten Angolas vermögen also

Wasserüberschüsse zu konservieren, die dann dem Gefälle der Abdachung folgend weiter südlich als Zuschüsse im Wasserhaushalt wirksam werden. In der Wasserbilanz nach *Thornthwaite* treten diese Sickerwässer nicht auf; Bodenwasserhaushalt und Sickerwasser verursachen die größten Fehlerquellen bei Anwendung der *Thornthwaite*'schen Methode.

2. BODEN UND PFLANZE IM LANDSCHAFTSHAUSHALT

Allgemein sind die Kalahari-Decksande in pflanzenphysiologischem Sinne als feucht zu bezeichnen, da sie bis zu 70% des im Boden enthaltenen Wassers an die Vegetation hergeben. Eine lockere, obere Bodenschicht schützt dazu noch den Unterboden vor Verdunstungsverlusten. Diese lockeren Sande bergen neben den günstigen Voraussetzungen stets auch die Gefahr von Bodenverwehungen bei Zerstörung der Vegetationsdecke. Die Gleichartigkeit der Waldbedeckung ist eindeutig auf die ausgleichende Wirkung der Sande auf den Bodenwasserhaushalt zurückzuführen. Würden schwere Lehmböden vorhanden sein, käme die Aridität des Raumes stärker zum Ausdruck. Die Chanas und Anharas sind durch Bodenvernässung bedingte, offene Grasflächen. Die Flußufer haben keinen Galeriewald. Dabei bleibt die Frage offen, ob die heutigen klimatischen und edaphischen Wachstumsbedingungen ungeeignet sind, oder ob die abschließenden Panda-Wälder noch keine Einwanderung der entsprechenden Arten von Norden her wieder zuließen. Die gleichartige, immer wiederkehrende Catena-Abfolge und die Eintönigkeit demonstrieren, wie durch das Zusammenwirken von Klima, Boden und Vegetation in Abhängigkeit von den Landschaftsformen und dem Wasserhaushalt ein Klimax in der Entwicklung eingetreten ist. Einschneidende Umwandlungen können in diesem Gleichsgewichtszustand vor allem durch Klimaänderungen ausgelöst werden; geringe Umgestaltungen werden durch die morphologischen Kräfte bewirkt.

3. MORPHOLOGIE UND LANDSCHAFTSHAUSHALT

Durch Versandung stirbt das Gewässernetz der kleinen Rinnsale und Bäche dort ab, wo der Grundwasserhorizont gesenkt wurde oder wo durch starke Flächenspülung und Verschüttung der subaerische Wasserlauf zu einem subpsammitischen Grundwasserstrom wurde, z. B. Cuito-Flußgebiet. Bei stauenden Schichten im Untergrund bleiben versumpfte Mulden erhalten und unmittelbar am Hauptfluß liegt eine Gefällesteile, wie z. B. am Lomba und Cubia. Erosive Eintiefung zeigen der Cubango und seine Nebenflüsse und als Zuflüsse zum Cuando der Cubia, Lomba und Cueio. Die Talungen des Cuito-Flußgebietes und des Cuando sind als fossil zu bezeichnen, die Ausräumung muß in Zeiten größerer Erosionskraft erfolgt sein. Die Abdachungsflüsse nach Südosten sind ebenso wie die Quellflüsse des Cuanza in ihrem Quellgebiet und Oberlauf alt angelegt. Sie haben die alten Landflächen mit ihren Eisenkrusten zerschnitten. Für ein Erlahmen der Erosionskraft sind im Cubango-Bereich aber keine Anzeichen vorhanden. Der Cubango sedimentiert auch im Raume von Cuangar als Fremdlingsfluß mit einem ständigen Wasserverlust noch nicht auf. Die Stromschnellen vor Eintritt in das Binnendelta verdeutlichen die Erosionskraft und weisen auf junge Absenkungen hin. Rezente Krustenbewegungen mit Aufwölbungen ergeben sich aus der Antezedenz des Longa im Raume von Baixo Longa und aus den Flußlängs- und Talquerprofilen von Cueio, Lomba und

Cubia. Hier kommt es wie im Raume von Vila Serpa Pinto zur Aufdeckung von Altlandschaften unter den Sanden, die den Altflächen des Planalto entsprechen. Bei tieferer Erosionsbasis und größeren Abflußspenden im Einzugsbereich ist die Zertalung im Flußgebiet der zum Atlantik führenden Flüsse stärker als bei den Abdachungsflüssen in die Kalahari. Während hier abseits der Hauptflüsse die Flächenbildung und -erhaltung überwiegen, nimmt dort die Talbildung zu. Die unterschiedliche Dichte des Flußnetzes ist neben der geringeren Abflußspende im Bereich der Nordkalahari auf die Durchlässigkeit der Sande zurückzuführen. Die Kalaharisande sind also bestimmend für die Landformung, den Wasserhaushalt und die Vegetationsverteilung. Zusammen mit dem Klima bilden sie den zentralen Komplex zum Verständnis von Landschaftsökologie, Landschaftsgenese und landschaftlicher Gliederung des Südostens von Angola.

E. Versuch einer naturräumlichen Gliederung Südostangolas

(Karte 3)

I. Planalto - Kalahari - Übergangszone

II. Mulola - Kalahari

III. Fluß - Kalahari

1. Cubango - Talung
2. Cuchi - Cuebe - Rumpffläche
3. Longa - Sandfeld
4. Longa - Horst
5. Chiculecandi - Sandfeld
6. Cuito - Talung
7. Lomba - Scholle mit Chitenge
8. Mbunda - Landschaft
9. Cuando - Talung

I. Planalto-Kalahari-Übergangszone

Übergangsraum zwischen Lunda-Schwelle (Hochland von Bié) und Kalahari. In den Kerbtälern wasserreiche Flüsse und Rotlehme auf Gestein. Auf den bewaldeten, flachen Rücken nach Süden zunehmende Sandüberdeckung. Im Norden Altflächen mit Lateritkrusten und kümmerlicher Vegetation; im Süden dichter Wald. In Flußnähe einige Eingeborenendörfer.

II. Mulola-Kalahari

Mit Mopane-Wald bestandenes, wasserarmes Sandfeld. Darin flache, grasüberzogene Mulden eines versandeten, abgestorbenen Flußsystems = Mulolas. Kaum besiedelt, Buschmannhorden.

III. Fluß-Kalahari

1. Cubango-Talung

Flache, unbewaldete, nur mit wenigen Gebüschgruppen bestandene Hänge (wenige hundert Meter breit) beiderseits des Flusses. Cubango 30 - 70 m in Landfläche eingetieft. Fremdlingsfluß. Versumpfung an den Talflanken im Bereich austretender Grundwässer. Altwässer und Terrassenreste, fortschreitende Tiefenerosion. Zahlreiche Familienkimbus; Viehzucht neben Pflug- und Hackbau. Starke Durchdringung und Zersplitterung der Stämme: Ganguelas, Quiocos, Cuanhamas, Cuangares, Ambuelas und Bundas.

2. Cuchi-Cuebe-Rumpffläche

Waldland. Übersandete Rumpffläche mit Tiefen- und Ergußgesteinen. Einzelne aufgesetzte Kuppen aus Sedimenten und Eruptiva. Schnellen- und wasserreiche Flüsse in Kerbtälern. Einzelne Großkimbus mit Brandrodungswanderhackbau.

3. Longa-Sandfeld

Waldland mit dichtem, krüppeligem Baumbestand auf rötlichen und weißlichen Sanden. Nur kleine Areale mit hohen Bäumen. Zahlreiche langgestreckte Chanas entlang den kleinen Flüssen und auf den Rücken zwischen den Tälern. Flüsse zu klein für die weiten Talungen. Absterbendes Gewässernetz. Wenige, kleine Kimbus. Ganguela- und Quioco-Stämme treiben Wanderhackbau.

4. Longa-Horst

Durch antezedente Flußabschnitte markierter, flacher Hebungsbereich. Schwer zu durchdringendes Waldland. Sehr geringe Bevölkerung an den Flüssen.

5. Chiculecandi-Sandfeld

Weites, kaum bekanntes Sandgebiet zwischen Cuito und Cubango, Buschwald mit weiten Überschwemmungssavannen. In der Regenzeit Vernässung, in der Trockenzeit Wasserarmut. Buschmannhorden.

6. Cuito-Talung

30-60 m in die Fläche eingesenkte, bis über 2 km breite, vernäßte und überschwemmte Talaue mit den engen Mäanderschlingen des über 80 m breiten Cuito. Klares Wasser und großer Sandtransport. Gebiete am Fluß kaum bekannt und äußerst dünn besiedelt.

7. Lomba-Scholle

Erosionstäler und geringe Sandüberdeckung über Sedimentgestein und alter Landfläche sind ein Hinweis auf ein Hebungsgebiet. Wald sehr unterschiedlich; alle Übergänge von hohem, lichtem Hallenwald bis zum dichten oder auch lichten, kümmerlichen Buschwald. Vernäßte Standorte mit Chanas. Sehr vereinzelt Kimbus in der Nähe der Flüsse. Chitenge: Durch regenzeitliche Vernässung bedingte weite, waldfreie Graslandschaft. Auf ehemaligen Termitenbauten Gebüschgruppen, Phoenix- und Hyphaene-Palmen vorherrschend. In der Trockenzeit sehr wildreich.

8. Mbunda-Landschaft

Sandfeld zwischen Cuito, Cubango und Cuando. Wald von unterschiedlicher Dichte; Akazien überwiegen in diesem Trockenraum. Rinnensystem im Süden nur am Ende der Regenzeit mit Grundwasser gefüllt. Im Norden wenige Bäche. Eines der unbekanntesten Gebiete Afrikas. Kaum besiedelt. Buschmannhorden.

9. Cuando-Talung

Über 5 km breite, klimatisch begünstigte Überschwemmungstalaue mit bis zu 15 m hohem Ufer. Wassertiefe 0,70 - 3,00 m, im schmalen Stromstrich tiefer. Dicht überwuchert mit Papyrus, Nymphaea und Phragmites. Auf kleinen Termiteninseln Gebüschgruppen von Phoenix-Palmen und Akazien. Hier auch die Wohnplätze der versteckt lebenden Fischerbevölkerung der Camaxis. Auf den Flächen entlang der Talung Wälder mit prächtigem Baumbestand.

F. Schwierigkeiten und Möglichkeiten der Erschließung

Um die Nutzungsmöglichkeiten im Cuando–Cubango–Gebiet beurteilen zu können, verschafft man sich zweckmäßigerweise einen Überblick über die bestehende Erzeugung und den Handel mit den überschüssigen Agrarprodukten und gesammelten Naturalien. Erhebungen dazu sind mehr als ernüchternd. Die Wirtschaftskraft des Raumes ergibt sich als äußerst gering, ja fast als bedeutungslos.

Wenn man den Wert aller an portugiesische Händler abgelieferten Güter im Bereich des Concelho de Menongue (Administration Vila Serpa Pinto) addiert, so erhält man für das Jahr 1957 nur eine Summe von etwa 3,7 Millionen Escudos (= 535.000 DM). Im Administrationsbereich lebten 44 170 Eingeborene (1958). Das Einkommen pro Person betrug also nur 12 DM pro Jahr. Fast zwei Drittel dieses Betrages wurden durch den Verkauf von Bienenwachs erreicht, der im Raubbau gewonnen wird. Rechnet man die Erhebungen von *Guerra (Lit. 158, p. 277-281)* auf den einzelnen Schwarzen um, so ergibt sich ebenfalls weniger als 14 DM Verkaufserlös pro Person pro Jahr; der Wert der erzeugten Produkte übersteigt nicht 60 DM pro Person. Dabei umfaßten die Untersuchungen von Guerra noch die reicheren, nördlich anschließenden Regionen im Bereich des Distrito Moxico. Auch der Raum von Vila Serpa Pinto ist noch „reich" im Verhältnis zu den Postengebieten von N'Riquinha, Luiana, Cunjamba und Baixo Longa. Vergleichsweise gibt *Guerra (Lit. 158, p. 269)* für Mittelangola einen zehnfachen Produktionswert pro Person an.

Dieser Unterschied ergibt sich nicht aus verschiedenen Preisen für Agrarprodukte; die Preise liegen in beiden Gebieten etwa gleich hoch. Der Verkauf von Überschüssen scheiterte bislang im Südosten von Angola am Transportproblem. Die Frachtkosten pro kg sind zumeist höher als der Wert der Agrarprodukte. Im Jahre 1958 wurden folgende Frachtraten pro Kilogramm gefordert:

Transportstrecke		Esc.	DM
Vila Serpa Pinto	– Silva Porto / Chinguar	0,5	0,07
Caiundo	– Silva Porto / Chinguar	2,0	0,29
Cuangar	– Silva Porto / Chinguar	3,0	0,435
Longa	– Silva Porto / Chinguar	1,0	0,145
Mavinga	– Silva Porto / Chinguar	3,0	0,435

Tabelle 15 **Frachtraten pro Kilogramm**

Bei derartigen Frachtraten können billige Massengüter nicht transportiert werden, und nur hochwertige Produkte vertragen die preisliche Belastung durch die hohen Frachtkosten. Lohnend ist der Abtransport von Trockenfleisch und Häuten. Vor allem wird Bienenwachs mit Lastwagen abgefahren, das einen Preis von 2,00 bis 2,20 DM pro Kilo hat und von dem jährlich einige hundert Tonnen von den Eingeborenen abgeliefert werden.

Agrarprodukte lassen sich aus dem Südosten Angolas nicht exportieren. Der Anbau und die Erzeugung der Eingeborenen sind daher auf eine Selbstversorgung beschränkt, und nur ganz geringe Mengen an Hirse, Mais, Maniok und Bohnen können im lokalen Handel umgesetzt werden. Das starke Wirtschaftsgefälle von Mittelangola zum Südosten ist primär eine Folge der fehlenden Absatzmöglichkeiten. Die 746 km lange Bahn bis Vila Serpa Pinto, die 1961 eröffnet wurde, schafft die erforderliche Verkehrsverbindung zur Küste nach Moçâmedes. Sie ist in Kapspur gebaut (1,067 m), und ein Anschluß an das Eisenbahnnetz Südafrikas ist daher jederzeit möglich. Der Betrieb wird nicht mehr mit Dampflokomotiven mit Holzfeuerung wie bei der Benguela-Bahn, sondern mit modernen Diesellokomotiven und Triebwagen versehen. Eine Stichbahn bis Cassinga, Transportkapazität 700 000 t pro Jahr, zu den dortigen, bedeutenden Eisenvorkommen wird zunächst eine Auslastung bringen, zumal in Moçâmedes gleichzeitig ein Hafenausbau und die Errichtung einer modernen Erzverladeanlage erfolgte. Mit der Lösung des Transport- und Verkehrsproblems schafft die Bahn insgesamt gesehen die Voraussetzungen für agrar- und forstwirtschaftliche Erschließungsvorhaben und den Abbau von Lagerstätten. In Zukunft sind in diesem Landesteil also ebenfalls privatwirtschaftliche Investitionen möglich, nachdem das Transportproblem wenigstens entlang einer Linie bis Vila Serpa Pinto gelöst ist. Ein Raum in Abseitslage ist durch die Verkehrserschließung damit einer wirtschaftlichen Nutzung zugänglich gemacht worden. (Photo 1, Abb. 15)

Der Einzugsbereich der Bahn wird durch den im April 1960 eröffneten Schiffsverkehr auf dem Cubango von Caiundo bis Cuangar vergrößert. Halbjährig verkehren zwei Schlepper mit je zwei Lastkähnen. Ungünstig ist der notwendige Lastwagentransport von Caiundo bis Vila Serpa Pinto (157 km), wodurch die Güter vom Lastkahn auf den Lastwagen und dann in die Bahn umgeladen werden müssen.

Von portugiesischer Seite hat man mit aller Deutlichkeit erkannt, daß eine durchgreifende Erschließung nur durch leistungsfähige Verkehrswege möglich ist. Feste, breite Straßen scheiden bei den großen Entfernungen, der geringen Verkehrsdichte und den höheren Bau- und Unterhaltungskosten aus. Für die weiten Binnenländer Afrikas sind Eisenbahnen und Binnenschiffahrtswege Voraussetzung für einen wirtschaftlichen Aufschwung.

Neben den naturgeographischen Grundlagen und der Verkehrserschließung darf man nicht außer acht lassen, daß erst der arbeitende Mensch den „toten" Raum zu einem Wirtschaftsraum umzugestalten vermag. Dem Südosten Angolas fehlt es an den drei Vorbedingungen: An Menschen, an Arbeitswillen und an einem Wirtschaftsdenken. Die Eingeborenen verharren in der Selbstgenügsamkeit ihres zeitlosen Lebens. Kurzfristig verdingen sich die Männer zu Kontraktarbeit in der Fischindustrie von Moçâmedes, auf großen Pflanzungen in Nordangola oder auch in den Minen Rhodesiens oder Südafrikas. Das verdiente Geld wird als Brautgeld für eine Frau oder für den Kauf von Vieh ausgegeben. Mit der Rückkehr in den Stammes- und Familienverband werden die Kontraktarbeiter schnell wieder assimiliert von der Welt ihrer überlieferten Lebensformen und Lebensgewohnheiten. Dem rationalen Denken eines Europäers ist die mystische Welt und die Sozialstruktur dieser Eingeborenenstämme verschlossen. Mangelnder Fortschrittswille, Unkenntnis und Primitivität sind ein Hemmnis für jegliche wirtschaftliche Evolution. Vor allem fehlen aber für die Erschließung des Südostens Menschen.

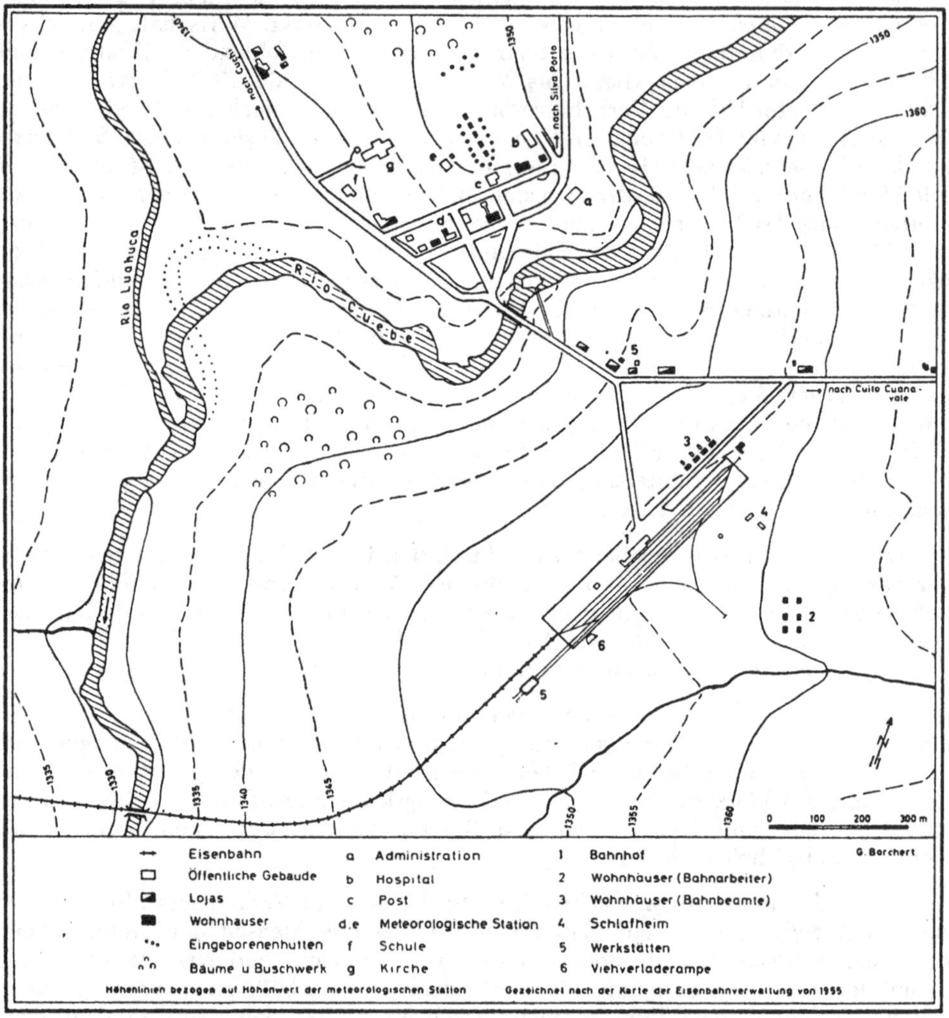

Abb. 15 Vila Serpa Pinto – boca de certão

Die Zahl der Eingeborenen ist zu gering für die vielfältigen Aufgaben der Zukunft. Dies geht aus der nachfolgenden Übersicht hervor.

Administrationsgebiete	Postenbezirke	Fläche in km²	Zahl der Eingeborenen	Zahl der Weißen	Bevölkerungsdichte pro km²
Concelho de Menonge	Vila Serpa Pinto	14 307	10 641	94	0,75
	Cuchi	10 590	20 420	418	1,96
	Caiundo	12 300	13 115	19	1,06
Circunscricão do Cuito Cuanavale	Cuito Cuanavale	50 000	6 126	8	0,38
	Baixo Longa		2 995	–	
	Longa		6 033	4	
	Lupire		4 084	1	
Circunscricão do Cuando	Mavinga	15 000	4 244	7	0,28
	Dima	10 000	2 963	4	0,30
	N'Riquinha	23 000	5 848	3	0,25
	Luiana	22 000	6 716	4	0,31
Circunscricão do Baixo Cubango	Cuangar	25 439	8 652	29	0,34
	Dirico	21 903	6 434	13	0,29
	Mucusso	3 250	2 013	4	0,62
insgesamt		185 789	100 795	608	0,55

Tabelle 16: **Bevölkerungsverteilung und Bevölkerungsdichte**

Aber nicht nur dem Südosten Angolas fehlen Menschen; überall im Lande macht es Schwierigkeiten, die notwendigen Arbeitskräfte zu bekommen. Bei einer Gesamtzahl von etwa 4,5 Mill. Eingeborenen können also auch in Zukunft kaum zivilisierte Schwarze in größerer Zahl aus anderen Landesteilen für Entwicklungsvorhaben im Südosten angeworben werden.

Starke Impulse für eine Entwicklung wird der Südosten nicht empfangen, da er nicht mit Agrarprodukten aufwarten kann, für die am Weltmarkt eine Nachfrage besteht. Außerdem sind die Hektarerträge so gering — Hirse ca. 250 kg/ha, Mais 500-700 kg/ha — und die Qualitäten so schlecht, daß keine größeren Mengen produziert werden können.

Die Erschließung des Südostens und die Hebung des Lebensstandards der Eingeborenen ist aber nur über eine geordnete, produktive Agrarwirtschaft möglich. Es müssen daher in Versuchswirtschaften die Möglichkeiten untersucht, Methoden und Pflanzen auf ihre Eignung erprobt und Anbauversuche durchgeführt werden. Folgende Planungs-, Versuchs- und Musterwirtschaften seien hier vorgeschlagen:

1. Reisanbau auf den Turfasolos im Longa-Tal und in der überschwemmten Talung des Cuito.

2. Rinderzucht mit Rassevieh im Gebiet von Chitenge und Chiculecandi. Es sind dazu umfangreiche Vorstudien erforderlich. Es muß geklärt werden, in welchen Monaten diese guten Weidegebiete vollwertiges Gras in ausreichender Menge liefern können. Für die Wasserversorgung muß die Möglichkeit der Anlage von Brunnen untersucht werden. Die futterarme Zeit kann durch Weideflächen am Cuito überbrückt werden; gegebenenfalls muß hier hochwertiges Elefantengras siliert werden.

3. Zuckerrohr in der Cuando-Talung. Die notwendigen Voruntersuchungen und die erforderlichen Anbauversuche, die in abgedämmten Arealen der Cuando-Talung anzusetzen sind, werden sehr schwierig und kostspielig sein.

4. Ackerbau auf Sandböden auf Rodungsinseln im Waldgebiet. Bewässerungsanlagen sollen mit Brunnen- oder Flußwasser notfalls in Betrieb genommen werden können. Die Rodung und Inkulturnahme wird pro ha ca. 2300 - 3000 Escudos (= 330 - 430 DM) erfordern. Hohe Kunstdüngergaben sind notwendig und belasten jährlich den Betrieb. Die Renditen werden bei Anbau von Mais und Weizen 1000 Escudos pro Hektar (ca. 150 DM) kaum übersteigen.

Ausgehend von Versuchswirtschaften werden sich insgesamt nur geringe Flächen im Südosten Angolas ökonomisch nutzen lassen. Der größte Teil muß Waldreservat bleiben, um das Gleichgewicht im Landschaftshaushalt nicht irreversibel zu stören; Jagd und Forstwirtschaft sind hier möglich. Die naturgeographischen Gegebenheiten wirken neben der bevölkerungs- und sozialgeographischen Situation stimulierend auf engräumige, private agrarwirtschaftliche Investitionsvorhaben, die kaum die Schwierigkeiten meistern werden. Nur mit hohem Kapitaleinsatz von Seiten des Staates oder von großen Gesellschaften können die Versuchswirtschaften zu einem Erfolg geführt werden. Aber selbst für Nachfolgebetriebe von 100 ha Größe ist noch ein Anfangskapital von etwa 300000 DM erforderlich. Zwar bestehen in Südostangola nicht die Wasserversorgungsschwierigkeiten wie im angrenzenden Südwestafrika — Grundwasser ist stets in überreichlichem Maße vorhanden —, aber es werden noch zahlreiche Probleme der Agrarnutzung auftreten, und Rückschläge werden nicht ausbleiben. Der Eingeborene wird sich erst allmählich in eine rationelle Agrarwirtschaft einordnen lassen. Für ihn ist der Brandrodungswanderhackbau die optimale Wirtschaftsform, da die Sandböden wegen der Nährstoffarmut, die Rotlehme wegen der Strukturverschlechterung nur über wenige Vegetationsperioden eine Nutzung erlauben. Ein Abgehen von dieser Wirtschaftsform setzt bei den Eingeborenen ebenfalls größere Betriebsmittel und umfangreiche Kenntnisse im Ackerbau voraus, die sie sich im Brandrodungswanderhackbau nicht erwerben können.

Schwierigkeiten bei der Erschließung bereiten der Mangel an Energie, die Variabilität der Regen und der Bevölkerungs- und Arbeitermangel. Aufgabe für den Europäer ist es, die Energie- und Rohstoffquellen zu nutzen, weiteres Kulturland zu erschließen und zu pflegen, die Lebensbedingungen zu verbessern und die Produktion zu vergrößern. Der Eingeborene muß sich in ein geordnetes Staats- und Wirtschaftsleben einfügen und sich von der Selbstgenügsamkeit einer marktorientierten Wirtschaftsweise zuwenden.

Die Erschließung eines Gebietes ist dabei nicht nur eine Sache der Entwicklungshilfe und der investierten Gelder. Es sind Menschen erforderlich, die über die notwendigen Kenntnisse, Erfahrungen und den Pioniergeist verfügen, derartige Erschließungsaufgaben zum Wohle aller durchzuführen. Ohne die Hilfe des Weißen wird die Nordkalahari noch lange das bleiben, was sie ist: Ein Wald- und Buschland in Abseitslage an der Grenze eines Trockenraumes.

ZUSAMMENFASSUNG

Aus dem Südosten Angolas werden mit der vorliegenden Arbeit erste geographische Forschungsergebnisse veröffentlicht. Hydrographische, bodenkundliche, morphologische und vegetationskundliche Untersuchungen bilden die Grundlagen für Aussagen über den Wasserhaushalt, die Landschaftsgenese, die Landschaftsökologie und die Entwicklungsmöglichkeiten. Eine naturräumliche Gliederung fußt auf diesen Ergebnissen. Das Hochland von Mittelangola wird als niederschlagsreiches Quellgebiet der Zuflüsse des Kalahari-Beckens zum Vergleich in die Betrachtung einbezogen.

Die Arbeit enthält folgende Ergebnisse:

A. Der Planalto Mittelangolas

1. Der Planalto Mittelangolas wird rezent durch die rückschreitende Erosion der kurzen, wasserreichen, zum Atlantik führenden Flüsse zerstört. Altflächenreste mit greisenhaften Böden und geringer Sandüberdeckung sind noch im Wasserscheidengebiet erhalten. Das junge Gewässernetz hat z. T. alte, flache Talungen geköpft.

2. Die Inselberglandschaften Mittelangolas werden nicht durch Schichtfluten weitergebildet. Mehrere Meter mächtige Humusböden — Turfasolos — in den Niederungen zwischen den Inselbergen sind nicht mit Sedimenten überdeckt. Bei dem äußerst hohen Gehalt des Grund- und Flußwassers an kolloidalen Substanzen wäre zu untersuchen, ob chemische Verwitterung und kolloid-solvatative Lösungsvorgänge den abgetragenen Massen größenordnungsmäßig äquivalent sind.

3. Der Planalto hat mindestens drei Phasen der Entwicklung durchgemacht:
   a) Feuchtwarme Zeit mit tiefgründiger Verwitterung ohne erosive Zerstörung bei geringer Höhenlage.
   b) Ablagerung einer Steinsohle auf der Oberfläche der Rotlehme. Danach trokkene Periode mit äolischen Ablagerungen von ungeschichtetem, staubfeinem Material auf der Steinsohle.
   c) Feuchtwarme Zeit mit Verlehmung der Oberfläche und erosiver Zerschneidung in rezenter Zeit.

4. Für die Datierung der Rumpfflächen, der phasenhaften Heraushebung und der Bodenbildung fehlen noch eindeutige Befunde. Die Gebirgsrumpffläche Va nach Jessen existiert nicht, sondern muß als Flächenrest der Hauptrumpffläche des Planalto aufgefaßt werden.

5. Der Brandrodungswanderhackbau ist auf dem Planalto die optimale Wirtschaftsform für die Eingeborenen. Jeglicher Ackerbau auf den tropischen Rot- und Gelblehmen führt zu Strukturverschlechterung und irreversibler Festlegung der für das Pflanzenwachstum notwendigen Mineralstoffe; Mulchen vermag die Bodengare, -feuchtigkeit und -fruchtbarkeit zu erhalten, ist aber nur in Pflanzungen durchführbar. Die Böden bilden Catena-Komplexe. Die Kaolinböden (Cineralatosolos) der flachen Muldentäler und die übersandeten Eisenkrusten (Psâmolatosolos) der Altflächen sind die Endprodukte der Bodenentwicklung und nicht zu nutzen.

B. Südostangola

Der Südosten Angolas ist ein Teil der Nordkalahari. Trockensavannenwälder — Panda-Wälder als Berlinia-Brachystegia-Combretum — überziehen die vom Kalahari-Decksand verschüttete Peneplain.

1. Die Flüsse folgen der Abdachung nach Südosten. Das Gewässernetz ist sehr jung und erst nach Ablagerung der Kalahari-Decksande entstanden. Änderungen in der Abflußmenge und rezente tektonische Vorgänge führten zu Umgestaltungen: Heute versanden wasserarme Talungen; dagegen erodieren die wasserreichen Hauptflüsse jahreszeitlich sehr stark. Die Analyse von Unstetigkeiten im Tallängs- und Talquerprofil erbrachten den Nachweis für drei junge Hebungsgebiete am Mittellauf des Longa — antezedentes Tal —, im Lomba-Cubia-Gebiet und am unteren Cuando. Der untere Cuando läuft, mit nur geringem Überlauf, in seinem unter anderen Bedingungen geformten Tal aus und bildet einen 300 km langen, über 5,5 km breiten Endsee.

   Folgende Phasen der Flußgenese folgten im Bereiche des Cuando aufeinander:

   a) Feuchte Zeit mit erosiver Ausräumung.
   b) Trockenere Phase mit Termitenbauten in der Talaue.
   c) Jüngste Hebung im Unterlauf mit Rückstau des Wassers.

2. Die Kalahari-Decksande speichern das Wasser der Regenzeit, begünstigen den Wasserhaushalt des Gebietes, sichern die Wasserversorgung des Trockensavannenwaldes und bewirken eine ausgeglichene, im Jahresgang sich nur allmählich ändernde Wasserführung in den Flüssen. Für den Trockensavannenwald sind die Sande physiologisch feuchte Standorte. An den Flüssen gibt es keine Galeriewälder. Chanas — das sind regenzeitlich vernäßte, schlecht durchlüftete, waldlose, offene Grasflächen — säumen die Flüsse und markieren ebenfalls ein fossiles, versandetes Gewässernetz. Die Steppengebiete von Chitenge und Chiculecandi sind ebenfalls regenzeitlich vernäßte Grasfluren mit Palmengruppen auf Termitenbauten.

3. Von den meisten Flüssen Südostangolas werden erstmalig Lotungsprofile, Strömungsgeschwindigkeiten und Abflußmengen ermittelt. Ein Vergleich der Abflußmengen mit den Berechnungen nach Thornthwaite ergibt eine hinreichende Korrelation. Die wirksamen Abflußspenden entstammen dem Übergangsbereich zur Lunda-Schwelle. Südlich einer Linie Mavinga—Caiundo wird die maximale Wasserkapazität der Böden nicht mehr erreicht. Die kleineren Bäche führen nur jahreszeitlich Wasser, das Entwässerungsnetz stirbt ab; die großen Flüsse werden hier zu Fremdlingsflüssen. Diese Trockengrenze wird ebenfalls durch das Auftreten von Akazien markiert.

4. Der Südosten Angolas bietet äußerst geringe Entwicklungsmöglichkeiten. Die Erhaltung des Trockensavannenwaldes ist eine unerläßliche Voraussetzung für ein Gleichgewicht im Landschaftshaushalt. Die nährstoffarmen Sandböden werden sich nach Kunstdüngergaben im Pflugbau nutzen lassen; notwendige Bewässerung und Gefahr der soil erosion lassen aber nur die Bewirtschaftung kleiner Areale zu. Hemmend wirken weiterhin das Fehlen von Bodenschätzen und die äußerst geringe Bevölkerungszahl. Aus eigener Kraft werden die Bantustämme und Buschmannhorden in absehbarer Zeit nicht zu einer Umstrukturierung und Intensivierung ihres kargen Lebensraumes kommen. Die Nordkalahari wird ohne Hilfe von Weißen noch lange ein Wald- und Buschland an der Grenze eines Trockenraumes bleiben.

Literaturverzeichnis

ERKLÄRUNG DER ABKÜRZUNGEN

A.	Analele, Anales, Anaes, Annalen, Annaler, Annales, Annali, Annals.
Abb.	Abbildung.
Abh.	Abhandlungen.
Agron.	Agronomia, Agronomisch.
Agric.	Agrikultur.
Ak.	Akademia, Akademie, Akademiya.
Afr.	Afrique, Africa, Afrika, Africain, African, Afrikanische.
Amer.	America, American, Amérique, Américain, Amerika, Amerikanische.
Arb.	Arbeit.
Ass.	Association.
B.	Boletim, Boletin, Buletin, Bulletijn, Bulletin.
Ber.	Bericht, Berichte.
Beitr.	Beiträge.
Bl.	Blatt, Blätter.
Cis.	Ciencias.
Col.	Colonie, Colony, Colonial, Kolonie.
Cong.	Congress, Congrès, Kongreß, Congresso.
C. r.	Compte rendu.
D.	Deutschland, Deutsch.
Dep.	Département, Department.
E.	Erdkunde.
Ed.	Ausgabe, Edition, Edição.
G.	Geografia, Geographia, Geographie, Géographie, Geography, Geografico, Geografisk, Geographic, Geographical, Géographique, Geographische.
Geol.	Geologie, Geology, Geological, Geologico, Geologisch, Géologie, Géologique.
Ges.	Gesellschaft.
Hydr.	Hydrologie, Hydrology.
I.	Institut, Institute, Institution, Instituto, Instituut.
Int.	International.
Invest.	Investigação, Investigações.
J.	Journal, Jornal.
Kol.	Kolonie, Kolonial.
M.	Mededeelingen, Mitteilungen.
Ma.	Karte, Karten.
Mag.	Magazin, Magazine.

Med.	Medizinisch.
Mem.	Memoirs, Memorias Mémoires.
Met.	Meteorologia, Meteorologie, Meteorologica, Meteorologisch, Méteorologie, Météorologique.
N.	Neu, New, Nouvel, Nuovo.
Nac.	Nacional, National.
Nachr.	Nachrichten.
Nat.	Naturwissenschaft, Natural, Naturale, Naturel, Naturwissenschaftlich.
No.	Nummer, Number, Numero.
P.	Proceedings.
p.	Page, Seite, Pagina.
Publ.	Publication, Publicação.
R.	Reale, Regia, Regio, Royal.
Rdsch.	Rundschau.
Rep.	Report, Reports.
Res.	Research
Rev.	Review, Revista, Revue.
S.	Sociedad, Sociedade, Societa, Societas, Société, Society.
Sber.	Sitzungsbericht, Sitzungsberichte.
Sc.	Science, Sciences, Sciencias, Scienze, Scientific, Scientifique.
Ser.	Serie, Series, Série.
Serv.	Service, Serviço.
T.	Transactions.
Ts.	Tidskrift, Tijdschrift.
Univ.	Universidade, Universita, Universität, Université, University.
Veröff.	Veröffentlichungen.
W.	Wetenschap, Wissenschaft, Wissenschaftlich.
Z.	Zeitschrift.

Literaturverzeichnis

1. Abel, H.: Beiträge zur Morphologie der Großen Randstufe im südwestlichen Afrika. D. G. Bl. 48, Bremen 1959, p. 133 - 268,
2. Abel, H.: Die Landschaften Angolas. G. Rdsch. 1960, p. 108 - 118
3. Almeida, A. de: O rami em Angola. B. S. G. de Lisboa 65, 1947, p. 717 - 735
4. Almeida, A. de: Contribuição para o estudo da toponímia dos Dembos (Angola). B. S. G. de Lisboa 73, 1955, p. 471 - 478
5. Almeida, F. de: Portugal e as Colónias Portuguesas. Coimbra 1918
6. Almeida, J. de: Observações gerais sobre a agrologia, climatologia e etnografia de Angola. A. I. Sup. Agron. 1, 1920, p. 123 - 152
7. Almeida, J. de: Sul de Angola. Relatório de um governo de distrito (1908 - 1910). 2. Ed. Agência Geral de Colónias, Lisboa 1936
8. Almeida, L. A. V., Miranda, V. H. B. de: La matière organique des terres noires d'Angola. Communicação apresentada ao V. Cong. Int. de Ciência do Solo, Leopoldville 1954
9. Almeida, L. A. V., Miranda, V. H. B. de: As formas do fósforo nos solos de Angola. Aspectos da retenção e formas de fósforo em solos tropicais. Junta de Invest. do Ultramar, Mem., Serie de pedologia tropical III, 1955
10. Almeida, M. E. C.: Do Atlântico ao Sudeste de Angola. B. S. G. de Lisboa 72, 1954, p. 9 - 28,
11. Amaral, I. do: Aspectos do povoamento branco de Angola. Junta de Invest. do Ultramar, Estudos, Ensaios e Documentos No. 74, Lisboa 1960
12. Anderson, R. J.: Mineral Resources of Angola (Part West Africa). B. Geol. S. Amer. LXI, No. 12 part 2, 1950, p. 15 - 61
13. Andersson, C. J.: The Okavango river. London 1861, 364 p.
14. Andrade, A. de: A Bacia Hidrográfica do Rio Cuanza, desde a nascente à confluência do Rio Gango. Imprensa Nacional, Lisboa 1905
15. Andrade, A. A.: The traditional antiracialism of Portugal's civilizing methods. Lisboa 1954
16. Andrade, C. F. de: Diamond deposits in Lunda Part I. A geological survey made in 1945 - 1946. Publicações Culturais da Companhia de Diamantes de Angola No. 17, Lisboa 1953
17. Andrade, C. F. de: Contribution to the geology of Northern Lunda - Angola. Int. Geol. Cong. XVIII, 1948, part XIV p. 225 - 230. London 1951
18. Armando, G.: Auftrieb in Portugiesisch-Afrika. Wirtschaftsdienst 1956, p. 341 - 344 Angola. B. S. G. de Lisboa 73, 1955, p. 325 - 347,
19. Atkins, C.: A demographic survey of the Kimbundu - Congo language border in
20. Aubert, G.: Les sols lateritiques. V. Cong. Int. de la Science du Sol. Leopoldville 1954
21. Azevedo, A. L.: Curvas de frequência das quedas pluviais de grande intensidade em Lunda. Agron. Angolana 6, Luanda 1952, p. 145 - 165
22. Azevedo, A. L.: La conversation des sols dans les territoires portugais d'Afrique. Sols africains II, No. 3 - 4, 1953 p. 314 - 319
23. Azevedo, A. L.: Ainda sobre o problema das fertilizações orgânicas dos solos planálticos. Agron. Angolana 9, Luanda 1954, p. 163 - 169
24. Azevedo, A. L.: Os solos de Angola e a agricultura. Agron. Angolana 9, Luanda 1954, p. 13 - 104
25. Azevedo, A. L.: The technology of peaty soils in Mocambique and Angola. Communicações apresentada ao V. Cong. Int. de Ciência do Solo. Leopoldville 1954
26. Azevedo, A. L., Botelho da Costa, J. V.: Les terres noires d'Angola. Communicações apresentada ao V. Cong. Int. de Ciência do Solo. Leopoldville 1954
27. Bahia dos Santos, F.: Angola. Lisboa 1954, 146 p.
28. Bahia dos Santos, F.: Unidade e Cooperação entre a Metrópole e o Ultramar. Lisboa 1953

29. Bakker, J. P.: Über den Einfluß von Klima, jüngerer Sedimentation und Bodenprofilentwicklung auf die Savannen Nord-Surinams. E. 1954, p. 89-112

30. Barbosa, I., Pinto, R. W. C., Vierra, J. S.: O planalto do Amboim, zona de colonicação. Agron. Angolana 6, Luanda 1952, p. 5-76

31. Barbosa, I.: Alguns aspectos da problema das fertilizações orgânicas nos solos planalticos. Agron. Angolana 2, Luanda 1949

32. Barns, T. A.: In Portuguese West Africa: Angola and the Isles of the Guinea Gulf. G. J. LXXII 1928, p. 18-37

33. Bastos de Macedo, J. M.: Contribuição para o estudo da retenção do fósforo pela Goethite, Hematite e Gibbsite. in: Aspectos da retenção e formas de fósforo em solos tropicais. Junta de Invest. do Ultramar Mem. Serie de pedologia tropical III. Lisboa 1955

34. Bastos de Macedo, J. M., Cardoso Franco, E. P., Soveral Dias, J. C.: Minerais de fracção de solos de Angola. I. Curvas de desidratação. Junta de Invest. do Ultramar. Estudos, Ensaios e Documentos No. 52 Lisboa

35. Battey-Pratt, E. P.: Oxford University expedition to Angola. B. Oxford Univ. Explor Club VII, 1955 p. 22-27

36. Baum, H.: Kunene - Sambesi - Expedition H. Baum 1899/1900. Hgg. von O. Warburg, Berlin 1903

37. Baumann, H.: Lunda. Berlin 1935

38. Baumann, H., Westermann, D.: Les Peuples et les Civilisations de l'Afrique. Paris 1948

39. Baumann, H.: Nyama, die Rachemacht in Mythe, Mensch und Umwelt. Frankfurt 1950

40. Baynes, M.: Notes on the Okavango and Kunene rivers. G. J. 62, 1923, p. 370-377

41. Bazzan, G. A.: Angola, le Brésil d'Afrique. Abstracts of Papers of the Eighteenth International Geographical Congress, Rio de Janeiro 1956, p. 219

42. Bebiano, J. B.: Geologia e Riqueza mineira de Angola. Communicações dos Serviços Geologicos de Portugal XIV, Lisboa 1923

43. Bebiano, J. B.: Subsidios para o estudo geologico e mineiro de Provincia de Angola. B. Agencia Geral Col. No. 11, Lisboa 1926

44. Bebiano, J. B.: Observações geologicas e apontamentos sobre a flora, fauna e etnologia da fronteira nordeste de Angola. B. Agencia Geral Col. No. 11, Lisboa 1926

45. Beetz, W.: Die Geheimnisse des Kunenelaufes in Südangola und Südwestafrika. E. IV, p. 43-54, 1950

46. Beetz, W.: Preliminary and Final Report on the Angola and Lunda Belgian Congo Diamonds Fields. Publicação da Companhia dos Diamantes de Angola. Lunda, Angola 1930

47. Beetz, W.: Geology of South West Angola, between Cunene and Lunda Axis. T. Geol. S. South Africa 36, 1933, p. 137-176

48. Beetz, W. Klimaschwankungen und Krustenbewegungen in Afrika südlich des Äquators von der Kreidezeit bis zum Diluvium. Sonderabdruck aus den Sonderveröff. III der G. Ges. Hannover 1938

49. Bétrémieux, R., Jaques-Felix, H.: Etude de quelques Sols tropicaux. B. Agric. du Congo Belge XL Bruxelles 1949, p. 171-192

50. Bleek, D.: Bushmen of the Southern Kalahari. Johannesburg 1937

51. Böhm, J.: Über eozäne und miozäne Fossilien in Angola. Z. D. Geol. Ges. 1927, p. 450-458

52. Boléo, O.: A província de Angola na Africa Ocidental Portuguesa. B. S. G. de Lisboa 69, 1951, p. 553-572

53. Bologna, L. M.: Il centro di colonizzazione di Cela (Angola). Riv. di Agric. Subtrop. e Trop. 50, Florenz 1956, p. 39-54

54. Bond, G.: Evidence of Glaciation in the Lower Part of the Karoo System in Southern Rhodesia. T. P. Geol. S. South Africa 1952

55. Borchardt, P.: Bibliographie de l'Angola 1500-1910. Brüssel und Leipzig 1912

56. Borchert, G.: Die heutigen Kartenwerke von Angola. Petermanns G. M. 105, 1961, p. 150-153

57. Borchert, G.: Cela - ein Entwicklungszentrum im Hochland von Angola. E. XV, 1961, p. 295 - 306
58. Borchert, G.: Aufgaben für die Geographie im Rahmen der Erschließung entwicklungsfähiger Gebiete. (unveröffentlicht)
59. Borges, A.: A costa de Angola da baía da Lucira à foz do Bentiaba (entre Benguela e Moçâmedes). B. S. Geol. Portugal V, 1946, p. 141 - 150
60. Bosazza, V. L.: L'erodibileté des Sols et ses répercussions sur l'erosion en Afrique du Sud. Sols Africains II, 1953, p. 336 - 351
61. Boss, G.: Klimastudie über Angola. Meteor. Rdsch. 7, 1954, p. 10 - 13
62. Botelho da Costa, J. V.: Characteristics and distribution of some soil-groups of Angola. B. Agric. du Congo Belge XL Bruxelles 1949, p. 252 - 278
63. Botelho, da Costa, J. V., Azevedo, A. L.: Os solos de Angola. Contribuição para o seu estudo. Junta de Invest. do Ultramar Mem. Serie da pedologia tropical 1953
64. Botelho da Costa, J. V.: Aspectos do problema da erosão do solo em Africa. Junta de Invest. do Ultramar. Estudos, Ensaios e Documentos No. 2, Lisboa 1950
65. Botelho da Costa, J. V., Azevedo, A. L., Franco, E. P. C.: Carta agrológica e carta aptidão para o regadio da "Zona de Capelongo" Junta de Invest. do Ultramar, Lisboa (ohne Jahr), (Maschinenschrift)
66. Botelho da Costa, J. V., Azevedo, A. L., Franco, E. P. C.: Reconhecimento de solos do vale do rio Cuanza. Descrição preliminar de unidades agrológicas. Direcção Geral do Fomento do Ultramar Lisboa 1954 (Maschinenschrift)
67. Bradshaw, B. F.: Note on the Chobe river, South Central Africa. P. R. G. S. 3, London, 1881, p. 208 - 213
68. Brognon, G., Verrier, G.: Note sur la stratigraphie du bassin du Cuanza en Angola. B. S. Geol. de Portugal XII, 1957/58, p. 61 - 74
69. Cadornega, A. do O. de: História geral das guerras Angolanas. 3 Volums. Lisboa 1940 - 1942.
70. Caetano, M.: Os nativos na economia Africana. Coimbra 1954
71. Capelo, H., Ivens, R.: De Benguela às terras de Iácca. Imprensa Nacional, Lisboa 1881
72. Capelo, H., Ivens, R.: De Angola à contra-costa. Descrição de uma viagem através do Continente Africano. Imprensa Nacional, Lisboa 1886
73. Cardoso, A. J. A.: Angola, your neighbour. Johannesburg 1950
74. Carter, G. F., Pendleton, R. L.: The Humid Soil: Process and Time. G. Rev. 46, 1956, p. 488 - 507
75. Carvalho, F. de: Serviços meteorológicos no Congo. B. S. G. de Lisboa 35, 1917, p. 281 - 303
76. Chase, J.: Some general aspects of the intertropical front as observed over West Africa. Publ. Serv. Met. Nac. Mem. 3, 3 p. Lisboa 1949
77. Chevalier, A.: Points de vue nouveaux sur les sols d'Afrique tropicale, sur les degradations et leur conservation. B. Agric. du Congo Belge 40, 1949, p. 1057-1092
78. Childs, G.: Umbundu Kinship and Character. Oxford 1948
79. Choffat: Nouvelles données sur la zone littorale d'Angola. Commission du Serv. Geol. du Portugal 1905
80. Clifford, B. H. E.: A Reconnaissance of the Great Makarikari Lake. G. J. 1930, p. 16 - 26
81. Coerver, H.: Verlauf eines Trockenzeit-Tages in Louvi-Catamba (Angola). A. Hydr. u. marit. Met. 60, 1932, p. 393
82. Correia, A. C. G. da Silva: O clima, a nosografica e o saneamento de Luanda. Rev. Med. Angola, Luanda 1923, p. 379
83. Correia, A. C. G. da Silva: Os climas planálticos de Angola aproveitáveis para a instalação de estâncias sanitárias de altitude. Rev. Med. Angola, Luanda 1926, p. 209 – 307
84. Costa Botelho, E. R. V. da: O planalto de Caconda e a bacia do Lubango sob o ponto de vista da colonização europeia e aptidão agrícola dos seus terrenos. B. S. G. de Lisboa, 1891, p. 209 - 231

85. la Costa Santa Rita, M. J. G.: Milieux ruraux et urbains en Angola et au Mozambique. B. S. G. d'Anvers. LXV, 1951/1952
86. Couceiro, H. de Paiva: Relatório do serviço de que me encaregou o capitão Artur de Paiva, commandante da Expedição ao Bihé - Observações meteorológicas. B. S. G. de Lisboa 1895, p. 57 - 67
87. Coxito Granado, A.: Antonito: Dicionário corográfico - comercial de Angola. Luanda 1955, 636 p.
88. Cruz, F.: Reconhecimento dos rios Lumege e Zambeze (Alto Zambeze). B. S. G. de Lisboa 69, 1951, p. 145 - 175
89. Cruz, F.: O mundo angolano. B. S. G. de Lisboa 72, 1954, p. 383 - 397
90. Cruz, F.: O panorama económico e social de Angola. B. S. G. de Lisboa 76a, 1958, p. 21 - 38
91. Cruz, J. R. da: Geografia de Angola. Lisboa 1940
92. Cruz, J. R. da: Elementos da climatologia. O clima de Angola. Lisboa 1940, 96 p.
93. Cunha, J. M. da Silva: O sistema Português de politica indigena. Subsidios para o seu estudo. Coimbra 1953
94. Currie, R.: Upwelling in the Benguela current. Nature. London 171, 1933, p. 497-500
95. Danckelmann, A. v.: Ein Besuch in den portugiesischen Kolonien Südwestafrikas, Sommer 1883. D. G. Bl. VII, p. 31
96. Danckelmann, A. v.: Anfang und Ende der Trocken- und Regenzeit an verschiedenen Punkten der Südwestküste von Afrika in verschiedenen Jahren. Met. Z. Wien 1884, p. 287
97. Danckelmann, A. v.: Die Bevölkerungsverhältnisse des südwestlichen Afrikas. Met. Z. Wien 1884, p. 301 - 311
98. Danckelmann, A. v.: Über das Klima von Mossamedes. D. Kolonial-Z. 1887, p. 116
99. Danckelmann, A. v.: Eine geplante jüdische Ackerbaukolonie in Angola. Petermanns G. M. 1915, p. 357 - 358
100. Dartevelle, E. Les roches phosphatées d'Angola. Junta de Invest. do Ultramar. Estudos, Ensaios e Documentos No. 24, Lisboa
101. Debenham, F.: The Water Resources of Central Africa. G. J. 1948, p. 222 - 234
102. Debenham, F.: Report on the Water Resources of the Bechuanaland Protectorate, Northern Rhodesia, The Nyassaland Protectorate, Tanganyika Territory, Kenya and the Uganda Protectorate. Colonial research publ. No. 2, London 1948
103. Debenham, F.: The Kalahari Today. G. J. 118, 1952, p. 12 - 23
104. Delachaux, Th.: Ethnographie de la Région du Cunene. Neuchâtel 1948
105. Delachaux, Th., Thiebaud, Ch. E.: Pays et Peuples d'Angola. Neuchâtel 1934
106. Delgado, R.: História de Angola. 2 Volums. Lisboa 1948
107. Denis, J.: Une colonie agricole européenne en Afrique tropicale, Cela, Angola porgais. B. Agric. du Congo Belge 47, Bruxelles 1956, p. 387 - 422
108. Dixey, F.: Some observations on the physiographical development of Central and Southern Africa. T. Geol. S. South Africa XLI, 1938, p. 113 - 171
109. Dixey, F.: The age of silicified deposits in Northern Rhodesia, Angola and Belgian Congo. T. Geol. S. South Africa XLIV, 1941, p. 39 – 49
110. Dixey, F.: Erosions cycles in Central and Southern Africa. T. Geol. S. South Africa XLV, 1942, p. 151 - 182
111. van Dongen, I. S.: Angola. Focus 7, 1956, 6 p.'
112. van Dongen, I. S.: Transportes africanos internacionais; a posição de Angola e Mocambique. J. portugues de economia e financas 63, 1958, p. 11 – 15
113. van Dongen, I. S.: The port of Luanda in the economy of Angola. B. S. G. de Lisboa 78 a, 1960, p. 3 - 43
114. Dozier, C. L.: Northern Paraná, Brazil. An example of organized regional development. G. Rev. 1956, p. 318 - 333
115. Duffy, J.: Portugese Africa (Angola). Cambridge, Mass. Havard University Press. 1959, 389 p.

116. Egerton, F. C. C.: Angola in perspective. Endeavour and achievement in Portuguese West Africa. London 1957, 272 p.
117. Estermann, C.: Ethnographische Beobachtungen über die Ovambo. Z. Ethnologie, Berlin 1932
118. Estermann, C.: La Tribu Kwanyama en face de la civilisation eurpéenne. Africa, London 1934
119. Estermann, C.: Notas etnográficas sobre os povos do distrito da Huila. B. Geral das Colónias, Lisboa 1935
120. Estermann, C.: Les Forgerons Kwanyama. B. S. Neuchâteloise de G. 1936
121. Estermann, C.: As concepções religiosas entre os Bantos das Colónias Portuguesas. Congresso do Mundo Português, Lisboa 1940
122. Estermann, C.: La Fête de Puberté dans quelque tribus de l'Angola meridional. B. S. Neuchâteloise de G. 1942
123. Estermann, C.: Quelques observations sur les Bochimans Kung de l'Angola meridional. Anthropos, Fribourg 1949
124. Estermann, C.: Culte des esprit et magie chez les Bantous du sud-ouest de l'Angola. 'Anthropos, Fribourg 1954
125. Estermann, C.: Divers rites de purification du sud-ouest de l'Angola. Anthropos, Fribourg 1950-1955
126. Estermann, C.: Etnografia do Sudoueste de Angola. Junta de Invest. do Ultramar. Mem. Serie Antropologica e Etnologica IV, Lisboa 1956, 266 p., 1 Ma., Mem. Serie Antropologica e Etnologica V, Lisboa 1957, 299 p.
127. Faber, F. J.: Bijdrage tot de Geologie van Zuid-Angola (Afrika). Proefschrift Techn. Hochsch. Delft 1926
128. Fair, T. J. D.: Regions for planning in South Africa. The South African G. J. XXXIX, 1957, p. 26-50
129. Falkner, F. R.: Die Trockengrenze des Regenfeldbaus in Afrika. Petermanns G. M. 1938, p. 209-214
130. Le Febre, G.: Angola, son histoire et son economie. Liège 1947
131. Feio, M.: O relevo de Angola, segundo Jessen. O relevo do Norte de Angola, segundo Veatch. B. S. Geol. de Portugal V, Porto 1946, p. 267-306
132. Felner, A. de A.: Angola. Apontamentos sobre a colonização dos planaltos e litoral do sul de Angola. 3 Volums. Lisboa 1940
133. Felner, A. de A.: Historia colonial dos Portugueses. Angola. Apontamentos sobre a ocupação e início do estabelecimento dos Portugueses no Congo, Angola e Benguela. Extraidos de documentos historicos. Impr. da Universidade XV, Coimbra 1933, 539 p.
134. Ferreira, A. H.: Bibliografia Meteorológica e Geofísica de Angola. Serv. Met. de Angola, Luanda 1955
135. Ferreira, A. J.: Aspectos pecuarios de Angola e Moçambique. B. S. G. de Lisboa 1956, p. 279-304
136. Flint, R. F.: Pleistocene climates in eastern and southern Africa. B. Geol. S. Amer. LXX, 1959, p. 343-373
137. Flohn, H.: Zur Kenntnis der äquatorialen Westwindzone über Angola. Miscelánea geofísica publicada pelo Serviço Meteorológico de Angola em comemoração do X aniversário do Serviço Meteorológico Nacional. Luanda 1956, p. 25-28
138. Fonseca, V. F.: As terras negras do sul de Angola. Jornadas Agron. de Angola. Serv. de Agric. Nova Lisboa 1949, (Maschinenschrift)
139. Frommurze, H. F.: Hydrological research in arid and semi-arid areas in the Union of South Africa and Angola. United Nations. Educational, Sc. and Cultural Organization. Rev. of Res. on Arid Zone Hydr. 1953, p. 58-77
140. Furon, R.: Les progrès de la recherche geologique et minière en Afrique portugaise. La chronique des mines coloniales 23 année, 1955, p. 2-8
141. Fynes-Clinton, D. O.: Portuguese West Africa. Great Britain Board of Trade Overseas Economic. Surveys 1949, 39 p.
142. Galvao, H., Selvagem, C.: Império Ultramarino Portugues Vol. III Angola. Empresa Nacional de Publicidade, Lisboa 1952

143. Ganssen, R.: Landschaft und Böden in Südwestafrika. Die Erde, Z. G. für E. Berlin 91, 1960, p. 115-131
144. Gellert, J. F.: Geographische Natur und Struktur der Viehwirtschaft in Angola. W. Veröff. D. I. für Länderkunde. Neue Folge 13/14, Leipzig 1955, p. 237-250.
145. Gellert, J. F.: Klimabedingtheit und wirtschaftsgeographische Struktur der Farmwirtschaft und Farmsiedlung in Südwestafrika. E. II, 1949, p. 282-302
146. Gellert, J. F.: Natürliche und produktionstechnische Faktoren der Standorte und Strukturen der landwirtschaftlichen Europäerbetriebe in Ostafrika. W. Z. der Pädagogischen Hochschule Potsdam, 1954, p. 23-48
147. Gellert, J. F.: Eine Geographie des südlichen Afrika (Rezension). Petermanns G. M. 1958, p. 35-38
148. Goncalves, J. J.: Le pétrole de l'Angola. S. Belge d'Etudes et d'Expansion 178, Liège 1957, p. 973-976
149. Gossweiler, J.: Carta Fitogeográfica de Angola, Ed. do Governo-Geral de Angola, Lisboa 1939, 242 p.
150. Gouveia, D.: Reconhecimento da Baixa de Cassanje. Junta de Invest. do Ultramar. Mem. Serie de pedologia tropical 4, Lisboa 1956
151. Gregory, J. W.: Contributions to the geology of Benguella. R. S. Edinburgh LI part III no 13, 1916,
152. Gregory, J. W.: Report of the work of the comission sent out by the Jewish Territorial Organisation under the auspices of the Portuguese Government to examine the territory proposed for the purpose of a jewish settlement in Angola. Ito Offices XIII, London 1913
153. Griesing, C.: Streifzug durch Angola. Übersee-Rdsch. 1957, p. 9-11
154. Grimaud, G.: Mission Rohan-Chabot: Principaux résultats scientifiques obtenus par la Mission. La G. 35, 1921, p. 17-26
155. Guerra, P. R. A.: Reconhecimento económico da região de influência Sá da Bandeira-Quipungo. Missão de estudos e construçao do caminho de ferro de Moçâmedes. Sá da Bandeira 1951, (Maschinenschrift)
156. Guerra, P. R. A.: Região de Chicomba. Reconhecimento de uma zona para instalação de um centro de colonizaçao europeia (ao longo do caminho de ferro do leste). Província de Angola. Sá da Bandeira 1952 (Maschinenschrift)
157. Guerra, P. R. A.: Apontamentos sobre utilização do solo. Trabalhos Primeiro C. dos Economistas Portuguesas 2, Luanda 1955
158. Guerra, P. R. A., Almeida, P. F. de, Pinto, R. W. C., Trovão, J. F., Teles Grilo, J. T.: Reconhecimento geral agrícola, florestal e pecuária das zonas de influência do caminho de ferro de Moçâmedes entre Serpa Pinto e a fronteira leste. Junta de Invest. do Ultramar. Mem. Serie de Agron. Tropical III, Lisboa 1956, 307 p.
159. Guerreiro, M. V.: "Boers de Angola". Garcia de Orta 6 No. 1. Rev. da Junta de Invest. do Ultramar Lisboa 1958
160. Hambly, W.: The Ovimbundu of Angola. Chicago 1934
161. Hance, W. A., van Dongen, I. S.: Angolan ports serving interior Central Africa. Columbia University. Division of Economic Geography. Technical report on tropical African ports and rail-lines. New York 1956
162. Hance, W. A., van Dongen, I. S.: Port Development and Railway Lines in Portuguese West Africa. Abstracts of Papers of the 18 th. Int. G. Cong. Rio de Janeiro 1956, p. 170-171
163. Hance, W. A., van Dongen, I. S.: The Port of Lobito and the Benguela Railway. G. Rev. 1956, p. 460-487
164. Hann, J.: Klima von S. Paul de Loanda. Z. für Met. 18, 1883, p. 391
165. Hann, J.: Einige Resultate aus Major v. Mechow's meteorologischen Beobachtungen im Innern von Angola. Sber. Ak. W. Wien, 2 Abtlg. 89, 1884 p. 189-217
166. Hann, J.: Klima von San Salvador. Met. Z. 5, 1888, p. 394-395
167. Hann, J.: H. Capello und Ivens: Meteorologische und magnetische Beobachtungen im Innern von Süd-Afrika. Met. Z. 6, 1889, p. 436-437
168. Hann, J.: Zum Klima von Caconda. Met. Z. 10, 1893, p. 229-230

169. Hann, J.: Klima von Loanda. Met. Z. 13, 1896, p. 100 – 101
170. Hann, J.: Resultate der meteorologischen Beobachtungen zu Loanda an der tropischen Westküste Afrikas. Met. Z. 24, 1907, p. 333 - 334
171. Hann, J.: Resultate der meteorologischen und magnetischen Beobachtungen in Loanda in den Jahren 1902 bis 1904 inkl. Met. Z. 24, 1907, p. 382 - 383
172. Hann, J.: Resultate der meteorologischen Beobachtungen zu Loanda. Met. Z. 24, 1907, p. 418
173. Hann, J.: Resultate der meteorologischen Beobachtungen zu Loanda. Met. Z. 26, 1909, p. 230
174. Hann, J.: Meteorologische und magnetische Beobachtungen zu Loanda im Jahre 1908. Met. Z. 26, 1909, p. 423
175. Hann, J. v.: Der jährliche Gang der Niederschläge zu Loanda. Met. Z. 27, 1910, p. 520
176. Hann, J. v.: Ergebnisse der meteorologischen Beobachtungen zu St. Paul de Loanda im Jahre 1911. Met. Z. 30, 1913, p. 192
177. Hann, J. v.: Ergebnisse der meteorologischen Beobachtungen zu St. Paul de Loanda, Met. Z. 33, 1916, p. 378 - 379
178. Hann, J. v.: Der Regenfall zu S. Paul de Loanda, dessen jährliche Periode und Schwankungen von Jahr zu Jahr. Met. Z. 36, 1919, p. 162 - 163
179. Hann, J. v.: Zum Klima von Angola. Met. Z. 36, 1919, p. 163 - 164
180. Hassenstein, B.: Geographische Kenntnis vom Kongo und Angola im Jahre 1862. Petermanns G. M. 8, 1862, p. 441 - 446
181. Hellmich, W.: Bei den Mohanhas im Hochland von Benguela. Orion 1954, p. 589 – 593
182. Hirschfeld, A. v.: Beobachtungen über Harmattantrübe in Mittel-Angola. Met. Z. 40, 1923, p. 220 – 221
183. Holmes, A.: A Contribution to the Petrology of North-Western Angola. Geol. Mag. 1915
184. Holtzhausen, D.: Some hydrological features of South-West Africa. Water 34, London 1932, p. 395 – 400
185. Hoppener: Brief report on the paleontologie of the Cuanza Basin – Angola. B. S. Geol. de Portugal XII, 1957/58 p. 75 - 82
186. Hoselitz, B. F.: The role of cities in the economic growth of underdeveloped countries. The J. of Political Economy 61, 1953, p. 195 - 208
187. Houk, R. J.: Recent developments in the Portuguese Congo. G. Rev. 48, 1958, p 201 – 221
188. Houk, R. J.: Prospects and problems of petroleum production in Angola. Ts. voor economische en sociale G. 49, 1958, 185 – 191
189. Howe, M. G.: Climates of the Rhodesias and Nyassaland. G. Rev. 43, 1953, p. 525-539
190. Irle, I.: Die Herero. Gütersloh 1906
191. Jackson, S. P.: Atmospheric circulation over S.-Africa. South African G. J. 1953
192. Jaeger, F., Waibel, L.: Beiträge zur Landeskunde von Südwestafrika. Band II. Landschaften des nördlichen Südwestafrikas. M. aus den D. Schutzgebieten, Ergänzungsheft 15, Berlin 1921, 138 p.
193. Jaeger, F.: Die Gewässer Afrikas, insbesondere ihre vom Klima bestimmten Eigenschaften, Z. Ges. E. Berlin 1928 Sonderband, p. 158 - 190
194. Jaeger, F.: Die Grundzüge der Oberflächengestalt von Südwestafrika. Z. Ges. E. Berlin 1923, p. 14 - 24
195. Jaeger, F.: Afrika. Leipzig 1928, 446 p.
196. Jaeger, F.: Probleme der Großformen Afrikas. Petermanns G. M. Ergänzungsheft 209, 1930, p. 136 - 146
197. Jaeger, F.: Die morphologische Erforschung der südafrikanischen Randstufe (Rezension). Petermanns G. M. 1951, p. 38 - 39
198. Janmart, J.: Les stations paléolithiques de l'Angola Nord-Est. Analyse géologique, climatologique et préhistorique d'un sondage fait en bordure de la riviere Luembe (Angola du Nord-Est). Companhia de Diamantes de Angola, Publ. Culturais 1, Lisboa 1946, 87 p.

199. Janmart, J.: La station prehistorique de Candala (District de la Lunda, Angola du Nord-Est) e outres estudos sobre pré-historia da Lunda. Companhia de Diamantes de Angola Publ. Culturais 2, Lisboa 1948, 63 p.

200. Janmart, J.: The Kalahari sands of the Lunda (N.-E.-Angola); their earlier redistributions and the Sangoan culture. Companhia de Diamantes de Angola Publ. Culturais 20, Lisboa 1953, 64 p.

201. Jeffores, J. L. S.: Report on the Rhodesia-Walvis Bay reconnaissance survey. Salisbury 1932

202. Jessen, O.: Erster Bericht über eine Forschungsreise nach Angola. M. G. Ges. München XXIV, 1931, p. 316–319

203. Jessen, O.: Zweiter Bericht über eine Forschungsreise nach Angola. M. G. Ges. München XXV, 1932, p. 82–90

204. Jessen, O.: Reiseeindrücke in Angola. Kol. Rdsch. 1932, p. 74–79, p. 246–253

205. Jessen, O.: Geographische Arbeiten in Angola. Petermanns G. M. 1932, p. 199–200

206. Jessen, O.: Natur-, Raub- und Kulturlandschaft in Angola. Z. Ges. E. Berlin 1933, p. 336–347

207. Jessen, O.: Ein Glazialvorkommen in Mittel-Angola. Geol. Rdsch. XXV, 1934, p. 38–41

208. Jessen, O.: Reisen und Forschungen in Angola. Berlin 1936, 397 p., 96 Abb., 9 Profile

209. Jessen, O.: Dünung im Atlantik und an der Westküste Afrikas. Petermanns G. M. 1951, p. 7–16

210. Johann, A. E.: Afrika: Auf zehn Jahre vorausdenken. I. Bild eines Unternehmers in den Tropen Portugiesisch-Angolas. – Wälder können halb Europa mit Zellstoff versorgen. Die Zeit No. 41, 1955, p. 17

211. Johnston, H. H.: The river Congo, from its mouth to Bólóbó. P. R. G. S. V, 1883, p. 692–711

212. Junod, H. Ph.: Moeurs et Coustumes des Bantous. 2 Tomes Paris 1937.

213. Kaden, O.: Das Kaffeesterben in Angola, eine physiologische Welkekrankheit. Der Tropenpflanzer 36, 1933

214. Kanthack, F. E.: Notes on the Kunene River, Southern Angola. G. J. LVII, 1921, p. 321–336

215. Kapferer, Cl.: Unabhängige technische Beratung – Ihre Bedeutung für die Erschließung unterentwickelter Gebiete und für die deutsche Ausfuhr. Hamburg 1955, 64 p.

216. Kayser, K.: Gegenwartsprobleme der Landeserschließung des südlichen Afrika. Tagungsbericht und wissenschaftliche Abhandlung des Deutschen Geographentages in Hamburg 1955, Wiesbaden 1957, p. 134–146.

217. Keil, K.: Ein bibliographischer Beitrag über die Anfänge meteorologischer Studien in Angola vor 1930. Miscelãnea geofísica publicada pelo serviço meteorológico de Angola em comemoração do X aniversário do serviço meteorológico nacional. Luanda 1956, p. 1–10

218. Keil, K. F. G.: Geotechnik. Halle 1959, 1456 p.

219. Keller, F. L.: Resources Inventory – A Basic Step in Economic Development. Economic G. 1953, p. 39–47

220. Keller, H.: Kann die Austrocknung der nördlichen Kalahari vermieden werden? Petermanns G. M. 88, 1942, p. 81–84

221. Kellogg, C. E., Davel, F. D.: An exploratory study of soil groups in the Belgian Congo. I. Nac. Etude Agr. Congo Belge. Sér. Sc. No. 46, Bruxelles 1949

222. King, L. C.: On the ages of African land surfaces. Quart. J. Geol. S. London CIV, part 4, 1949, p. 439–459

223. King, L. C.: South African Scenery. Edinburgh 1951, 379 p.

224. Kirstein, G.: Gewöhnlicher Verlauf eines Regenzeit-Tages in Gandu-Angola. A. Hydr. und maritimen Met. 60, 1932, p. 169

225. Kirstein, G.: Klimatographische Witterungsschilderung Nr. 10: Angola. Witterungsverlauf an normalen Tagen in verschiedenen Jahreszeiten in Gandu. A. Hydr. und maritimen Met. 61, 1933, p. 265
226. Klute, F.: Rohan-Chabots Reise in Angola. Petermanns G. M. 67, 1921, p. 231
227. Klute, F.: Vagelers Beobachtungen in Südwest-Angola und im Amboland. Petermanns G. M. 67, 1921, p. 153
228. Knetsch, G.: Zur Frage der Küstenbildung und der Entwicklung des Oranjetals in Südwestafrika. Sonderabdruck aus den Sonderveröff. III d. G. Ges. Hannover 1940
229. Knoch, K.: Zum Klima des Innern von Angola. Met. Z. 43, 1926, p. 351 – 352
230. Kohler, G.: Verkehrsgeographische Übersicht von Afrika. Petermanns G. M. 100, 1956, p. 289 – 294
231. Korn, H., Martin, H.: The Pleistocene in South-West Africa. P. of the 3. Pan-African Cong. on Prehistory 1955, p. 14 – 22
232. Krenkel, E.: Geologie und Bodenschätze Afrikas. Berlin 1957, 613 p.,
233. Kriesis, P.: Nationale, regionale und örtliche Planung. Raumforschung und Raumordnung 1954, p. 215 – 223
234. Kuder, M.: Die Entwicklung Angolas im Zeichen der portugiesischen Eingeborenenpolitik. D. G. Bl. 47, Bremen 1955, p. 201 – 215
235. Laszlo, A.: Doctors, drums and dances. (Ein Bericht über eine Reise in Angola.) New York 1955, 284 p.
236. Leakey, L. S. B.: Tentative study of the Pleistocene climatic changes and stone age culture sequence in North-Eastern Angola. Companhia de Diamantes de Angola Publ. Culturais 4, Lisboa 1949, 82 p.
237. Leal, F. A.: A chuva artifical, condições mais favoraveis a sua produção na região da Barra do Cuanza. B. I. de Angola 4, 1954, p. 41 – 54
238. Legendre, S. J.: Okavango, Desert River. New York 1939, 300 p.
239. Leinz, V.: Ein Beitrag zur Kenntnis der Gesteine von Angola. M. Mineralogisch-Geol. I. Univ. Rostock, Rostock 1935
240. Lepersonne, J.: Observations geologiques dans le Nord de l'Angola et grands traits de la géologie du Congo occidental. B. S. Géol. Belge LXXIV 1951, p. B. 208 – 236
241. Lewis, Th.: The ancient Kingdom of Congo. G. J. 19, 1902, p. 541 – 560
242. Livingstone, D.: Extracts of letters from Kolobeng. J. R. G. S. London 20, 1851, p. 138 – 142
243. Livingstone, D., Oswell, W. C.: Latest explorations into Central Africa beyond Lake Ngami. J. R. G. S. London 22, 1852, p. 163 – 174
244. Livingstone, D.: Explorations into the interior of Africa. J. R. G. S. London 27, 1857, p. 349 – 387
245. Livingstone, D.: Missionary travels and researches in South Africa. London 1865
246. Loeb, E.: The Kuanyama Ambo. Anthropos. Fribourg 1946 – 1949
247. Maarleveld, G. C., van der Hammen, Th.: The correlation between Upper pleistocene pluvial and glacial stages. Geol. en Mijnbouw 21, 1959, p. 40 – 45
248. Maarleveld, G. C.: Über die pleistozänen Ablagerungen im südlichen Afrika. E. 1960, p. 35 – 46,
249. Machado, A. de Barros: Generalidades acerca da Lunda e da sua exploração biológica. Lisboa 1952, 107 p.
250. Mackenzie, L. A.: Report on the Kalahari expedition 1945. Pretoria 1946
251. Magyar, L.: Ladislaus Magyar's Erforschung von Inner-Afrika. Nachrichten über die von ihm in den Jahren 1850, 1851 und 1855 bereisten Länder Moluwa, Moropu und Lobal. Petermanns G. M. 1860, p. 227 – 237
252. Magyar, L.: Reisen in Süd-Afrika in den Jahren 1849 – 1857. Aus dem Ungarischen von Johann Hunfalvy. Pest und Leipzig 1859 (nur Bd. I erschienen).
253. Malkin, B.: Angola report. Pacific discovery 4, 1951, p. 19 – 25
254. Marquardsen, H.: Der gegenwärtige Stand der klimatischen Erforschung Angolas. (Niederschlagskarte.) M. aus den D. Schutzgebieten 30, 1917, p. 330 – 338

255. Marquardsen, H.: Studien über Angola. Zur Orographie Angolas. M. aus den D. Schutzgebieten 31, 1918, p. 197–201

256. Marquardsen, H.: Die französische Mission Rohan-Chabot in Südost-Angola. Petermanns G. M. 66, 1920, p. 99

257. Marquardsen, H., Stahl, A.: Angola. Berlin 1928, 172 p.,

258. Marques, A. S.: Os climas e as produções das terras de Malange á Lunda. In: Expedição portugueza ao Muatianvua 1884–1888. Lisboa 1889

259. Martin, H., Schalk, K.: Gletscherschliffe an der Wand eines U-Tales im nördlichen Kaokofeld, Südwestafrika. Geol. Rdsch. 1957, p. 571–575

260. Matos, N. de: A Provincia de Angola. Porto 1926

261. Mattos, N. de: Os Portugueses em Africa. Lisboa 1938

262. Maufe, H.: Some factors in the geographical evolution of Southern Rhodesia and neighbouring countries. South African G. J. XVIII, 1935, p. 3–21

263. Mechow, A. v.: Bericht über die von ihm geführte Expedition zur Aufklärung des Kuango-Stromes (1878/81). V. Ges. E. 1882, p. 475–489

264. Mechow, A. v.: Karte der Kuango-Expedition 1 : 81 200. Berlin 1884, 26 Blätter

265. Meira, M. T. V. de: Estâncias de altitude em Angola. B. Agron. Geral das Col. 5, Lisboa 1945, p. 170

266. Mello Geraldes, C. de: Contribution à l'etude des caractéristique des types commerciaux de cafés de l'Angola. B. Agron. Geral das Col. 6, 1930, p. 42

267. Mendes, A. M.: Subsidio para o estudo da peripneumonia contagiosa dos bovinos em Angola. Junta de Invest. do Ultramar. Estudos, Ensaios e Documentos 54, Lisboa

268. van der Merwe, C. R.: Ground-water lateritic soils (Outklip soils). T. 4. Int. Cong. Soil Sc. 1950

269. van der Merwe, C. R.: Soil Groups and Sub-Groups of South Africa. Dep. of Agric. and Forestry. Chemistry ser. 165. Pretoria 1941

270. Milheiros, M.: Etnografía Angolana. Luanda 1951

271. Miller, A. K., Carpenter, L. B.: Cretaceous and tertiary nautiloids from Angola. Junta de Invest. do Ultramar. Estudos, Ensaios e Documentos 21, Lisboa

272. Miln e, G.: Some suggested units of classification and mapping, particulary for East African soils. Soil Res. 4, 1935, p. 183–198.

273. Milne, G.: A provisional soil map of East Africa. Amani Memoirs 1936

274. Miranda, R. de: Alguns dados meteorológicos da zona norte da Colónia de Angola. A Terra 14, Coimbra 1935, p. 63–65

275. Miranda, R. de: A sismicidade de Angola no ano de 1945. Publ. do Museu Mineralógico e Geol. da Univ. de Coimbra. Mem. e noticias 21, 1948, p. 3–9

276. Mohl, H. von: Zauber gegen Gewitterschäden in Angola. A. Hydr. u. maritimen Met. 66, 1938, p. 470

277. Mohl, H. von: Witterungsverlauf am Ende der großen Regenzeit in N'Danga. Beobachtungstag: 26. April 1938. A. Hydr. u. maritimen Met. 68, 1940, p. 137–138, p. 180–181

278. Mohl, H. von: Wetterverlauf an einem Tag der „Windzeit" zu Beginn der Trockenzeit in N'Danga. Beobachtungstag: 24. Juni 1938. A. Hydr. u. maritimen Met. 68, 1940, p. 180

279. Moisel, M.: Die Grenzen des zentral- und westafrikanischen Urwaldes. M. aus den D. Schutzgebieten 30, 1917

280. Monteiro, J. J.: Angola and the river Congo. London 1875, 340 p.

281. Montenegro de Andrade, M.: Rochas graniticas de Angola. Junta de Invest. do Ultramar. Mem. Sér. Geol. IV, Lisboa 1954, 464 p.

282. Moura-Braz, - Cte: Subsidios para o estudo da situação geostratégica de Angola e Mocambique no sistema africano ao sul do equador. B. S. G. de Lisboa 67, 1949, p. 689–751

283. Mouta, F., Borges, A.: Sur l'existence et distribution du Karroo dans l'Angola. Cong. Geol. Int. C. r. XV, II Pretoria 1929, p. 186–209,

284. Mouta, F., O'Donnell, H.: Carte Géologique de l'Angola 1 : 2 000 000 República Portuguesa - Ministero das Colónias - Lisboa 1933

285. Mouta, F.: Sur la présence du Quaternaire ancien dans les hauts plateaux du Sud de l'Angola (Humpata - Leba). C. r. Sommaire des Séance de la S. Géol. de France 1950, p. 261 – 262

286. Mouta, F.: Carte Géologique de l'Angola. Int. Geol. Cong. XVIII, 1948, part. XIV, p. 118 – 130, London 1951

287. Mouta, F.: Le systeme du Karroo de l'Angola - Symposium sur les Séries de Gondwana. Cong. Géol. Int. XIX, Argel 1952, p. 224 – 231

288. Mouta, F.: Notícia Explicativa do Esboço Geológico de Angola. Junta de Invest. do Ultramar, Lisboa 1954, p. 148

289. Mundu, M.: Angola und der portugiesische Kolonialismus. Z. für Geopolitik 1958, p. 43 – 65

290. Nascimento, J. P. do: Exploração geográfica e mineralógica no districto de Mossamedes em 1894 – 95. Lisboa 1898

291. Nascimento, J. P. do: Meteorologia africana. Portugal em Africa 9, Lisboa 1902, p. 694 – 667, Portugal em Africa 10, Lisboa 1903, p. 17 – 25

292. Nascimento, J. P. do, Mattos, A. D.: A colonisação de Angola. Lisboa 1912

293. Nascimento, J. P. do: A colonisação do planalto de Benguella. Lisboa 1913

294. Nascimento, J. P. do: La colonisation du plateau sud d'Angola. B. S. G. Lisboa 33, 1915, p. 355 – 356

295. Nicolai, H.: Problèmes du Kwango. B. S. Belge d'Etudes G. 2, 1956, p. 247 – 275

296. Nogneira, A. F.: A Raça Negra. Lisboa 1880

297. Nolde, I. v.: Die Waldgebiete von Portugiesisch - Westafrika (Angola). Kolonialforstliche M. 5, 1942, p. 148 – 168

298. Nietsche, G.: Der Ursprung der jährlichen Überschwemmungen in Ovamboland. Mitteilungen aus den Deutschen Schutzgebieten 1913, p. 215 – 217

299. Oakes, H., Thorp, J.: Dark clay soils of warm regions variously called Rendzina, Black. Cotton Soil, Regurs and Tirs. Soil Sc. S. Amer. P. 15, 1950

300. Orchard, E. R.: Phosphate and organic matter as factores of fertility in African Soils. African Regional Scientific Conference. Johannesburg 1949

301. Paiva, A.: Expedição ao Bihé – Estudo do Planalto. B. S. G. Lisboa 14, 1895, p. 5 – 55

302. Paiva, A.: Relatorio da exploração do rio Cunene (1892). In: Artur de Paiva, Biblioteca Colonial Portuguesa no 13, vol. II, p. 5 – 54, Agencia Geral das Colónias, Lisboa 1938

303. Paiva Couceiro, H. de: Angola. Lisboa 1948

304. Passarge, S.: Die Hydrographie des nördlichen Kalaharibeckens. V. 7. Int. G. Cong. Berlin 1899, 2. Teil Berlin 1901, p. 774 – 776

305. Passarge, S.: Die Kalahari. Berlin 1904, 822 p.

306. Passarge, S.: Südafrika. Berlin 1908, 355 p.

307. Penteado, A. R.: O colonato da Cela (Angola), um exemplo de colonização branca na África negra. Sao Paulo 1950 – 1960. Anuário da Faculdade de Filosofia „Sedes Sapientae", da Pontífica Universidade Católica de S. Paulo, No. 17

308. Petermann, A.: Die Reisen von Ladislaus Magyar in Süd - Afrika. 1. Reise auf dem Congo - Strom 1848, 2. Reise nach Kamba und dem mittleren Kunene 1852. Petermanns G. M. 1857, p. 181 – 199

309. Pimentel, J. F. de Serpa: Clima do Congo. R. Portug. Col. Marit. Lisboa 21, 1897, p. 664

310. Pinto, F. A.: Angola e Congo. Lisboa 1888

311. Pinto, A. Serpa: Como eu atravessei a Africa. London 1881, 2 Bände, übersetzt von: Wobeser, H. v. „Wanderung quer durch Afrika", Leipzig 1881

312. Pires Monteiro, H.: Acção civilizadora dos Portugueses em Angola. B. S. G. de Lisboa 1948, p. 389 – 413

313. Poldervaart, A.: Kalahari sands. 3. Pan - Afr. Cong. on Prehistory 1955. 1957, p. 106 – 114

314. Pole Evans, J. B.: An expedition to Ngamiland, June – July 1937 Botanical Survey of South Africa Mem. 21, Pretoria 1948, p. 83

315. Polinard, E.: Considérations sur le systéme du Kalahari et ses dérivés au sud du Congo belge, entre le Kwango et le Katanga. Mém. I. R. Col. Belge, Section des Sc. Nat. et Médicales 17, No. 2, 1948

316. Portugal, J. B. de: Assistência meteorológica e geofísica às actividades económicas de Angola. Luanda 1955

317. Preez, J. W. du: Laterite: a general discussion with a description of Nigerian occurences. B. Agric. du Congo Belge XL, 1949, p. 53 – 66

318. Queiroz, X.: Os climas das regiões de Luanda, Vila Salazar, Nova Lisboa e Sá da Bandeira. Comparação de climas do litoral, de baixa altitude em Angola. A. I. de Medicina Tropical X, No. 3, p. 1703 – 1737, Porto 1953

319. Queiroz, X.: Valores medios mensais e anais representativos de elementos climaticos em Angola. Serv. Met. de Angola. Luanda 1955

320. Queiroz, X.: Variabilidade das chuvas em Angola. Serv. Met. de Angola. Luanda 1955

321. Randall, D.: Factors of Economic Development and the Okavango Delta. Chicago 1957, 253 p.

322. Range, P.: Geologie und Mineralschätze Angolas. Z. für praktische Geologie 1920, p. 181

323. Real, F.: Sur les roches kimberlitiques de la Luanda (Angola). B. do Museu e Laboratório Min. e Geol. Faculdade de Ciências da Univ. de Lisboa No. 26, Lisboa 1958

324. Rey, C. F.: Ngamiland and the Kalahari. G. J. 80, 1932, p. 281 – 308

325. Ribeiro, O.: Aspectos e Problemas da Expansão Portuguesa. Fundação da Casa de Bragança, Lisboa 1955, 20 p.

326. Ricardo, R. P.: Contribuição para o estudo da matéria organica das „Terras Negras" de Angola. Relatório final do curso de Engenheiro Agrónomo. I. S. Agron., Lisboa 1951 (Maschinenschrift)

327. Rohan-Chabot, I. de: Météórologie – Angola et Rhodesia (1912 – 1914). Mission Rohan-Chabot. Paris 1930, p. 139 – 167

328. Rohan-Chabot, I. de: Reise im südlichen Angola. Petermanns G. M. 58, 1912 II, p. 92 u. 284, 59, 1913 I, p. 28 59, 1913 II, p. 91 u. 209

329. Rohan-Chabot, I. de: Notes sur l'Angola. La G. 35, 1921, p. 1 – 16

330. Rohan-Chabot, I. de: Angola et Rhodesia. Paris 1923

331. Roque, A. B.: Contribuição para o estudo do clima do planalto de Moçâmedes. B. S. G. Lisboa 23, 1905

332. Roque, A. B.: Contribuiçáo para o estudo da meteorologia dos planaltos de Angola sob o ponto de vista da colonização branca. 2. Cong. Nac. Col. Lisboa 1924

333. Roque, A. B.: Contribuição para o estudo do clima do planalto de Angola sob o ponto de vista meteorológico e médico. B. S. G. de Lisboa 43, 1925, p. 167 – 174 44, 1926, p. 33 – 41

334. Van Rooy, M. P.: Influence of Berg-winds on the temperatures along the west coast of South Africa. Quart. J. R. Met. S. London 62, 1936

335. Santos, D. D.: Climatologia generalidades sobre Angola. Para o 1, Cruzeiro de Férias às Colónias Portuguesas, Luanda 1935, p. 13 – 24

336. Santos, V. Th. dos: Angola, Coração do Imperio. Lisboa 1945

337. Sarmento, A.: População indígena de Angola (sondagens e perspectivas demográficas). B. S. G. de Lisboa 66, 1948, p. 635 – 649

338. Schachtzabel, A.: Reise in das Hochland von Benguela 1913/14. Petermanns G. M. 67, 1921, p. 181 – 182

339. Schachtzabel, A.: Im Hochland von Angola. Studienreise durch den Süden Portugiesisch-Westafrikas. Dresden 1923,

340. Schapera, I.: The Khoisan peoples of South Africa. London 1930.

341. Schönfelder, E.: Südostangola und der westliche Caprivizipfel. Petermanns G. M. 81, 1935, p. 49–52, p. 87–89

342. Schokalskaja, S. J.: Die Böden Afrikas. Die Bedingungen der Bodenbildung, die Böden und ihre Klassifikation. Berlin 1953, 416 p.,

343. Schocklitsch, A.: Handbuch des Wasserbaues. Bd. I, Wien 1950, 475 p.

344. Schultze, L.: Aus Namaland und Kalahari. Jena 1907

345. Schulze, B. R.: The climates of South Africa according to the classification of Köppen and Thornthwaite. South African G. J. XXIX, Johannesburg 1947, p. 32–43

346. Schulze, B. R.: The climate of South Africa according to Thornthwaite's rational classification. The South African G. J. XL, 1958, p. 31–53

347. Schwarz, E. H. L.: The Kalahari or thirstland redemption. Cape Town 1920

348. Schwarz, E. H. L.: The control of climate by lakes. G. J. 57, 1921, p. 166–181

349. Seiner, F.: Ergebnisse einer Bereisung des Gebietes zwischen Okavango und Sambesi (Caprivizipfel) in den Jahren 1905 und 1906. Mitteilungen aus den Deutschen Schutzgebieten 22, 1909, p. 1–111

350. Seiner, F.: Ergebnisse einer Bereisung der Omaheke in den Jahren 1910–1912. M. aus den Deutschen Schutzgebieten 26, 1913, p. 225–316,

351. Seligo, H.: Der gewerbliche Mittelstand in Portugiesisch West- und Ostafrika. Studien und Berichte des Forschungsinstituts für Handwerkswirtschaft an der Universität Frankfurt, Studie No. 47, 1959, 42 p.

352. Selous, F. C.: Journeys into the interior of South Central Africa. P. R. G. S. London 3, 1881

353. Semmelhack, W.: Klimatabelle für Gandu (Angola). A. Hydr. und maritimen Met. 60, 1932, p. 393–394

354. Sharman, T. C.: Portuguese West Africa. Economic and comercial conditions in Portuguese West Africa (Angola). London 1954, 61 p.

355. Shaw, H. K.: The vegetation of Angola. The J. of Ecology 35, 1947, p. 23–48

356. Sieglerschmidt, R.: Das Klima der Nieder-Guinea-Küste und ihres Hinterlandes. M. aus den Deutschen Schutzgebieten 23, 1910, p. 1–43

357. Silva, A. F. da: Algumas observações meteorológicas na Serra da Chela. Rev. de Ensino 3, Luanda 1951, p. 31–40

358. Silva Correía, E. A. da: Historia de Angola. Lisboa 1937,

359. Silva Cunha, J. M. da: O Trabalho Indigena. Estudo de Direito Colonial. Lisboa 1955

360. Silva, V.: Impressões de trinta anos de clinica indígena sobre a Ancilostomiase nas diversas zonas climáticas de Angola. A. I. Medicina Tropical 9, Lisboa 1952, p. 1105–1112

361. Soares, J. G.: Contribuição para o estudo da permeabilidade de alguns solos de Angola. Relatório final do curso de Engenheiro Agrónomo. I. S. Agron. Lisboa 1953, (Maschinenschrift)

362. Sousa do Vale, F.: Extracto de Relatório. In: Prospecção pastoril na regiao Oncocua-Pediva. A. dos Serv. de Veterinaria e Indústria Animal No. extraordinário, Angola 1950

363. Sousa Monteiro, J. F.: Esboço dum reconhecimento agrológico nos concelhos da Barra do Bengo, do Dande e do Alto Dande. B. Agric. Pecuaria e Fomento do Governo da Província de Angola 3, Luanda 1909

364. Souveral, C. E. de: Introdução a um estudo sociológico de Angola. B. S. G. de Lisboa 70, 1952, p. 127–145

365. Sousa, E. A. G. de: Resumo das observações feitas durante os anos de 1901 a 1908 em Loanda. B. S. G. de Lisboa 21–27, 1903–1909

366. Sprigade, P., Schmidt, Groll, M., Nobiling, H., Rux, W.: Karte des Deutsch-Portugiesischen Grenzgebietes in Südwestafrika. M. aus den D. Schutzgebieten XXV, 1912, p. 330–331

367. Stahl, A.: Die Grundzüge der Schollentektonik Südwestafrikas. Z. der D. Geol. Ges. 79, 1927, B. Monatsberichte 3/4, p. 54–69, 3 Abb.

368. Statham, J. C. B.: From Mossamedes to the Victoria Falls. G. J. LXIII, 1924, p. 1 – 25
369. Statham, J. C. B.: Through Angola, a coming Colony, Edinburgh und London 1922, deutsch: Mit meiner Frau quer durch Afrika. Berlin 1925
370. Steel, R. W.: F. Debenham: Report on the Water Resources of the Bechuanaland Protectorate, Northern Rhodesia, The Nyassaland Protectorate, Tanganyika Territory, Kenya and the Uganda Protectorate (Rezension). G. J. CXV, 1950, p. 98 – 100
371 Stigand, A. G.: Ngamiland. G. J. LXII, 1923, p. 401 – 419
372. Stone, P. B.: An ambitious Portuguese Plan (Angola). African affairs 55, 1956, p. 320 – 325,
373. Stone, P. B.: New Development in S. Angola. The South African. G. J. 39, 1957, p. 55 – 60
374. Taljaard, J. J.: Mean circulation in the lower troposphere over southern Africa. South African G. J. 35, 1953, p. 33 – 45
375. Tams, G.: Die portugiesischen Besitzungen in Südwest-Afrika. Hamburg 1845, 205 p.
376. Taruffi, D.: L'Altiplano di Benguella ad il suo avvenire agricolo. Relazioni e monografié agrario coloniali. Firenze 1916
377. Taruffi, D.: O Planalto de Benguela e o seu futuro agrícola. B. S. G. de Lisboa 36, 1918, p. 194 – 196
378. Teague, M.: Portugal's permanence in Africa (Angola). The G. Mag. 28, 1955, p. 326 – 336
379. Teixeira, C.: Note paleontologique sur le Karroo de la Lunda, Angola. B. S. Geol. de Portugal XII, 1957 / 58, p. 83 – 91
380. Timmler, M.: Sträuben und Drängen in Angola. Übersee Rdsch. 11, 1959, p. 18 – 20
381. Tönjes, H.: Ovamboland. Berlin 1911
382. Du Toit, A. L.: The Geology of South Africa. 3. Ed. London 1954, 611 p.,
383. Tomaz dos Santos, A. C.: Perspectivas Economicas de Angola. Agencia Geral das Col. Lisboa 1949
384. Trapnell, C., Martin, J. D., Allan, W.: Vegetation – soil map of Northern Rhodesia. B. Agric. du Congo Belge XL, Bruxelles 1949, p. 482 – 532
385 Trense, W.: Auf Expedition in Angola. Übersee-Rdsch. 6, 1954
386. Tschirschky, C.: Agrarsoziale Probleme in Angola. Agrarsoziale Gesellschaft e. V., Materialsammlung 10, Göttingen 1957 (Maschinenschrift)
387. U. S. Board on Geographic Names: Angola. Official standard names approved by the Board. Prepared in the Office of Geography. Dept of the Interior. Washington D. C. 1956, 234 p.
388. Vageler, P.: Beobachtungen in Südwestangola und im Amboland. Z. G. für E. Berlin 1920, p. 179 – 193
389. Varian, H. F.: Some African milestones. Oxford 1953, 272 p.
390. Vasconcelos, E.: Colonias Portuguesas. Angola. Luanda 1953, Direcção dos Serviços de Economia
391. Vasconcelos, E. J. de C.: As Colónias Portuguesas. Lisboa 1921
392. Vasconcelos, E. J. de C.: Angola e Mocambique. Elementos para o estudo da sua climatologia. B. S. G. de Lisboa 41, 1923, p. 11 – 28
393. Vasconcelos, E. J. de C.: A meteorologia como auxiliar indispensável para o estudo da climatologia de Angola. Rev. Med. Angola, Luanda 5, 1923, p. 149 – 150
394. Vasconcelos, P.: Sur la découverte d'Algues fossiles dans les terrains anciennes de l'Angola. Int. Geol. Cong. XVIII, 1948, part XIV, p. 288 – 293, London 1951
395. Vasconcelos, P.: Reconhecimento geológico-minero do Alto Zambeze. Relatorio Final (1944 – 1949). Serv. de Geol. e Minas, Luanda 1949 (Maschinenschrift)
396. Vasconcelos, P.: A geologia geral do Alto Zambeze. B. geral das Colonias Lisboa 1950
397. Vasconcelos, P.: Relatório acerca da bacia hidrográfica do Zambeze. Serv. de Geol. e Minas, Luanda 1950 (Maschinenschrift)

398. Vasconcelos Pinto Goelho, A.: A divisão distrital da Provincia de Angola. Garcia de Orta 3, 1955, p. 56, Junta das Missões G. e de Invest. do Ultramar
399. Veatch, A. C.: Evolution of the Congo Basin. Geol. S. of Amer. Mem. 3, 1935
400. Vedder, H.: The Bergdama. in: The Native Tribes of S. W. A. Cape Town 1928
401. Vedder, H.: The Nama. in: The Native Tribes of S. W. A. Cape Town 1928
402. Vedder, H.: Das alte Südwestafrika. Berlin 1934
403. Velho, H. L. A.: Breve noticia sobre as terras negras de Catete. Communicação apresentada ao I. Cong. Nac. Cis. Agrárias. Lisboa 1943
404. Vowinkel, E.: Beitrag zur Witterungsklimatologie Südafrikas. Arch. für Met., Geophysik und Bioklimatologie, Ser. B. Allgemeine und biologische Klimatologie 7, 1955, p. 11 – 31
405. Walter, H.: Grasland, Savanne und Busch in den ariden Teilen Afrikas in ihrer ökologischen Bedingtheit. Jahrbuch für w. Botanik 87, 1939
406. Walter, H.: Die Farmwirtschaft in Deutsch - Südwest - Afrika. Berlin 1941
407. Walter, H, Volk, O.: Grundlagen der Weidewirtschaft in Südwestafrika. Stuttgart 1954, 281 p.
408. van Warmelo, N. I.: Notes on the Kaokoveld. Pretoria 1951
409. Wayland, E. J.: The study of past climates in tropical Africa. P. of the Pan Afr. Cong. on Prehistory 1947, p. 59 – 66
410. Weigt, E.: Europäer in Ostafrika. Klimabedingungen und Wirtschaftsgrundlagen. Kölner G. Arb. 6 / 7, 1954, 387 p.
411. Wellington, J. H.: A New Development Scheme for the Okowango Delta, Northern Kalahari. G. J. CXIII, 1949, p. 62 – 69
412. Wellington, J. H.: Zambezi – Okovango Development Projects. G. Rev. 39, 1949, p. 552 – 567
413. Wellington, J. H.: Niger and Okovango. Physical and human factors in their development. The South African G. J. XXXIV, 1952, p. 38 – 47
414. Wellington, J. H.: Tentative land classification of southern Africa. The South African G. J. 35, 1953, p. 16 – 25
415. Wellington, J. H.: Southern Africa. Cambridge 1955
416. Wellmann, F. C.: Report on the climate, natural history and disease incidence of the Angola highlands. T. Amer. Climatological Ass. 23, 1907, p. 21 – 39
417. Wells, L.: Angolan Safari. G. Rev. 30, 1940, p. 553 – 573
418. Welwitsch, F.: Forschungen im tropischen Westafrika. Petermanns G. M. 4, 1858, p. 566
419. Whittlesey, D. S.: Geographic Provinces of Angola. G. Rev. 14, 1924, p. 115 – 126
420. Wilhelm, J. H.: Das Wild des Okawangogebietes und des Caprivizipfels. J. of the South West African Sc. S. VI, 1931 / 32, p. 51 – 74, Windhoek 1933. J. of the South West African Sc. S. VII, 1949 / 1950, p. 1 – 71, Windhoek 1950
421. Wissmann, H. v., Wolf, L., Francois, C. v., Mueller, H.: Im Innern Afrikas. Die Erforschung des Kassai während der Jahre 1883, 1884 und 1885. Leipzig 1888, 2. Aufl. Leipzig 1891
422. Wissmann, H. v.: Unter deutscher Flagge quer durch Afrika von West nach Ost. Berlin 1889
423. Wolff, W.: Die Congo - Expedition. Reise von San Salvador zum Kiamvo Kassongo. M. der Afr. G. in D. IV, 1883 – 1885, p. 362 – 369, Tafel XII
424. Woods, D. H.: A journey into southern Angola. The J. of the Mountain Club of South Africa 60, 1957, p. 19 – 24
425. Wundt, W.: Niederschlag und Abfluß in Zusammenhang mit der Temperatur und der Lage der Trockengrenze. Petermanns G. M. 83, 1937, p. 72 – 75, p. 107 – 110
426. Zenner, F. E.: Mediterranean and tropical pluvials. P. of the Pan-Afr. Cong. on Prehistory 1947, p. 66 – 69, 1952
427. Angola - Rhodesien - Grenze. Petermanns G. M. 72, 1926, p. 178
428. Atlas de Portugal Ultramarino. Junta de Invest. do Ultramar, Missões Geográficas, Lisboa 1948

429. Angola. Província de Portugal em Africa. Luanda 1953, Edição da direcção dos serviços de economia. 207 p.
430. Portugal. Anuário Estatístico 1958. Lisboa 1959
431. Anuário Estatístico do Ultramar 1958. Lisboa 1959
432. Diario de viagem presidencial as províncias de S. Tomé e Principe e Angola em 1954. Lisboa 1955
433. O plano de fomento para 1953–1958. B. geral do Ultramar, Lisboa 1952, p. 3–55
434. Entwicklungsplan 1959–1964. Auszug aus dem Gesetzentwurf vom 11.4.1958 betr. die überseeischen Provinzen Portugals in Afrika. Anhang zu Afrika Informationsdienst, Bonn No. 13, 1958, 8 p.
435. Estatuto dos Indigenas Portugueses das províncias da Guiné, Angola e Moçambique. Decreto-Lei No. 39:666. Agencia geral do Ultramar. Lisboa 1954
436. Anuário Estatístico 1957. Província de Angola – Repartição de estatística geral. Luanda 1958, 287 p.
437. Inventário geral dos predios arrolados pelo censo 1950. Província de Angola – Repartição Técnica estatística geral. Luanda 1953, 318 p.
438. II. Recenseamento geral da população 1950. Província de Angola – Repartição de estatística geral. Luanda 1953, 5 Bd.
439. Regulamento da Junta de Povoamento Agrário da Cela. Governo Geral de Angola. Diploma Legislativo No. 2:910, Luanda 27.8.1958
440. Bibliografia meteorológica e geofisica de Angola. Reedição revista e aumentada no Serviço Meteorológico de Angola da Bibliografia preparada sob a direcção do Prof. Dr. H. Amorim Ferreira. Serv. Met. Luanda 1957
441. Meteorologische Beobachtungen im alten Königreich Kongo. Met. Z. 19, 1902, p. 485–486
442. Monatsmittel der Temperaturen und Wasserstände des Okawango bei Kuring-Kuru. M. aus den D. Schutzgebieten 26, 1913, p. 180
443. Loanda. Graphische Darstellungen der Windhäufigkeiten 1901–10. B. oficial da Província de Angola No. 24, 1915
444. Um estudo meteorológico de Angola. B. S. G. de Lisboa 35, 1917, p. 25–40
445. Os climas planalticas de Angola aproveitáveis para a instalação de estâncias sanitárias de altitude. Rev. Med. de Angola, Luanda 1923, p. 209
446. Velocidade e direcção do vente deduzidas das sondagens aerologicas. 1933–1936. Observatório Meteorológico e Magnético „Joao Capêlo", Luanda
447. Elementos meteorológicos e climatológicos. Angola (bis 1952 jährlich). Província de Angola, Serviço Meteorológico, Luanda
448. Observações meteorológicas de superfície em Angola (ab 1953 jährlich). Serv. Met. de Angola, Luanda
449. Observações meteorológicas de altitudo em Angola (jährlich). Serv. Met. de Angola, Luanda
450. Distribuição da precipitação na província de Angola. Esboço da carta udométrica. Serv. Met. de Angola, Luanda 1952
451. O clima de Angola. Serv. Met. de Angola, Luanda 1955, 53 p.,
452. Resultados das observações meteorológicas (monatlich). Serv. Met. de Angola, Luanda
453. Carta de solos e carta de aptidão para regadio da „Zona de Capelongo" (Alto Cunene, Angola). Junta de Invest. do Ultramar Mem. Ser. de Pedologia Tropical II, Lisboa 1954, 129 p.,
454. Uma experiência de colonização em Angola. Companhia do Caminho de Ferro de Benguela. Relatório de 1944 e 1945
455. Lobito en de Benguella spoorweg. G. Tijdschr. 10, 1957, p. 187–191
456. Anschluß der Benguela- an die Katangabahn. Petermanns G. M. 77, 1931, p. 148
457. Basic data on the economy of Angola. U. S. Bureau of Foreign Comm. World Trade Information Service Economic rep. Part 1, No. 5751, 1957, 16 p.,
458. Auf der Suche nach Öl in Angola. Erdöl-Nachrichten 61, 1954
459. Lexique stratigraphique international Afrique IV fasc. 7b Angola (par F. Mouta). Centre National de la Recherche Scientifique, Paris 1956, 54 p.

Karten

460. Carta do Sul de Angola 1 : 500 000. Ministerio das Colonias, Comissão de Cartografia. Folha 1: 1929, Mossamedes –, Sá da Bandeira, Folha 2: 1932, Pereira de Eça
461. Carta de Angola 1 : 1 500 000. Ministerio das Colonias, Junta das Missões Geográficas e de Investigações Coloniais. Folha 1: 1935, Folha 2: 1934, Folha 3: 1934, Folha 4: 1933.
462. Afrika – Africa 1 : 1 000 000, World 1 : 1 000 000. Geographical Section, General Staff, Unie van Suid-Afrika 1943–1949
463. Carta de Angola 1 : 2 000 000. Missão Geográfica de Angola, Missão Hidrográfica de Angola, Serviços Geográficos e Cadastrais, Missões de Fronteira. Luanda 1948
464. Carta de Angola 1 : 2 000 000. Ministerio do Ultramar, Junta das Missões Geográficas e de Investigações do Ultramar. Lisboa 1956
465. Carta da Província de Angola 1 : 250 000. Ministério do Ultramar, Junta das Missões Geográficas e de Investigações do Ultramar. Lisboa 1945–1953 (13 Blätter)
466. Carta de Angola 1 : 100 000. Ministério do Ultramar, Junta das Missões Geográficas e de Investigações do Ultramar. Lisboa, seit 1958 fortlaufend.

Nachtrag

Canto, B. do: A questão dos gémeos nos Miseke de Luanda. Estudos Etnográficos 1. Mem. e Trabalhos do I. de Invest. Científica de Angola 2, 1960, p. 91–107

Canto, B. do: A pesca na lagoa Panguila e defumação do peixe. B. do I. de Angola 1961, 9 p.

Cardoso, C. L.: Contribuição para o estudo crítico da bibliografia do conto popular das etnias Angolanas. Estudos Etnográficos 1. Mem. e Trabalhos do I. de Invest. Científica de Angola 2, 1960, p. 13–89

Coelho, M. A. T.: Contribuição para o estudo da habitação indígena de Silva Porto. B. do I. de Angola 1961, 11 p.

Cortes, J.: A habitação dos Axiluanda. Estudos Etnográficos I. Mem. e Trabalhos do I. de Invest. Científica de Angola 2, 1960, p. 145–175

Estermann, C.: O sentido da justiça como reflexo de alguns contos colhidos entre os bantos do sudoeste de Angola. B. do I. de Angola 1961, 15 p.

Hauenstein, A.: Le serpent dans les croyances de quelques tribus de l'est et du sud de l'Angola. Estudos Etnográficos 1. Mem. e Trabalhos do I. de Invest. Científica de Angola 2, 1960, p. 217–234

Martins, J.: O simbolismo entre os pretos do distrito de Cabinda. B. do I. de Angola 1961, 25 p.

Schönberg-Lothholz, I.: Die Karawanenreisen der Tjiaka um 1900. Estudos Etnográficos 1. Mem. e Trabalhos do I. de Invest. Científica de Angola 2, 1960, p. 109–128

Silva, L. da: Embarcações e utensílios de pesca dos ilhéus de Luanda (um estudo sobre aculturação). Estudos Etnográficos 1. Mem. e Trabalhos do I. de Invest. Científica de Angola 2, 1960, p. 177–215

Sousa Santos, A. de: Subsidio etnográfico do povo da ilha de Luanda. Estudos Etnográficos 1. Mem. e Trabalhos do I. de Invest. Científica de Angola 2, 1960, p. 129–143

Photographien

Photo 1 **Vila Serpa Pinto – boca de sertão.**

Der im Aufbau begriffene Ort ist Endpunkt der 1961 fertiggestellten, 746 km langen Moçâmedes-Bahn.

(Aufgenommen am 23. 4. 1959)

Photo 2 **Küstenebene mit Dorn- und Sukkulentensavanne**

In der Trockenlandschaft vor der Randschwelle ist 10 km südlich von Luanda Adansonia digitata vorherrschend.

(Aufgenommen am 7. 11. 1958)

Photo 3 **Quarzitberge 70 km nordwestlich von Nova Lisboa.**

Härtlinge aus Oendolongo-Quarziten überragen die 1700 m - Fläche, die hier durch rückschreitende Erosion der zum Atlantik führenden Abdachungsflüsse zerstört wird.

(Aufgenommen am 24. 12. 1958)

Photo 4 **Inselberglandschaft 15 km westlich von Bimbe.**

Im Bereich der Randschwelle südlich des Cuanza bilden Inselberge die gigantische Kulisse der Landschaft. Die flachen, vernäßten Niederungen sind mit mehrere Meter mächtigen Humusböden erfüllt, die keine Überdeckung durch Schichtfluten zeigen. Kolloid - solvatative Vorgänge müssen den Massentransport bewirken.

(Aufgenommen am 26. 5. 1959)

Photo 5 **Kimbu Liliengue 40 km nördlich von Cuchi.**

Derartige Großdörfer der Ganguelas sind durch Palisaden in einzelne Hüttenkomplexe untergliedert. Im Brandrodungswanderhackbau abgewirtschaftete Flächen umgeben die Dörfer.

(Aufgenommen am 22. 4. 1959)

Photo 6 **Eingeborenendorf bei Vila Nova.**

Im dichtbesiedelten Kulturland Mittelangolas liegen die Hütten in Streulage innerhalb der genutzten Flächen. Im Vordergrund offengelassene Felder mit dürftigem Sekundärbusch.

(Aufgenommen am 12. 12. 1958)

Photo 7 **Felsburgen auf der 1700 m - Fläche bei Vila Robert Williams**

Die 1700 m - Fläche hat eine lange terrestre Entwicklung durchgemacht; die Böden sind stark degradiert. Wald fehlt weitgehend. Felsburgen zeugen von einer früheren Phase der Inselbergbildung

(Aufgenommen am 29. 11. 1958)

Photo 8 **Der Trockensavannenwald Südostangolas bei Cuchi.**

Als Berlinia - Brachystegia - Combretum überziehen die Panda - Wälder die Fluß - Kalahari Südostangolas. Im Hintergrund die Quarzitberge nördlich von Cuchi.

(Aufgenommen am 21. 4. 1959)

Photo 9 Der Cubango bei Richo riacatento.

10 km oberhalb von Caiundo durchbricht der Cubango in einer Engtalzone einen Quarzitzug; das Wasser schießt durch ein Tor von nur 33 m Breite.

(Aufgenommen am 15. 2. 1959)

Photo 10 Der Cubango 20 km westlich von Cuangar.

Als Fremdlingsfluß in einem semiariden Gebiet sedimentiert der Cubango hier noch nicht auf; erosiv schneidet er sich in die anstehenden Kittquarzite ein.

(Aufgenommen am 7. 2. 1959)

Photo 11 **Versandung des Cambumba-Tales durch Flächenspülung.**

Während sich die großen Flüsse noch erosiv eintiefen, ersticken unter den heutigen klimatischen Verhältnissen die kleinen Bäche im Sand. Das lokale Entwässerungsnetz stirbt ab unter Bildung von Chanas; das sind vernäßte Grasfluren.

(Aufgenommen am 20. 4. 1959)

Photo 12 **Das Tal des Longa 30 km nördlich von Baixo Longa.**

An dieser Stelle tritt der Fluß aus der flachen weiten Talung in einen kastenförmigen Engtalabschnitt ein. Der Longa schneidet sich hier antezedent in ein Hebungsgebiet ein.

(Aufgenommen am 18. 4 1959)

Photo 13 **Das Tal des Cuito bei Cuito Cuanavale.**

Der Fluß mäandriert mit starker Strömung in der vernäßten Talaue. Die weiten, sandigen Rücken sind bestanden mit Trockensavannenwald. Galeriewälder fehlen.

(Aufgenommen am 16. 4. 1959)

Photo 14 **Der Wasserfall Chipupa Chalomba.**

Konglomerathaltige Eisensandsteine durchragen am Rio Lomba die Kalahari-Decksande. Über diese harten Schichten stürzt das Wasser 8 – 10 m hinab.

(Aufgenommen am 2. 4. 1959)

Photo 15 **Die 5,8 km breite Talung des Cuando bei N'Riquinha.**

Bis zum jenseitigen waldbestandenen Steilufer reicht der verkrautete Fluß. Gebüschgruppen stehen auf ehemaligen Termitenbauten.
(Aufgenommen am 5. 4. 1959)

Photo 16 **Auf dem Cuando bei N'Riquinha.**

Ein Dickicht von Papyrus, Phragmitis und Nymphaea überzieht die weite, überschwemmte Talaue.
(Aufgenommen am 6. 4. 1959)

Photo 17 **Die Überschwemmungssavanne von Chitenge.**

Wegen der Vernässung in der Regenzeit gedeihen Bäume nur auf höheren, trockenen Standorten.

(Aufgenommen am 9. 4. 1959)

Photo 18 **Die Überschwemmungssavanne von Chitenge.**

Auf kleinen Erhebungen, ehemaligen Termitenbauten, wachsen Phoenix- und Hyphaenepalmen.

(Aufgenommen am 9. 4. 1959)

Anhang

Zur Geologie und Petrographie des südöstlichen und mittleren Angola *)

von Robert Martens, Hamburg

Für den behandelten Raum weist die geologische Übersichtskarte 1 : 2 000 000 gemäß den Richtlinien für die Internationale Geologische Karte von Afrika als Zusammenfassung der Kenntnisse im Okavango-Becken vorwiegend Ablagerungen des mittleren Kalahari bis Rezent nach, die im Westen des Gebietes am Rande der Benguela-Schwelle von Eruptivgesteinen präpermischen und präkambrischen Alters abgelöst werden sollen. Die geologischen Verhältnisse im südöstlichen Angola sind nach *Mouta* und anderen auch heute noch fast völlig unbekannt. Der Bericht von *Guerra* kann wegen der erforderlichen Ortskenntnisse nicht verwertet werden. Die Struktur von Canata im mittleren Angola wird von *Mouta* als postpermische Intrusion von Nephelin-Syeniten gedeutet.

Eruptive Komplexe

Die Struktur von Canata

Den 80 km² großen Kessel nordnordwestlich von Silva Porto begrenzen randliche Bergzüge bis zu 130 m relativer Höhe im Norden, die zum Süden hin allmählich auf 380 m relative Höhe ansteigen. Der ebene Talboden geht im nördlichen Halbrund durchweg über eine schmale Fußfläche stetig in mäßig geböschte Hänge über, während im südlichen Halbrund die maximal 10° geneigte Fußfläche gegen Steilhänge stößt, die örtlich durch Hangkessel karartig untergliedert sind. Der Rio Canata und Lonjamba durchbrechen vereint im Westen die Randhöhen.

Bei der Missionsstation Chilesso streichen am Durchbruch des Rio Canata oberhalb der Brücke Gesteinsbänke von 1 - 2 m Breite und 10 - 15 m Länge bei 30 - 80 cm Höhe über 800 m nordöstlich. Der Mineralbestand des Syenit ändert sich auf kurze Entfernung sehr rasch; zum Kessel hin wächst der Anteil der Augite. Feldspatgänge durchtrümmern das mäßig geklüftete Gestein. Die Fließstrukturen werden unter spitzen bis stumpfen Richtungen geschnitten. Die bankigen Rücken fallen steil nach SO ein. Unterhalb der Brücke herrschen statt abgerundeter Gesteinsrücken kantige und plattige Felsen vor. Dort treten hochbasige ($p_H = 10$) Schwefelwässer von 40 - 50° aus. Über Sinterterrassen nordwestlich dieser Quellen fließt der Rio Canata aus dem Kessel heraus.

Im Hang des Essale (1915 m) liegen Syenitblöcke regellos bis 1 800 m Höhe verteilt. Sie zeigen nur schwache Verwitterungsrinden. Der Berghut wird aus Eisenerzen aufgebaut.

Der Kern und Gipfel des Selegete (1 688 m) besteht aus titanhaltigen Eisenerzen und wird fußwärts von verbackenen Konglomeraten begleitet. Stark zerstörter Granit oder Tuff steht am Fuß in aufgelöster Form an. Die Bergspitzen der südöstlichen Umrandung Atudua 1 857 m, Catuculuca 1 813 m, Chimbambala 1 665 m und namenlose Gipfel östlich Punkt 1 618 m werden aus Syeniten aufgebaut, der wahrscheinlich als Blockschutt subkutan in den nordexponierten Hangkesseln fließt.

*) Bearbeitet nach den mitgebrachten Gesteinsproben und dem Expeditionstagebuch von Dr. Günter Borchert.

Die Proben sind durch starke Verwitterung zum Teil in ihrem ursprünglichen Mineralbestand nicht mehr erkennbar.

Probe 34: Chilesso

Das hellgrün-schwarze Gestein mit hypidiomorph-feinkörniger Textur ist relativ frisch erhalten und kompakt. Die hohen Ägerin-Anteile werden von grüner Hornblende begleitet, die oft in Chlorite abgebaut ist. Biotit fehlt; Diopsid und Nephelin sind geringfügig vorhanden; auffällig sind zahlreiche Titaniteinschlüsse: ausgeprägter Ägerinsyenit.

Probe 35: Chilesso

Das graugrün-schwarze Gestein mit gut ausgebildetem Implikationsgefüge zeigt partiell ein Entflockungsbild. Neben monoklinem Augit (teils zersetzt) tritt gemeine Hornblende auf, die örtlich in Biotite und Chlorite umgewandelt ist. Nebengemengteil ist Melilith; sehr selten treten Titaniteinsprenglinge auf; zahlreiche verzwillingte Feldspäte bestimmen das Bild des Augitsyenites.

Probe 36: Chilesso

Das hellgrau-weiße Gestein mit porphyrischer Struktur ist grobkörnig strukturiert. Augite treten zurück, Anorthoklas und selten Anorthosit herrschen vor. Hornblenden mit Diopsidkern und Ägerinsaum werden selten beobachtet. Feldspattafeln sind fluidal angeordnet: Alkalisyenitporphyr.

Probe 37: Essale

Das dunkelbraune Brauneisenerz ist von Relikten eines augithaltigen Sodalith-(?) -syenites durchsetzt. Der Feldspat liegt als Anorthoklas (?) vor. Sämtliche Mineralien sind weitgehend zersetzt; die ehemalige Textur ist nicht einwandfrei erkennbar.

Probe 38: Fuß des Selegete

Das lockere, rötlich-weiße Gestein zeigt keine ausgeprägte Textur, sondern eine gelbstichige, erdige Natur. Es überwiegen die amorphe Grundmasse mit vereinzelten Augiten und Feldspäten neben Riebeckit (?); sie ist vererzt mit Hämatit und Titanit.

Probe 39: Selegete

Das massige bis kristalline Erz birgt in seinen Zwischenräumen eine grauweißrötliche Grundmasse: Leukoxen (?). Es ist an der Oberfläche Hämatit, Titanit und Goethit ausgebildet. Geringe Quarzanteile löschen undulös aus. In der stark zersetzten Grundmasse sind Überreste von grüner Hornblende und Biotit enthalten: Titanomagnetit mit unbestimmten Resten.

Probe 40: Selegete

Gediegenes Titanomagnetit in oft holokristalliner Form steht in Blöcken oder gewachsen an. Die mittlere Zusammensetzung dreier nicht repräsentativer Proben ergab:

Titanomagnetit	42 %	
Hämatit	36 %	
Eisenocker	9 %	
Ilmenit		in Spuren
Chromit		in Spuren
Unbestimmt	13 %	
	100 %	

Das Innere der Struktur von Canata ist unbekannt; bei vergleichbaren Ringkomplexen besteht der Kern aus karbonatischen Gesteinen (Bailundo). Der Mineralbestand der Alkalisyenite in der Umrandung ist auffällig mannigfaltig: Augit-Ägerintypen wechseln mit Sodalith-Syeniten und Hornblende-Augit-Syeniten. Diese Gesteine überwiegen im südlichen Halbrund und werden im Westen der Struktur durch ausgezeichnete Fließstrukturen gekennzeichnet. Große massige Vorkommen von Titanomagnetit (und Brauneisen), die örtlich mit Ilmenit und Hämatit vergesellschaftet sind, durchsetzen den Stock im Norden, Westen und Süden, während im Osten Syenitaufragungen aus der tiefgründigen Verwitterung herausragen. Die Erzlager sind auffällig als Höhen herausgewittert.

Fraglich in der Gesteinszuordnung bleiben die Proben 38 vom Fuß des Selegete, die makroskopisch als Tuffe einer alkalischen Lava, jedoch mikroskopisch als stark zersetzter Alkali-Granit-Porphyr (Riebeckit, Reliktstrukturen (?), Leukoxen) anzusprechen sind.

Die Anordnung der Höhen in der Umrandung und ihre vorgelagerten Randsenken im Osten lassen als vorherrschende Streichrichtungen SW-NO und NW-SO vermuten, was mit dem allgemeinen Bauplan der Benguela-Schwelle übereinstimmt. Innerhalb der ringartigen Einsenkung schütten die heutigen Flüsse schwach auf. Aufschüttung, schwefelhaltige Thermalquellen und Randsenken können auf jüngere tektonische Bewegung hindeuten, was mit den Hinweisen vom südöstlichen Rand der Benguela-Schwelle vereinbar ist.

Aus der Verknüpfung der morphologisch-tektonischen Beobachtungen mit den petrographischen zeichnet sich für die Ringstruktur von Canata das Bild eines freigelegten Alkaliplutons ab. Das gemeinsame Auftreten von Gesteinen in ultrabasischer bis basischer Ausbildung, die der Kali- und Natronreihe nahestehen, weist auf eine eventuell zweiphasige Entwicklung des Vorkommens hin, das seinem Typ nach vermutlich in die Gruppe der Liquidmagmatischen- bis Übergangslagerstätten zu stellen ist. Das Alter der Struktur wird von *Mouta (Lit. 288)* mit postpermisch angenommen. Beachtet man die Ausbildung der Gesteine und die morphotektonischen Erscheinungen im Rahmen der tektonischen Geschichte der Benguela-Schwelle bei einem Vergleich mit den Necks von Bailundo und Mungo, so ist ein kretazisch-tertiäres Alter denkbar.

Der Rand der Benguela-Schwelle bei Vila Serpa Pinto

Der Hochebene um Serpa Pinto sitzen im Westen zwei einzelne Kuppen auf, die Blockmeere tragen. Die Blöcke zeigen deutlichen Windschliff, was auch für die Vorkommen in einer kuppenreicheren Gegend mit weitgespannten Rücken an der alten Straße nach Caiundo gilt. Auf den Gesteinsoberflächen fallen längliche Rillen auf. Der Rio Luahuca legt oberhalb des Ortes im Bachbett den Untergrund frei, der in der oberen Flußstrecke nach 10 km Schnellen bildet. Örtlich treten Eruptiva mit einem Steilrand an den Fluß heran. Auch im Rio Cuebe bedingen eruptive Gesteine (Porphyre) im und oberhalb des Ortes Stromschnellen. Dieses Gebiet südlich und westlich von Vila Serpa Pinto wird durch einen außerordentlichen Wechsel der Gesteine gekennzeichnet. Der gangdurchtrümmerte Komplex aus Erstarrungs- und Ergußgesteinen ist im Bereich der Quarzgänge sekundär mit Kupfer vererzt, das weiter südlich an der alten Straße nach Caiundo, wiederum an Quarzgänge geknüpft, inmitten von Doleriten auftritt.

Probe 1: 6 km W Vila Serpa Pinto, unweit des Rio Luahuca

Das dunkelrote Gestein mit porphyrischer Textur ist relativ frisch und kompakt erhalten. In mafitischer holokristalliner Grundmasse kommen Nephelin und Sanidin im linearen Verhältnis 1 : 3 vor. Der restliche Mineralbestand ist einem Trachyt angeglichen: Trachytdolerit mit phonolithischem Anklang.

Probe 2: 6 km W von Vila Serpa Pinto bei der katholischen Mission

Das lichtfleischrote Gestein ist hypidiomorph-grobkörnig bei relativ gleicher Korngröße; die Feldspäte sind besonders idiomorph: Biotitgranit.

Probe 3: 6 km W von Vila Serpa Pinto bei der katholischen Mission

Das grünlich-weiße Gestein von wechselkörniger Beschaffenheit hat ein Verhältnis von Oligoklas zu Orthoklas wie 5 : 1. Der höhere Quarzanteil und das geringere Auftreten von Biotit sprechen für einen Granodiorit.

Probe 4: 8 km SW von Vila Serpa Pinto an der neuen Straße nach Caiundo

Das rötlich-weiße Gestein zeigt eine gleichkörnige richtungslose Textur mit überwiegend Biotit unter den Mafiten; das Mengenverhältnis von Plagioklas zu Orthoklas beträgt 1 : 2; auch der Quarzanteil entspricht den vorliegenden Verhältnissen eines Alkalikalkgranites.

Probe 5: 25 km S von Vila Serpa Pinto an der alten Straße nach Caiundo

Die grünlich-schwarze Grundmasse von feinkörniger gleichmäßiger Beschaffenheit enthält Plagioklas und Pyroxen mit Erzeinlagerungen. Hornblenden-Basalt mit Spuren von glasigen Bestandteilen.

Probe 6: 25 km S von Vila Serpa Pinto an der alten Straße nach Caiundo

Die graugrüne relativ grobkörnige Grundmasse entspricht in ihrer Zusammensetzung außer zusätzlichem Apatit Nr. 5: Dolerit.

Die petrographische Beschaffenheit der Proben stimmt in Bestand, Struktur und Textur mit den in der Literatur geschilderten Vorkommen außerhalb des untersuchten Gebietes überein. Die Einstufung bleibt wegen mesozoischer Krustenbewegungen *(Beetz, Lit. 47, 48)* mit möglichen Ergüssen unbeantwortet.

Eruptiv-sedimentärer Komplex

Der Rand der Benguela-Schwelle bei Caiundo

In der Gegend nördlich des Zusammenflusses des Rio Cuebe und Cubango bei Caiundo lagern Sedimente des Oendolongo und mittleren Kalahari bis Rezent den fraglichen präpermischen Komplexen auf. Im Bereich der Stromschnellen von Muculungungo streichen mäßig zerklüftete, frische (!) Gesteine felsig aus, während eine lehmige Verwitterungsdecke mit autochthonen Gesteinsstrukturen um Caiundo ansteht. Porphyritische und dunkle Gesteine ragen scharfkantig aus Sanden und Tonen heraus, bauen über mehrere hundert Meter Weges im Flußbett Schnellen auf und erheben sich als niedriger Höhenrücken im Westen. Flußabwärts streichen quer zum Lauf des Cubango quarzitische Sandsteine und grobkörnige, geröllhaltige Arkosen. 10 km oberhalb Caiundos verengt sich der Cubango auf 32 m wegen querstreichender Quarzite, die hier, am Richo riacatento, einen gebankten und geklüfteten Steilrand verursachen. Am Rio Cuebe treten unter Sanden stark verkieselte Sandsteine zu Tage, die gegen Nordwesten ebenfalls von den Decksanden wieder entblößt sind. An der neuen Straße nach Vila Serpa Pinto zeigt sich auf kleinem Raum ein lebhafter Wechsel eruptiver Gesteine, unter denen ein nordsüdstreichender, 4 m breiter Porphyrgang auffällt; Porphyre sollen ebenfalls querab am Rio Cuebe anstehen.

Probe 7: 22 km NW Caiundo, Stromschnellen Muculungungo

In dem graugrün-schwarzen Gestein mit grobkörnigem Gefüge sind vorwiegend grünlicher idiomorpher Orthoklas und farbloser Diopsid von kurzstengeliger Hornblende umschlossen; Quarz fehlt. Das Mengenverhältnis spricht für einen Amphiboldiorit.

Probe 8: 22 km NW Caiundo, Stromschnellen Muculungungo

Das dunkelrote Gestein mit porphyrischem Gefüge in lagiger Ausrichtung enthält in der Grundmasse neben Kalifeldspat bräunlich-rote Oligoklase, dunkelgraue Einsprenglinge mit Mafiten und Quarz: Quarzporphyr.

Probe 9: 22 km NW Caiundo, Stromschnellen Muculungungo

Das grünliche Gestein mit porphyrischer Textur wird in der Grundmasse aus Feldspäten und Mafiten von hellen Schlieren durchzogen, daneben treten Hornblendeneinsprenglinge auf: Porphyrit.

Probe 10: 10 km NW Caiundo, Richo riacatento

Das rotbraune Gestein mit granoblastischem Gefüge zeigt eine beginnende lagige Einreglung. Neben vorherrschendem Quarz kommen auch Feldspäte und Glimmer vor: Quarzit.

Probe 11: 1 km E Caiundo, Steilkante

Das weißliche Gestein mit dichtem regellosen Gefüge ist mittelkörnig und von schwärzlichen Schlieren durchzogen. Es umschließt mit Hämatit verkittete Sande. Der gesamte Kalk mit Magnesium-Karbonaten ist im hohen Maß silifiziert: silifizierter Kalksandstein.

Probe 12: 1 km E Caiundo, Steilkante

Das bräunliche Gestein besteht in seiner Grundmasse aus Tonen, die von einem feinkristallinen silikatischen Bindemittel durchtrümmert sind. Ein geringer Glimmergehalt zeichnet das wechselnd harte Gestein aus: Glimmertonstein.

Probe 13: 18 km NE Caiundo, nahe der Straße nach Vila Serpa Pinto

Das rotbraune Gestein birgt in seiner grünlichen glimmerreichen Grundmasse aus Tonen scharfkantige Trümmer rötlicher Gesteinsfetzen, die sich als Feldspat-Quarzgemische ausweisen: stark verkieselte Tonbrekzie.

Probe 14: 16 km NE Caiundo, 300 m östlich der Straße

Das graugrüne Gestein enthält in seiner dichten Grundmasse aus Plagioklasen und brauner Hornblende vereinzelt Einschlüsse von basaltischem Augit: olivinfreier Hornblendenbasalt.

Probe 15: 16 km NE Caiundo, 300 m östlich der Straße

Das violett-weißliche Gestein mit sehr dichtem Gefüge ist leicht gebändert und wird von Mafiten durchsetzt. Stellenweise ist ein mosaikähnliches Gefüge ausgebildet; toniges Material (Kaolinit ?) ist feinverteilt: dolomitisiertes und silifiziertes Tongestein.

Probe 17: 10 km NW Caiundo, Richo riacatento

Die Probe ist identisch mit Nr. 10 außer dem Vorkommen einer Quarzdruse.

Das Auftreten verschiedenartiger Gesteinsarten im Raume Caiundo deutet auf eine enge Verzahnung des kristallinen Sockels mit seiner sedimentären Umgebung hin. Das isolierte Auftauchen von Ergußgesteinen (Nrn. 8 und 9) und kontaktmetamorphen Gesteiinen (Nrn. 10 und 17) in Ablagerungen des Oendolongo- und Kalaharisystems am Unterlauf des Rio Cuebe und ein fraglicher Kontakt (?) (Nr. 15

auf Nr. 14 bei 30 m Zwischenschicht) sprechen für einen jüngeren möglichen Subvulkanismus. Wenn eingehendere Untersuchungen ein diskordantes Schneiden der Ablagerungen des Oendolongo und Kalahari durch die Eruptiva nachweisen sollten, könnte man ein infrakretazisch-pliozänes Alter vermuten.

Sedimentäre Komplexe

In der weiten Talaue des mäandrierenden Rio Longa sind nördlich der Straßenbrücke Longa — Baixo Longa auf 800 m Länge Sandsteine erschlossen, die an den Talflanken nördlich der Straße Serpa Pinto — Longa von Quarziten abgelöst werden. Unweit der obigen Brücke über den Rio Longa werden an der Straße nach Baixo Longa Mangankrusten angetroffen, die von Kaolinsanden unterlagert werden. Gegen Norden gehen die Mangankrusten in Konkretionen über. Der Unterlauf des Rio Longa liegt in Quarziten, die hier eigentümlicherweise stärker zersetzt sind und teils erdige Beschaffenheit annehmen. Die Quarzite tauchen 6 km südlich Baixo Longa unter Sanden ab. Die Blöcke im Flußlauf sind mit Manganhäuten überzogen.

Die Talflanken des östlich gelegenen unteren Tiengo werden gleichfalls von Quarziten aufgebaut, die quellwärts von verfestigten Sandsteinen an den Hängen und im Flußbett als Riffe ersetzt werden, wo sie häufig mit schwarzgrauen Glimmertonen verdeckt sind. Unterhalb der Ortschaft Cuito Cuanavale sind auf 2 - 3 km Länge in einem Steilhang des Rio Cuito verfestigte Sandsteine erschlossen; im Südwesten streichen am Rio Sobi bei der Straße Cuito Cuanavale — Baixo Longa Quarzite aus, wo sie einen langgestreckten Rücken in der Talaue bedingen. 300 m nördlich der Straßenquerung des Rio Cuito in Cuito Cuanavale werden nochmals manganhaltige Sande in der Talaue beobachtet. Der obere Rio Lomba hat seine 30 - 40 m tiefe Talung unterschnitten und ein 15 - 20 m steil eingetieftes Kerbtal geschaffen. Die Wasserfälle von Chipupa Chalomba mit 8 - 10 m freiem Fall bei rund 60 m Breite werden durch söhlig lagernde Sandsteine gebildet. Das wechselnd harte Gestein durchtrümmern kleine Konglomeratbänke, die bei Mavinga nicht mehr beobachtet werden. Limonitkrusten treten in der Chana südlich der Wasserfälle lückenhaft auf der Landoberfläche auf. Flußabwärts von Mavinga bedecken in 8 - 9 m Höhe die Talseiten des Rio Cubia dichte Steinpflaster mit Scherben bis zu maximal 5 cm Durchmesser. Die Bänder halten jeweils 2 - 5 km lang aus und sind bis zum Rio Lue östlich Mavinga verfolgbar. Die begleitenden Schotter enthalten Achate und Onyxe. Der Talboden und die Wasserfälle des Cueio bei Cunjamba werden von Quarziten aufgebaut.

Nach Süden begrenzt der Rio Cubango zwischen Caiundo und Dirico auf seiner Mittelstrecke das untersuchte Gebiet: 60 - 80 km südlich Caiundo strömt der Fluß in einem 70 m tiefen Tal und überfließt nach 79 km querstreichende Bänke aus Quarzit. 20 km weiter flußabwärts stehen in 30 m Höhe an den Talflanken Kalke an. Ab Cahôco wird das tiefliegende Flußbett in einer weiten Talaue in einer 15 - 30 m hohen Landstufe mit niedergebrochener Kante begleitet, die unterhalb Cuangar in einer Entfernung von 15 und 16 km sowie 21 und 22 km markant heraustritt.

Probe 18: 3 - 11 km N Longa, westliche Talflanke des Rio Longa

Quarzit, vergleiche Nr. 24.

Probe 19: 6 km S Longa, N der Straßenbrücke am Flußlauf

Das dunkelgraue Gestein ist mittel- bis grobkörnig; die Zurundung der Quarze und Feldspäte deutet auf fluviatile Herkunft. Die Ränder der Mineralkörner sind häufig angelöst; auf den Bruchflächen sitzt Manganerz, welches das Bindemittel des Mangansandsteines darstellt.

Probe 20: Baixo Longa

Das glasig-glänzende graue Gestein besitzt ein ausgesprochen zellig-poröses Gefüge. Es liegt ein vulkanisches Glas (?) vor.

Probe 21: Straßenbrücke Baixo-Longa – Cuito Cuanavale, Unterlauf des Rio Longa

Quarzit, vergleiche Nr. 24

Probe 22: 21 km SW Cuito Cuanavale, Straßenbrücke am Rio Sobi

Quarzit, vergleiche Nr. 24

Probe 23: 6 km SW Cuito Cuanavale, Tal des Tiengo

Das rotbraune Gestein mit seidigem Glanz stellt einen dichten, glimmerhaltigen Quarzit mit granoblastischem Gefüge dar, dessen Ausgangsgestein ein Roteisensandstein hohen Silifizierungsgrades war: metamorpher Quarzit.

Probe 24: 6 km SW Cuito Cuanavale, Tal des Tiengo

Das braungelbe Gestein mit seinem hohen Glimmergehalt weist sich als stark verkieselter Sandstein mit limonitischer Kittsubstanz aus. Die schichtungsweise Änderung des Bindemittels ruft eine gelbbraune Bänderung des Kittquarzites hervor, dem eine mittlere bis feine Körnung eigen ist.

Probe 25: 300 m N der Fähre über den Rio Cuito bei Cuito Cuanavale

Manganhaltige Sande der Talaue, vergleichbar den Vorkommen Nr. 19.

Probe 26: 1 km N Cuito Cuanavale, Prallhang

Das rötlich-weiße Gestein von feiner Körnung ist ein metamorpher Quarzit mit geringem Glimmeranteil. Die Farbunterschiede gehen auf die schichtungsweise Verteilung von Eisenoxyden zurück.

Probe 27: 3 km S Cuito Cuanavale, Prallhang

Das weißlich-braune Gestein von feiner bis mittlerer Körnung baut sich aus fluvial gerundeten Quarzen, Feldspäten und ausgebleichten Biotiten auf. Das ungleich verteilte limonitische Bindemittel verursacht eine farbliche Fleckung der stark silifizierten Arkose: Tigersandstein.

Probe 28: 79 km S Caiundo am Rio Cubango

Quarzit, vergleiche Nr. 24

Probe 29: 20 km W Cuangar am Rio Cubango

Quarzit, vergleiche Nr. 24

Probe 30: Cuangar am Rio Cubango

Das weißliche Gestein mit gleichmäßig dichter Grundmasse durchziehen hellgraue Schlieren; der Karbonatgehalt des tonigen Gesteines liegt bei 20 %: Kalkmergel.

Probe 31: 20 km E Cuangar, Steilkante

Das gelblich-weiße Gestein ist ein schichtungsloser, wechselkörniger (fein bis mittel) quarzitähnlicher Sandstein mit Einschlüssen großkristalliner Quarze.

Probe 32: Talboden des Cueio bei Cunjamba

Quarzit, vergleiche Nr. 24

Probe 33: 10 km E Cunjamba, Stromschnellen des Cueio

Quarzit, vergleiche Nr. 24

Probe 41: 10 km W der Straße Mavinga-Cunjamba auf dem Wege zu den Wasserfällen Chipupa Chalomba

Das dunkelbraune Gestein mit mattem Glanz und zellig-krustigem Gefüge birgt in seinen Hohlräumen Quarz- und Feldspatkörner. Das Erz ist Limonit.

Probe 42: 20 km W Straßenbrücke Mavinga – Cunjamba, Wasserfälle des Rio Lomba

1. Das rötliche Gestein mit niedrigem Glimmergehalt ist fein- bis grobkörnig.
2. Die lagige Anordnung des Kaolin verursacht eine weißliche Bänderung und Fleckung, die gelegentlich unterbrochen wird von Chrysokollschlieren.
3. Die Konglomeratlagen bestehen aus gut gerundeten Geröllen heller, dunkler Quarzite, Granite, Kalke und Tonsteine zwischen 0,2 und 3,2 cm Länge, sie zeigen keine lagige Einregelung.
4. Der teils zersetzte Basalzement aus Eisenoxyden, Kaolin und tonigen Beimengungen verleiht dem Konglomerat einen mäßigen Zusammenhalt.
5. Roteisensandstein mit Konglomeraten.

Probe 43: 20 km W Straßenbrücke Mavinga – Cunjamba, Wasserfälle des Rio Lomba

Roteisensandstein mit zusätzlich Tonschiefergeröllen, vergleiche Nr. 42.

Probe 44: Mavinga, Stromschnellen des Rio Cubia

Das rot-weiße Gestein ist gleichkörnig fein. Der Basalzement ist unregelmäßig durch Eisenoxyde gefärbt. Eingelagert sind Quarze und Feldspäte, deren Mengenverhältnis für einen gering silifizierten arkositischen Kaolinsandstein spricht.

Probe 45: Mavinga, Stromschnellen des Rio Cubia

Kaolinisierte Arkose, ähnlich Nr. 44

Probe 46: 40 km E Mavinga, Steinpflaster am Rio Cubia

Das grau-grüne Gestein ist ein Achat aus einem dichten Steinpflaster mit eruptiven und sedimentären wenig scherbigen, mehr kugeligen bis rundlich-gestreckten Komponenten (mehr als 6).

Das vorliegende Material vermittelt ein etwas detaillierteres Bild der Geologie und Petrographie des randlichen Okavango-Beckens an der südöstlichen Abdachung der Benguela-Schwelle. Für die häufig auftretenden Quarzite konnte eine Scheidung in metamorphe und ametamorphe Kittquarzite durchgeführt werden. Für die Kittquarzite kann nach Literaturvergleichen *(Lit. 459)* ein tertiäres Alter in Übereinstimmung mit *Torre de Assenção, Mouta, Brak-Lamy* und *Montenegro de Andrade* angenommen werden, wenn auch das Vergleichsmaterial aus dem Südwesten des Landes stammt. Die zeitliche Anordnung der bislang unbekannten, metamorphen Quarzite aus der Landschaft um Cuito Cuanavale muß wegen unbekannter Lagerungsverhältnisse offen bleiben. Ihr Erscheinen in Sedimenten der Kalahari scheint für ein kretazisches oder höheres Alter zu sprechen. Die Mangan-Lagerstätten am Rio Longa und am Rio Cuito werden von fluviatilen Sanden unter- und überlagert und liegen in der Talaue, so daß analog der Sumpferzbildung an eine Ausfällung bei wechselnden Wasserständen zu denken wäre. Die Verbreitung der Mangankrusten und -konkretionen in den Talauen kann mangels eingehender Feldaufnahmen nicht diskutiert werden. Die Lagerung der verbleibenden Sedimente (Kalkmergel, verschiedene Sandsteinarten) ist nahezu söhlig. Die meisten Gesteine sind weitgehend silifiziert und enthalten oft geringe tonige Beimengungen. Silifizierte Sandsteine nennt *Guerra (Lit. 158)* ebenfalls von Posto Longa, gibt aber keine

Beschreibung und genauere Örtlichkeit an. Die ausgedehnte Verbreitung von Limonitkrusten geht auf jüngere Bildung zurück. Die Frage nach der Herkunft der Konglomerate von Chipupa Chalomba muß offen bleiben: Ein Transport von der etwa 300 km entfernten Benguela-Schwelle ist bei dem heutigen Entwässerungsnetz unwahrscheinlich; auch erfordert der Zurundungsgrad der Gerölle einen kürzeren Schüttungsweg. Sichere, zeitliche Bestimmungen der Sedimente sind mangels Fossilien zur Zeit unmöglich, doch trifft die in anderen Teilen Angolas aufgestellte Gliederung des Kalahari noch auf diese Ablagerungen zu.

HAMBURGER GEOGRAPHISCHE STUDIEN

Herausgegeben von Albert Kolb, Erich Otremba, Wilhelm Brünger

1. Heft Fick, Karl E.: Buxtehude, Siedlungsgeographie einer niedersächsischen Geestrandstadt. Hmb. 1952 (vergriffen)

2. Heft Jorzick, Hans-Peter: Die Siedlungsstruktur der Weserniederung zwischen Hoya und Riede oberhalb Bremens. Hmb. 1952 (vergriffen)

3. Heft Marienfeld, Friedrich-Wilhelm: Morphologie der Neufundland-Bänke. Hmb. 1952 (vergriffen)

4. Heft Gierloff-Emden, Hans Günther: Die morphologischen Wirkungen der Sturmflut vom 1. Februar 1953 in den Westniederlanden. Hmb. 1954 DM 6.–

5. Heft Boy, Hans: Die Stadtlandschaft Oldenburg. Hmb. 1954 (vergriffen)

6. Heft Körber, Jürgen: Morphologie der Leinetallandschaft im Raume Elze-Kreiensen. Hmb. 1956 (vergriffen)

7. Heft Hendinger, Helmtraut: Die schwedische Waldlandschaft. Ihre Struktur und Dynamik unter besonderer Berücksichtigung von Hälsingland-Härjedalen. Hmb. 1956 DM 26.–

8. Heft Borchert, Günter: Die geographischen Grundlagen des Obstbaues im Gebiet der Haseldorfer und Seestermüher Marsch, unter besonderer Berücksichtigung klimatologischer und bodenkundlicher Untersuchungen. Hmb. 1957 DM 7.50

9. Heft Gnielinski, Stefan von: Struktur und Entwicklung Papuas und des von Australien verwalteten, ehemals deutschen Gebietes der Insel Neu-Guinea. Hmb. 1958 DM 15.–

10. Heft Möller, Ilse: Die Entwicklung eines Hamburger Gebietes von der Agrar- zur Großstadtlandschaft. Mit einem Beitrag zur Methode der städtischen Aufrißanalyse. Hmb. 1959 DM 26.–

11. Heft Pemöller, Adalbert: Hamm als Teil der Großstadtlandschaft Hamburg. Hmb. 1960 DM 26.–

12. Heft Brandes, Harald: Struktur und Funktion des Personen- und Güterverkehrs in der Stadtlandschaft Hamburg. Hmb. 1961 DM 26,–

13. Heft Wirth, Eugen: Agrargeographie des Irak. Hmb. 1962 DM 40,–

14. Heft Gäbler, Hans-Jürgen: Baugrund und Bebauung Hamburgs. Hmb. 1962 DM 27,–

15. Heft S c h r o e d e r - L a n z , Hellmut: Luftbild Neugraben. Methodische und landeskundliche Ergebnisse einer Luftbildauswertung. Hmb. 1962 DM 16, –

16. Heft K o l b, Albert (Hrsg.): Sturmflut 17. Februar 1962. Morphologie der Deich- und Flurbeschädigungen zwischen Moorburg und Cranz. – Gemeinschaftsarbeit des Instituts für Geographie und Wirtschaftsgeographie der Universität Hamburg. Hmb. 1962 DM 15, –

17. Heft B o r c h e r t, Günter: Südost-Angola. Landschaft, Landschaftshaushalt und Entwicklungsmöglichkeiten im Vergleich zum zentralen Hochland von Mittel-Angola. Hmb. 1963 DM 28.—

8. Heft S c h r o e d e r - L a n z, Hellmut: Morphologie des Estetales. — Ein Beitrag zur Morphogenese der Oberflächenformen im nördlichen Grenzgebiet zwischen Stader Geest und Lüneburger Heide. (in Vorbereitung)

Karte 1

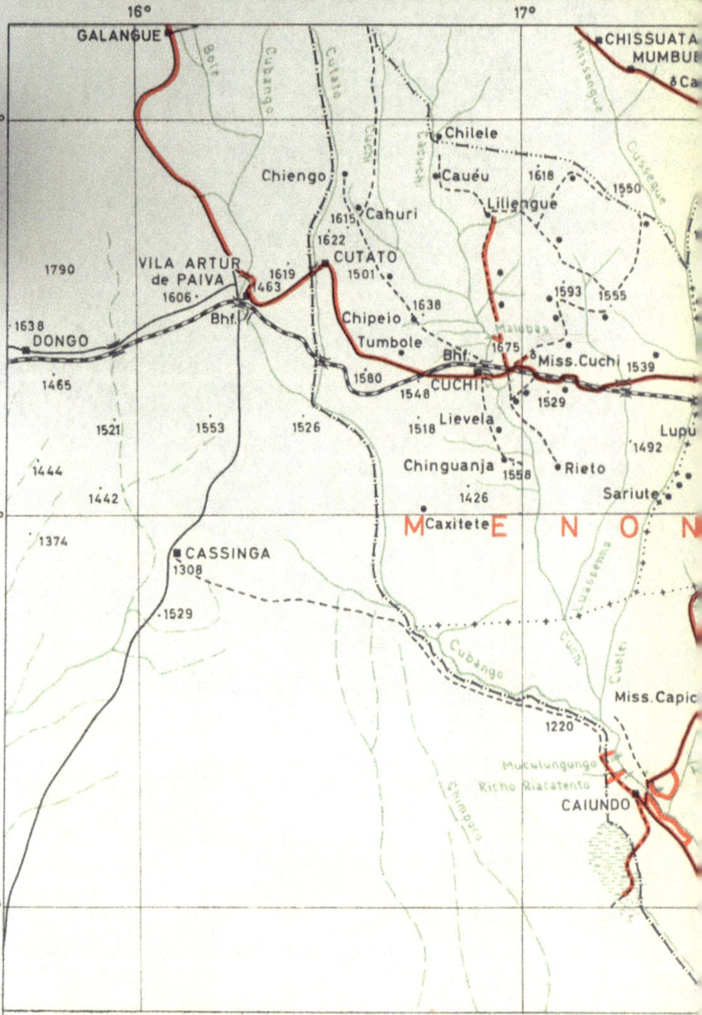

SÜDOST-ANGOLA

Routenkarte und Administrations-Gliederung

Landesgrenze	■ Europäersiedlung
Distriktsgrenze	• Eingeborenensiedlung
Administrationsgrenze	Missionsstation
Postenbezirksgrenze	S. Soba = Häuptlingssitz
Piste und unterhaltener Fahrweg	Sumpf
Picada	Lago = See
Eisenbahn	Fähre
Brücke	Wasserfall, Stromschnel
· 1691 Vermessener Höhenpunkt	Trockenfluß
1260 Barometrisch ermittelte Höhe	Route des Verfassers

0 10 20 30 40 50 km

Gezeichnet nach:
1. Afrika - Africa, 1:1000000, World 1:1000000, Unie van Suid - Afrika, 1943 - 1949
2. Coordenadas geográficas dos troços da triangulacão Nr. XIII und XVIII
3. nach eigenen Aufnahmen und Mitteilungen portugiesischer Dienststellen

G. Bo

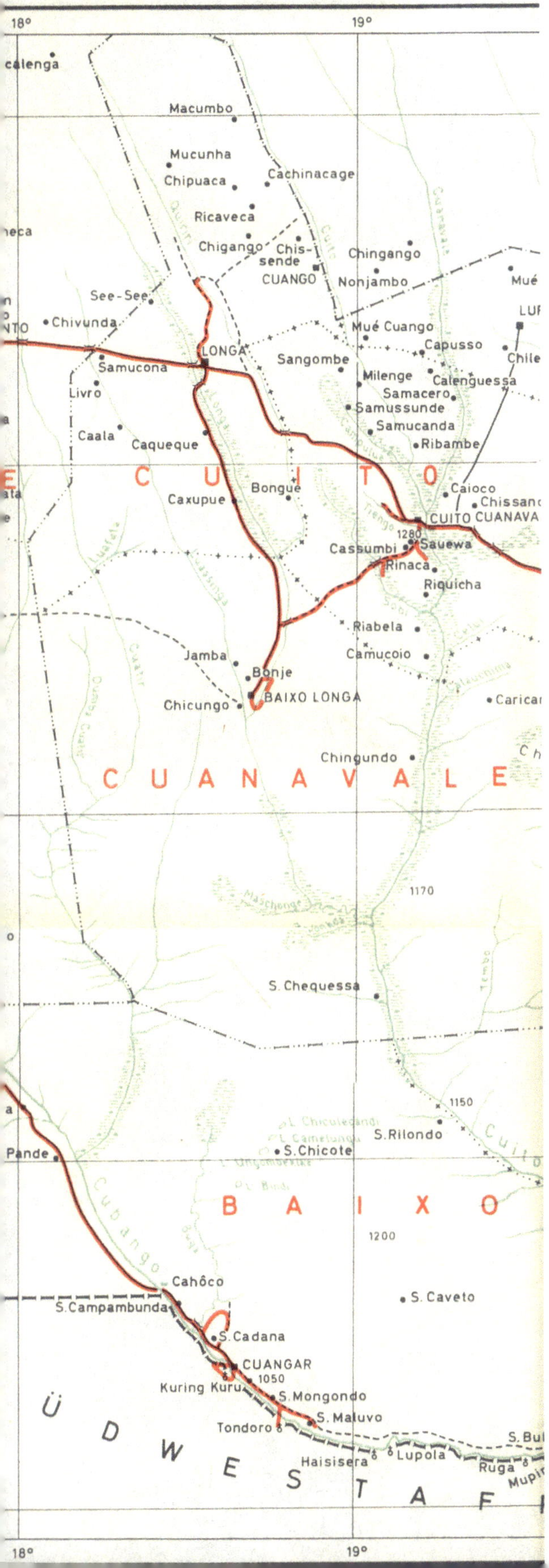

18°
19°
Macumbo
Mucunha
Chipuaca
Cachinacage
Ricaveca
Chigango
Chis-
sende
CUANGO
Chingango
Nonjambo
Mué
See-See
Chivunda
Mué Cuango
Capusso
LONGA
Sangombe
Samucona
Milenge
Calenguessa
Livro
Samacero
Samussunde
Samucanda
Caala
Caqueque
Ribambe
C U I T O
Caioco
Bongue
Caxupue
CUITO CUANAVA
1280
Cassumbi
Sauewa
Rinaca
Riquicha
Riabela
Jamba
Camucoio
Bonje
BAIXO LONGA
Chicungo
Chingundo
C U A N A V A L E
1170
S. Chequessa
1150
S. Rilondo
S. Chicote
Pande
Cubango
Cuito
B A I X O
1200
Cahôco
S. Campambunda
S. Caveto
S. Cadana
CUANGAR
1050
Kuring Kuru
S. Mongondo
S. Maluvo
Tondoro
Haisisera
Lupola
Ruga

20°
21°
SESSA
CANGOMBE
MUIÉ
Catolo
PIRE
Cassicua
Cachquere
CHIUME
Capamba
Sessenta
CUNJAMBA
S. Ulombo
MAVINGA
1188
Uange
CUANDO
CUBANGO
S. Muine
S. Sacatai
S. Candiango
1107
S. Chicombero
1097
S. Mutango
1095
RUNTU
S. Ueca
DIRICO
Kandenga
1080
I K A
20°
21°

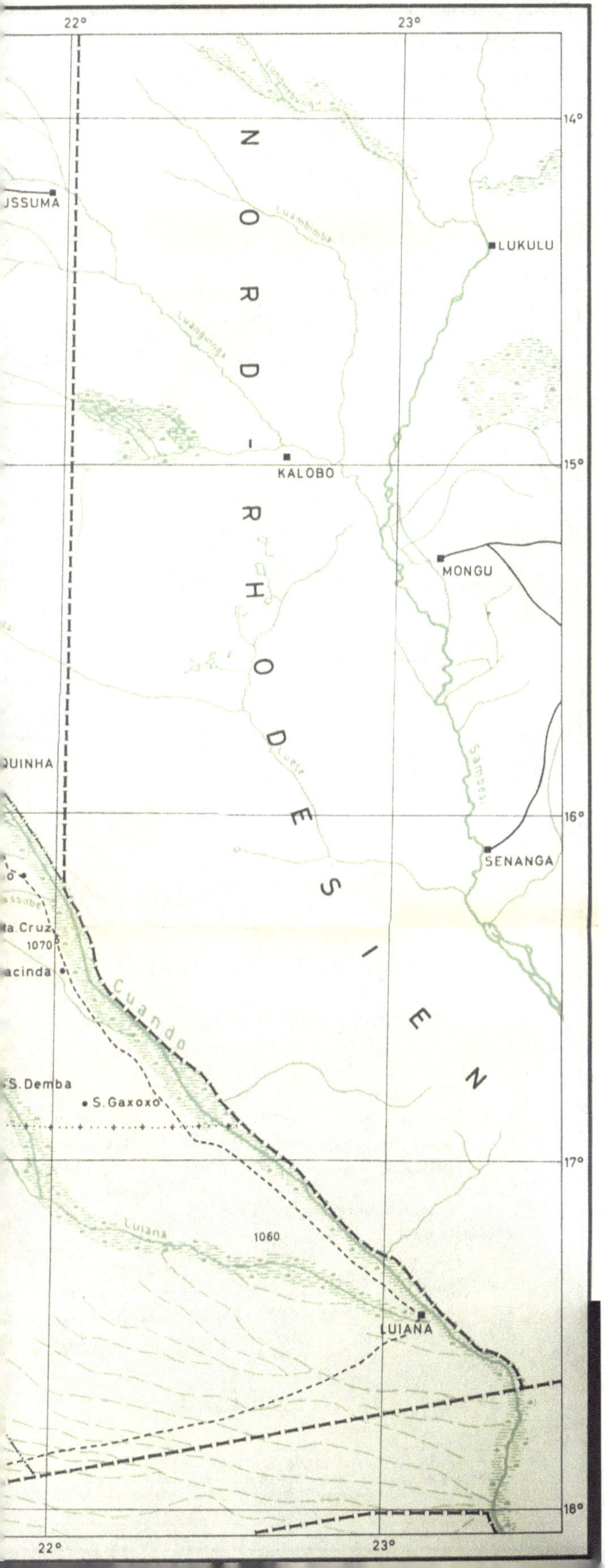
22°
23°
14°
15°
16°
17°
18°
NORD-RHODESIEN
USSUMA
LUKULU
Luambimba
Luanginga
KALOBO
MONGU
Sambesi
Luete
QUINHA
SENANGA
Sta. Cruz
1070
acinda
Cuando
S. Demba
S. Gaxoxo
Luiana
1060
LUIANA

Karte 2

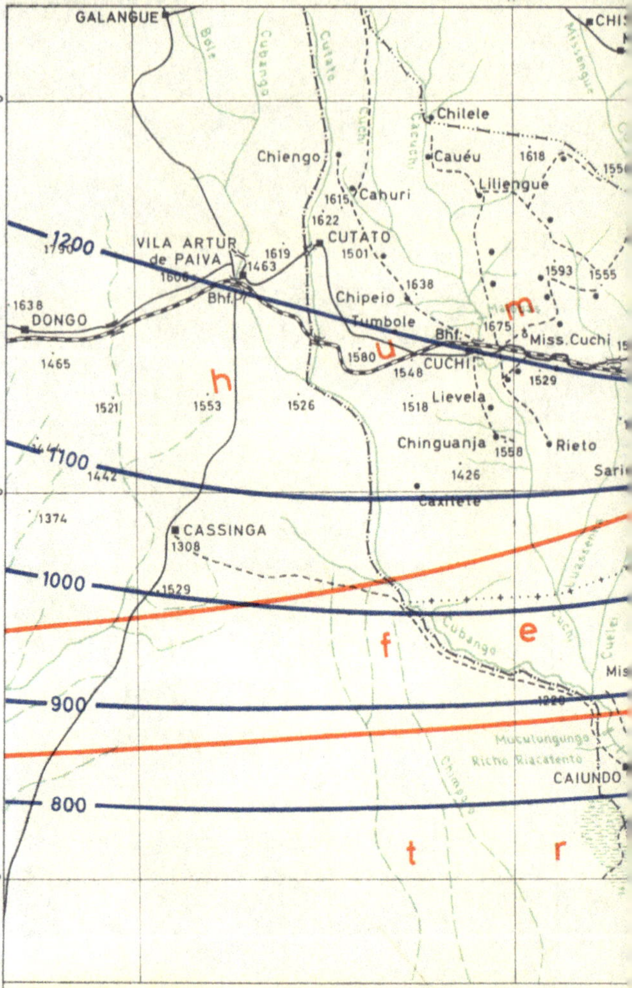

SÜDOST-ANGOLA

Klimaregionen und Niederschläge

(nach Guerra)

	Landesgrenze	▪	Europäersiedlun
	Distriktsgrenze	•	Eingeborenensie
	Administrationsgrenze		Missionsstation
	Postenbezirksgrenze	S.	Soba = Häuptlings
	Piste und unterhaltener Fahrweg		Sumpf
	Picada		Lago = See
	Eisenbahn		Fähre
	Brücke		Wasserfall, Stror
· 1691	Vermessener Höhenpunkt		Trockenfluß
1260	Barometrisch ermittelte Höhe		Niederschläge in m
			Grenze der Klimar

0 10 20 30 40 50 km

Gezeichnet nach:
1. Afrika - Africa, 1:1000000, World 1:1000000, Unie van Suid-Afrika, 1943-19
2. Coordenadas geográficas dos troços da triangulacão Nr. XIII und XVIII
3. nach eigenen Aufnahmen und Mitteilungen portugiesischer Dienststellen

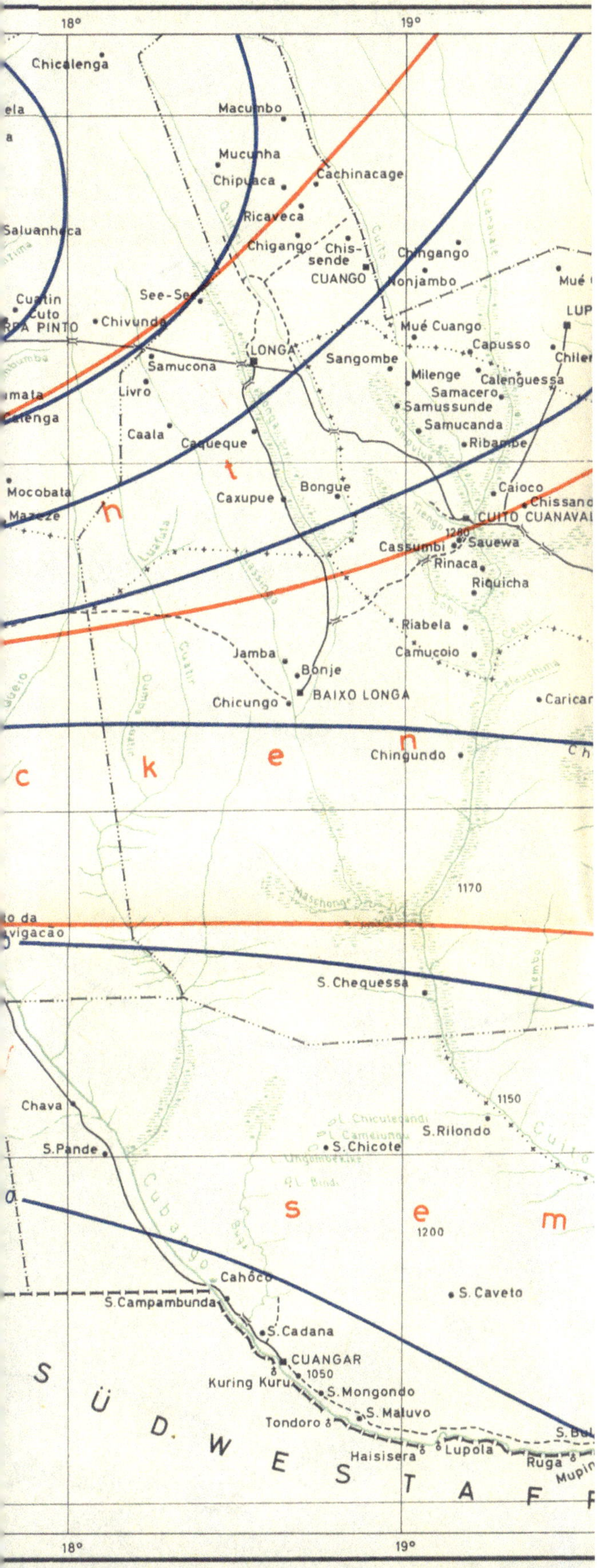

18°
19°
Chicalenga
Macumbo
Mucunha
Chipuaca
Cachinacage
Ricaveca
Saluanheca
Chigango
Chis-
sende
CUANGO
Chingango
Nonjambo
Mué
Cuatin
Cuto
RPA PINTO
See-See
Chivunda
Mué Cuango
LUP
LONGA
Capusso
Chilen
Samucona
Sangombe
Milenge
Calenguessa
Livro
Samacero
Samussunde
Caala
Samucanda
Caqueque
Ribambe
Mocobata
Caxupue
Bongue
Caioco
Chissano
Mazeze
CUITO CUANAVAL
1280
Cassumbi
Sauewa
Rinaca
Riquicha
Riabela
Jamba
Camucoio
Bonje
Chicungo
BAIXO LONGA
Caricar
Chingundo
1170
S. Chequessa
Chava
1150
S. Rilondo
S. Chicote
S. Pande
Cubango
1200
Cahôco
S. Caveto
S. Campambunda
S. Cadana
CUANGAR
1050
Kuring Kuru
S. Mongondo
S. Maluvo
Tondoro
S. Bu
Haisisera
Lupola
Ruga
Mupin
h t
c k e n
s e m
S Ü D W E S T A F R

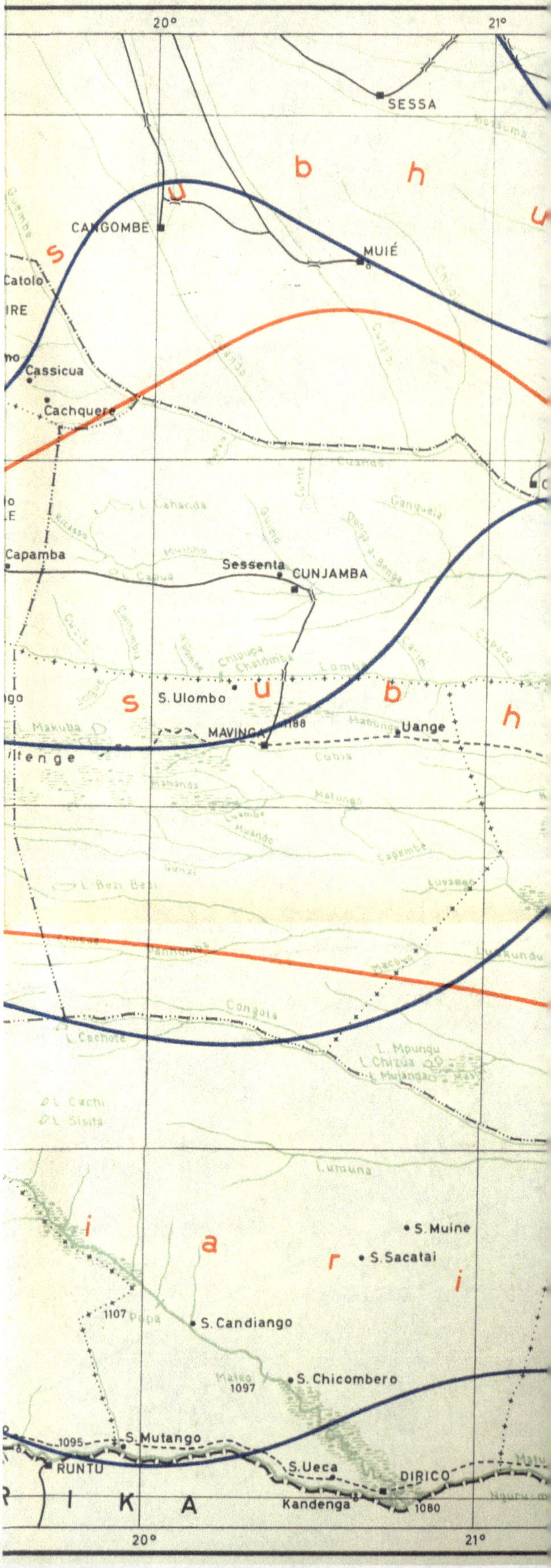

20°
21°
SESSA
b
h
u
CANGOMBE
s
MUIÉ
Catolo
IRE
Cassicua
Cachquere
Capamba
Sessenta
CUNJAMBA
s
S. Ulombo
u
b
h
MAVINGA
1188
Uange
L. Cachote
L. Cachi
L. Sisitá
S. Muine
i
a
S. Sacatai
r
i
1107
S. Candiango
S. Chicombero
1097
1095
S. Mutango
RUNTU
S. Ueca
DIRICO
Kandenga
1080
I
K
A
20°
21°

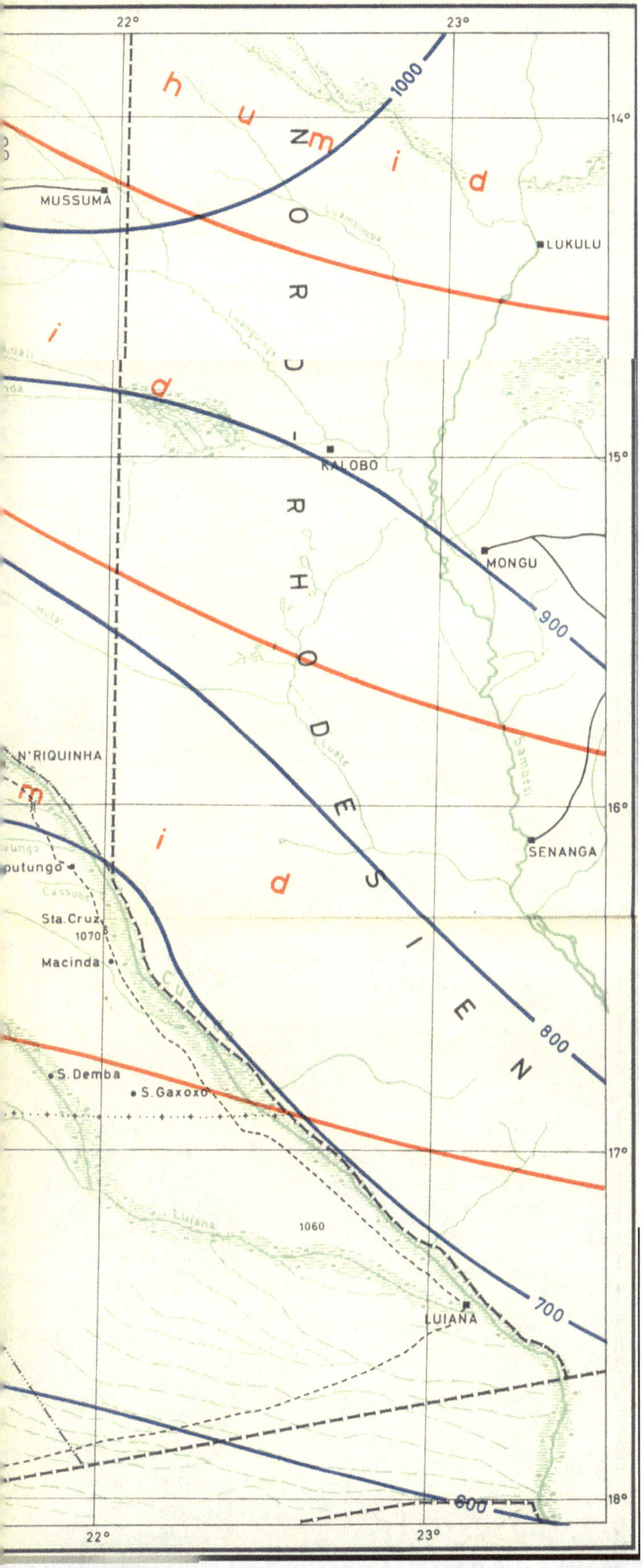
22°
23°
14°
15°
16°
17°
18°
h u m i d
i d
m i d
NORD-RHODESIEN
1000
900
800
700
600
MUSSUMA
LUKULU
KALOBO
MONGU
SENANGA
N'RIQUINHA
Sta. Cruz
1070
Macinda
S. Demba
S. Gaxoxo
1060
LUIANA
Luiana
Samosi
Cuando
Luete

Karte 3

16°
17°
14°
15°
16°
GALANGUE
CHISSUA
PLANALTO-
KALAHARI-
ÜBER-
GANGS-
ZONE
F
Chilele
Cauéu
Chiengo
Liliengue
Cahuri
CUTATO
VILA ARTUR de PAIVA
Bhf.
Cuchi-
Chipeio
Tumbole
DONGO
Miss.Cuchi
CUCHI
Cuebe-
Lievela
Chinguanja
Rieto
Sariute
Caxitete
CASSINGA
Rumpffläche
Cubango
Miss Ca
MULOLA-
KALAHARI
CAIUNDO
SÜDOST-ANGOLA
Naturräumliche Gliederung
Landesgrenze
Distriktsgrenze
Administrationsgrenze
Postenbezirksgrenze
Piste und unterhaltener Fahrweg
Picada
Eisenbahn
Brücke
Vermessener Höhenpunkt
Barometrisch ermittelte Höhe
Europäersiedlung
Eingeborenensiedlun
Missionsstation
S. Soba = Häuptlingssitz
Sumpf
Lago = See
Fähre
Wasserfall, Stromsch
Trockenfluß
Grenze der Naturräum
0 10 20 30 40 50 km
Gezeichnet nach:
1. Afrika - Africa, 1:1000000, World 1:1000000, Unie van Suid-Afrika, 1943-1949
2. Coordenadas geográficas dos troços da triangulação Nr. XIII und XVIII
3. nach eigenen Aufnahmen und Mitteilungen portugiesischer Dienststellen

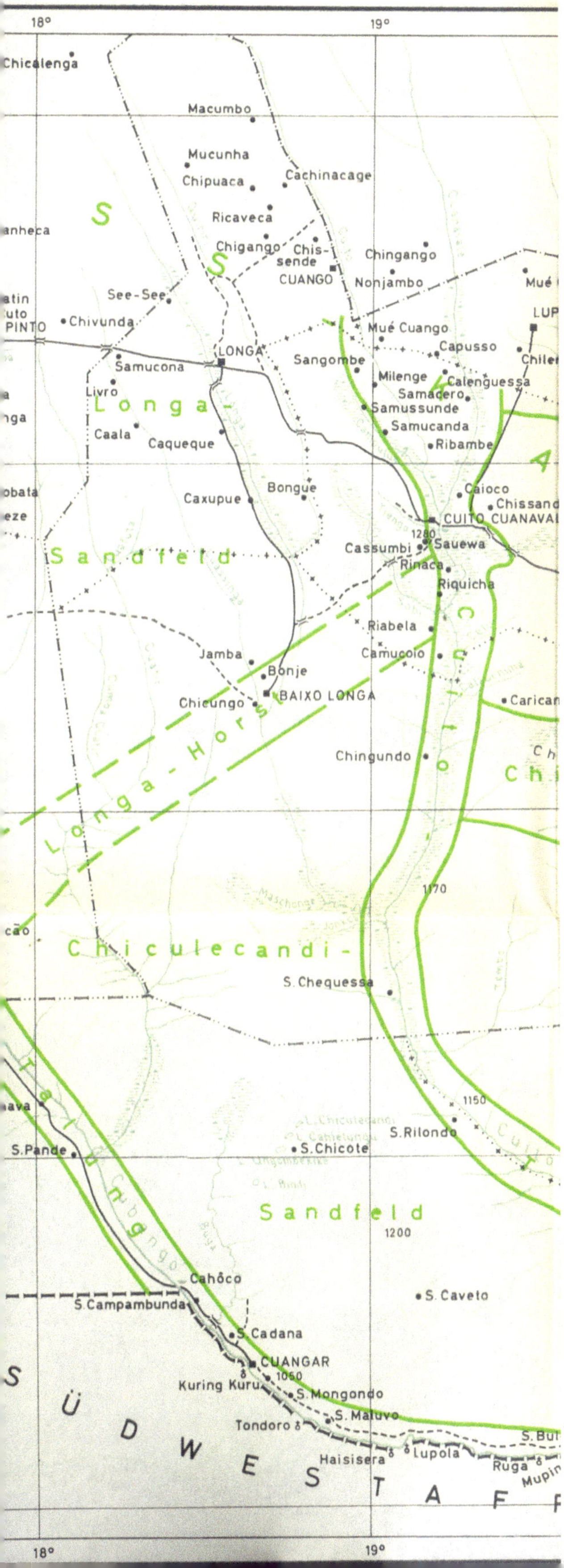
18°
19°
Chicalenga
Macumbo
Mucunha
Chipuaca
Cachinacage
Ricaveca
Chigango
Chis-
sende
CUANGO
Chingango
Nonjambo
See-See
Chivunda
PINTO
Mué Cuango
Capusso
LONGA
Sangombe
Samucona
Milenge
Calenguessa
Samadero
Samussunde
Samucanda
Ribambe
Livro
Caala
Caqueque
Longa-
Caxupue
Bongue
Caioco
Chissand
CUITO CUANAVAL
1280
Sauewa
Cassumbi
Rinaca
Riquicha
Sandfeld
Riabela
Camucoio
Jamba
Bonje
BAIXO LONGA
Chicungo
Caricar
Longa-Horst
Chingundo
1170
Chiculecandi-
S. Chequessa
S. Pande
S. Chicote
S. Rilondo
1150
Sandfeld
1200
Cahôco
S. Campambunda
S. Cadana
S. Caveto
CUANGAR
1050
Kuring Kuru
S. Mongondo
S. Maluvo
Tondoro
Haisisera
Lupola
Ruga
SÜDWESTAF

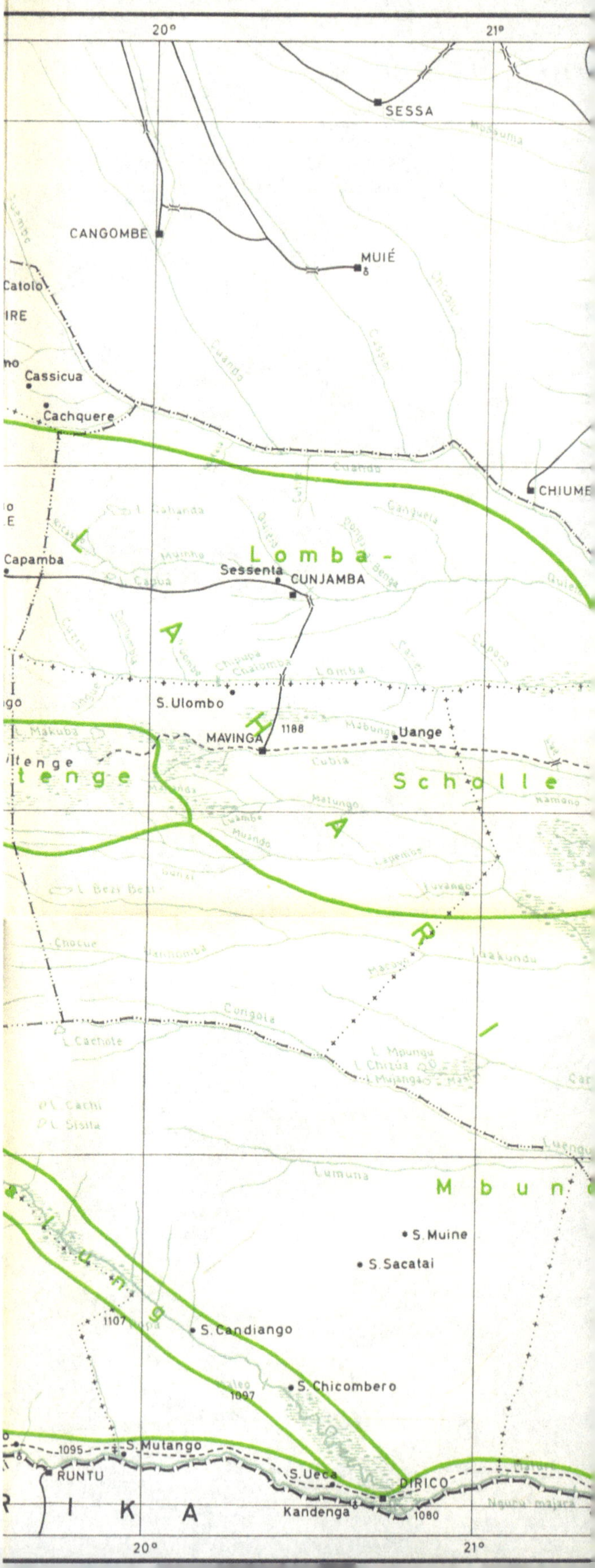

20°
21°
SESSA
CANGOMBE
MUIÉ
Catolo
Cassicua
Cachquere
CHIUME
Capamba
Sessenta
CUNJAMBA
Lomba-
S. Ulombo
MAVINGA
1188
Uange
tenge
Scholle
L A H A R I
M b u n
S. Muine
S. Sacatai
1107
S. Candiango
S. Chicombero
1097
1095
S. Mutango
RUNTU
S. Ueca
DIRICO
Kandenga
1080
I K A
20°
21°

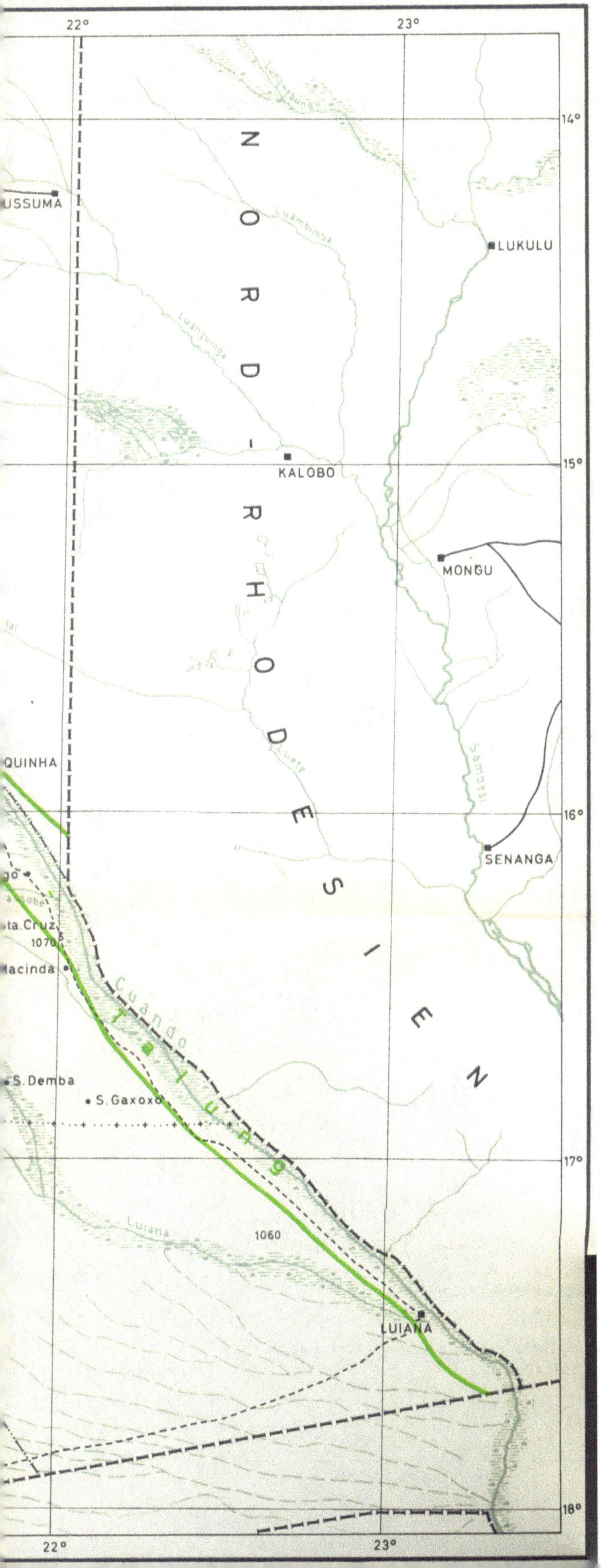
22°
23°
14°
15°
16°
17°
18°
NORD-RHODESIEN
USSUMA
LUKULU
KALOBO
MONGU
SENANGA
QUINHA
ta. Cruz
1070
lacinda
S. Demba
S. Gaxoxo
Cuando
Talung
Luiana
1060
LUIANA
Sambesi
Luambimba
Luanginga
Lunguebungu

Karte 4

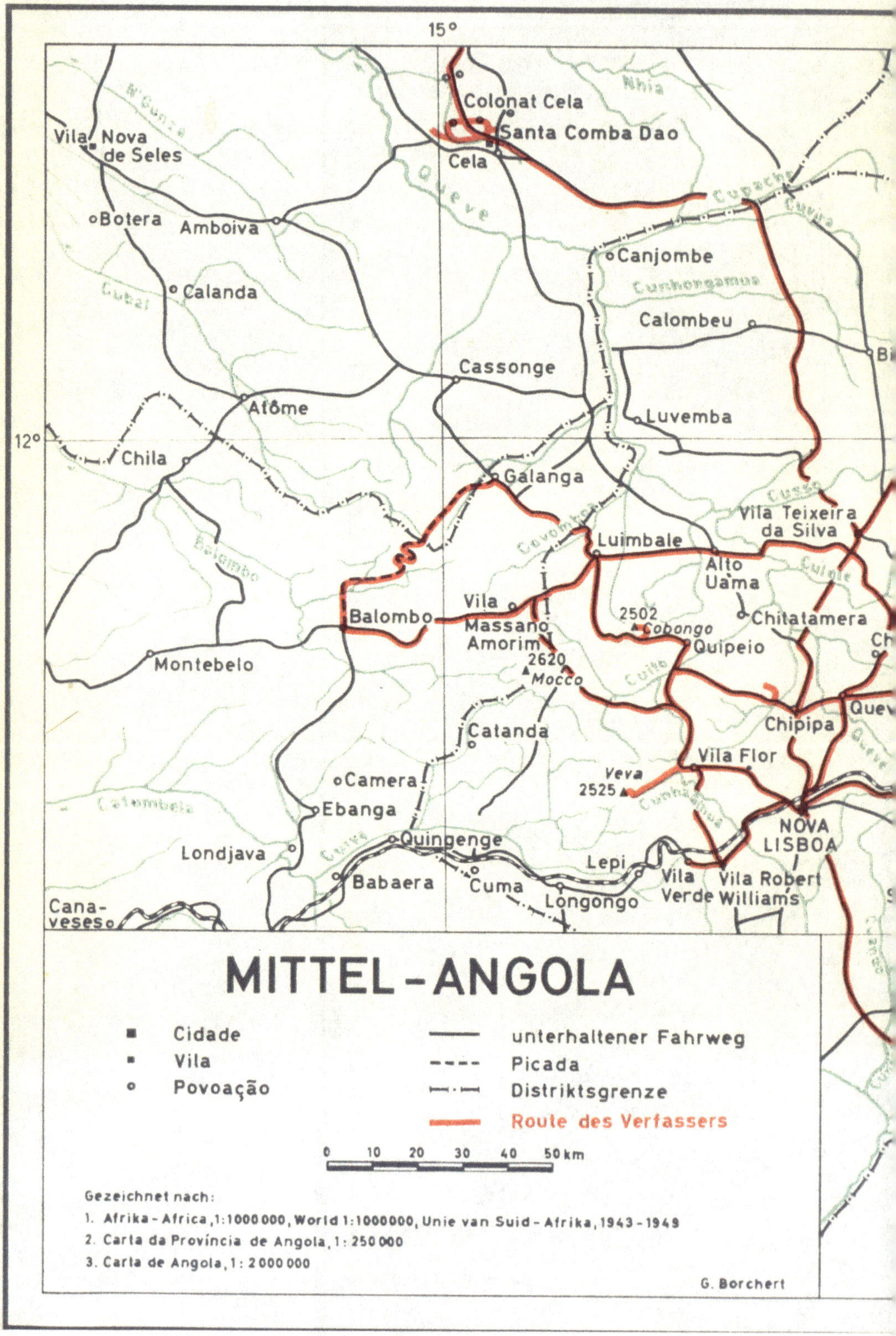

MITTEL-ANGOLA
15°
12°
Colonat Cela
Santa Comba Dao
Cela
Vila Nova de Seles
Botera
Amboiva
Calanda
Canjombe
Calombeu
Cassonge
Atôme
Luvemba
Chila
Galanga
Vila Teixeira da Silva
Luimbale
Alto Uama
Chitatamera
Balombo
Vila Massano Amorim
2502 Cobongo
Quipeio
Montebelo
2620 Mocco
Catanda
Chipipa
Vila Flor
Veva 2525
Camera
Ebanga
NOVA LISBOA
Quingenge
Londjava
Lepi
Babaera
Cuma
Longongo
Vila Verde
Vila Robert Williams
Cana-veses
N'Gunza
Nhia
Queve
Cubal
Cunhongamua
Cutato
Balombo
Cuvo
Cussu
Catumbela
Cunhangamua
Cidade
Vila
Povoação
unterhaltener Fahrweg
Picada
Distriktsgrenze
Route des Verfassers
0 10 20 30 40 50 km
Gezeichnet nach:
1. Afrika - Africa, 1:1000 000, World 1:1000000, Unie van Suid-Afrika, 1943 - 1949
2. Carta da Província de Angola, 1: 250 000
3. Carta de Angola, 1: 2 000 000
G. Borchert

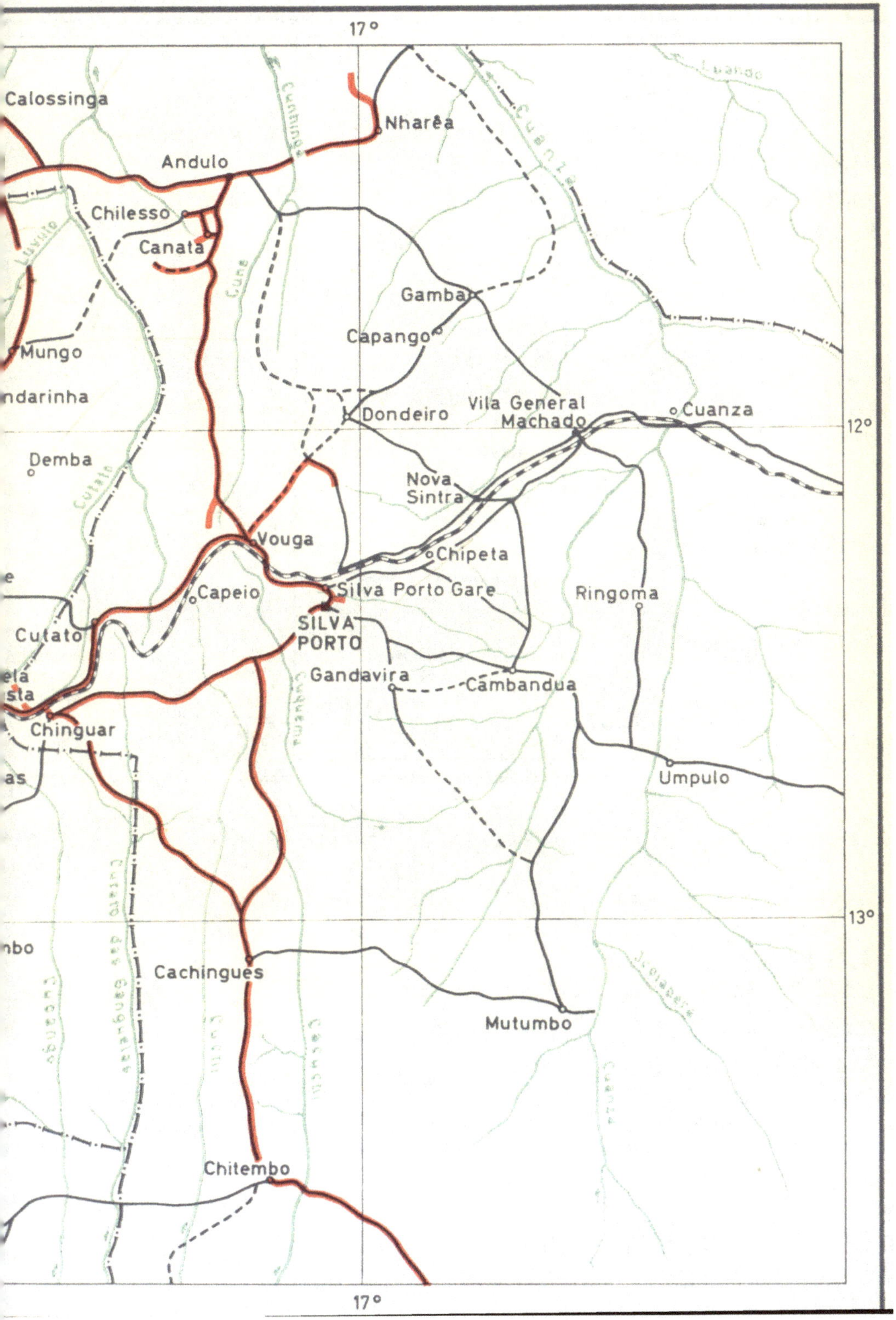
17°
Calossinga
Nharêa
Andulo
Chilesso
Canata
Mungo
Demba
Gamba
Capango
Dondeiro
Vila General
Machado
Cuanza
Nova
Sintra
Chipeta
Vouga
Capeio
Silva Porto Gare
SILVA
PORTO
Cutato
Chinguar
Gandavira
Cambandua
Ringoma
Umpulo
Cachingues
Mutumbo
Chitembo
12°
13°
17°

Karte 5

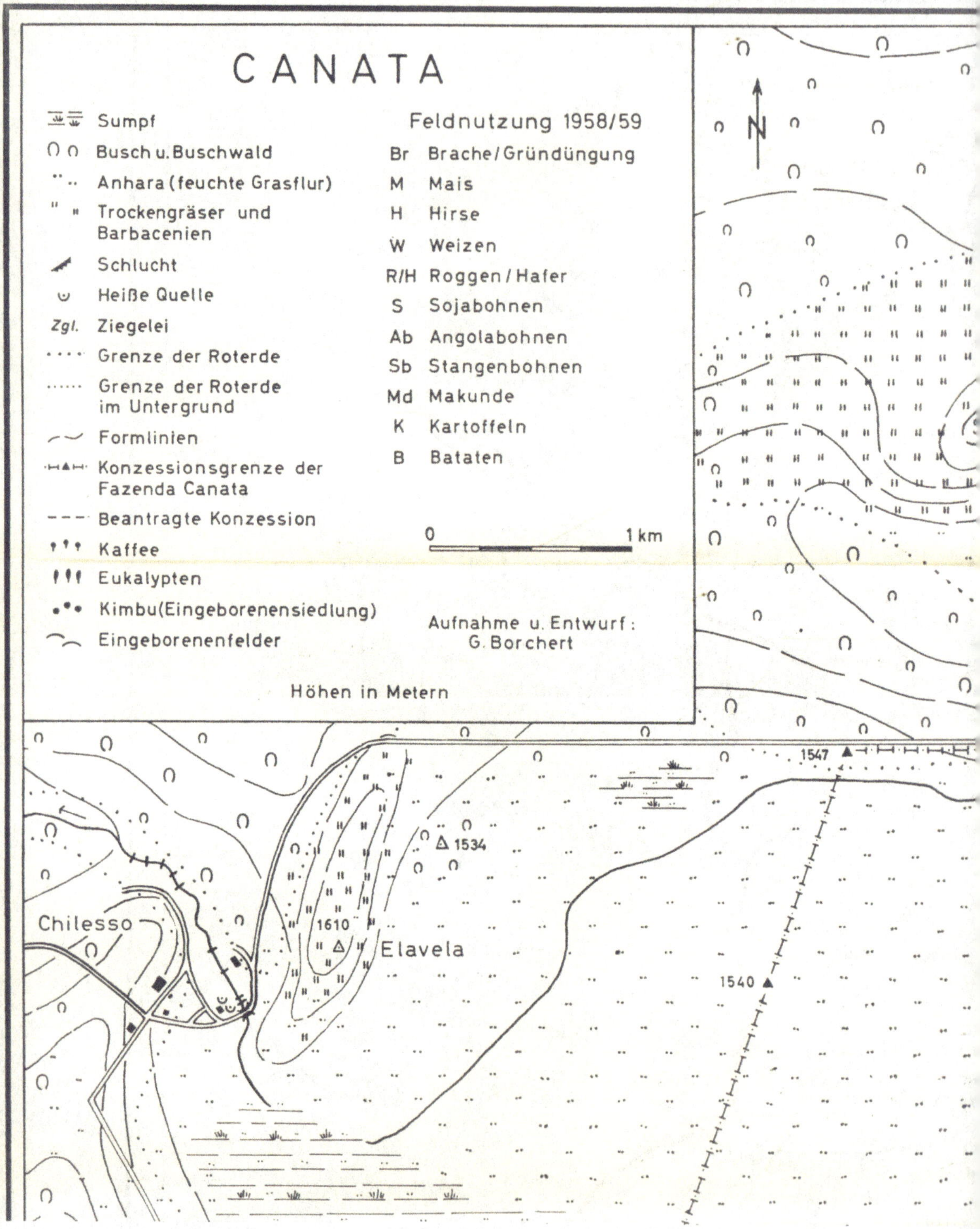

CANATA
Sumpf
Busch u. Buschwald
Anhara (feuchte Grasflur)
Trockengräser und Barbacenien
Schlucht
Heiße Quelle
Zgl. Ziegelei
Grenze der Roterde
Grenze der Roterde im Untergrund
Formlinien
Konzessionsgrenze der Fazenda Canata
Beantragte Konzession
Kaffee
Eukalypten
Kimbu (Eingeborenensiedlung)
Eingeborenenfelder
Feldnutzung 1958/59
Br Brache/Gründüngung
M Mais
H Hirse
W Weizen
R/H Roggen/Hafer
S Sojabohnen
Ab Angolabohnen
Sb Stangenbohnen
Md Makunde
K Kartoffeln
B Bataten
0
1 km
Aufnahme u. Entwurf: G. Borchert
Höhen in Metern
N
1547
1534
1610
Elavela
Chilesso
1540

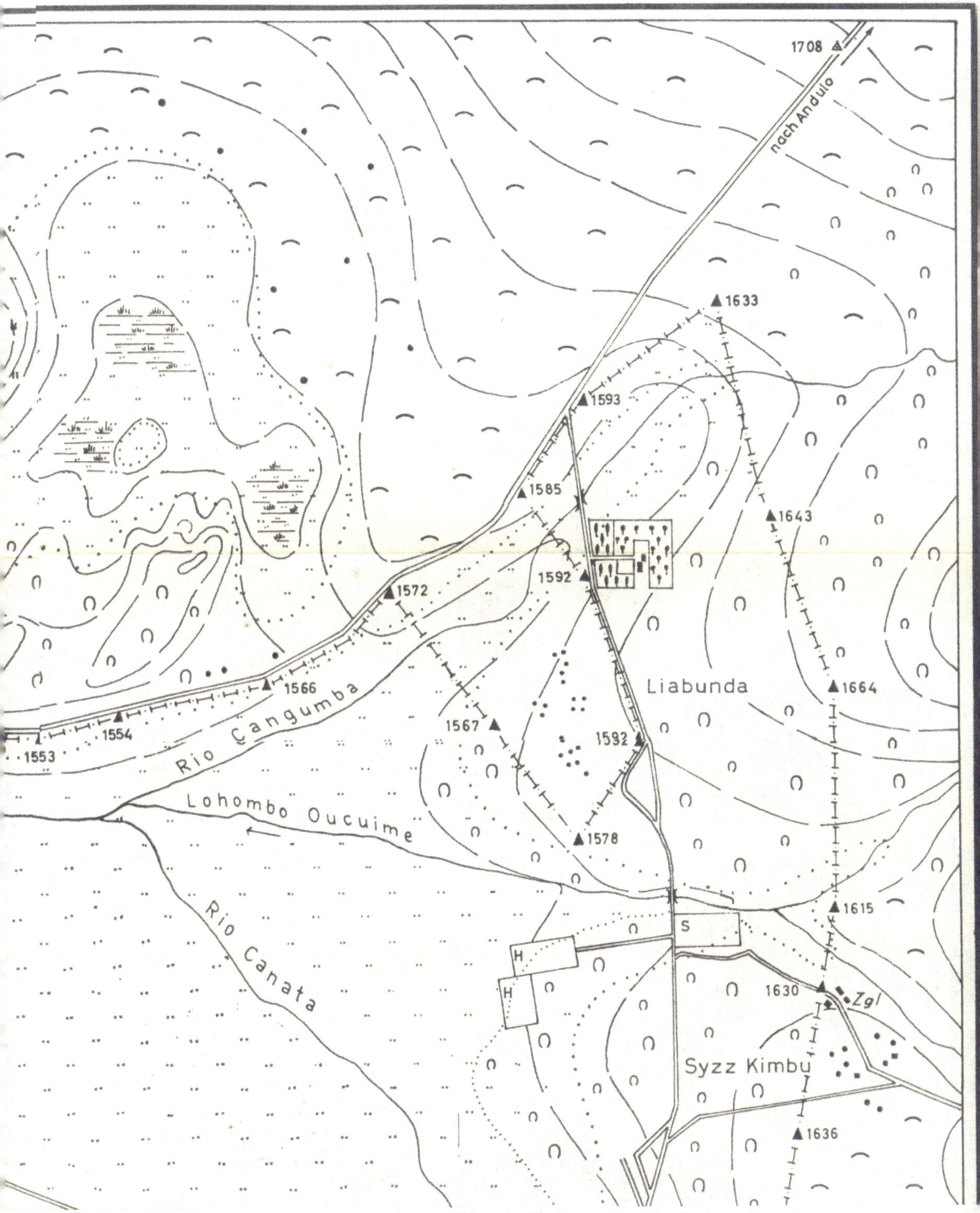
1708
nach Andulo
1633
1593
1585
1643
1592
1572
1566
1554
1553
Rio Çangumba
Liabunda
1664
1567
1592
1578
Lohombo Oucuime
Rio Canata
S
H
H
1615
1630
Zgl
Syzz Kimbu
1636

M
1538
Rio L
1550
Δ1909
Tschambula
Bambi
Rio Bambi
Δ1925
Gunge
1579
Tschabundi
1566
Δ1915
Essale

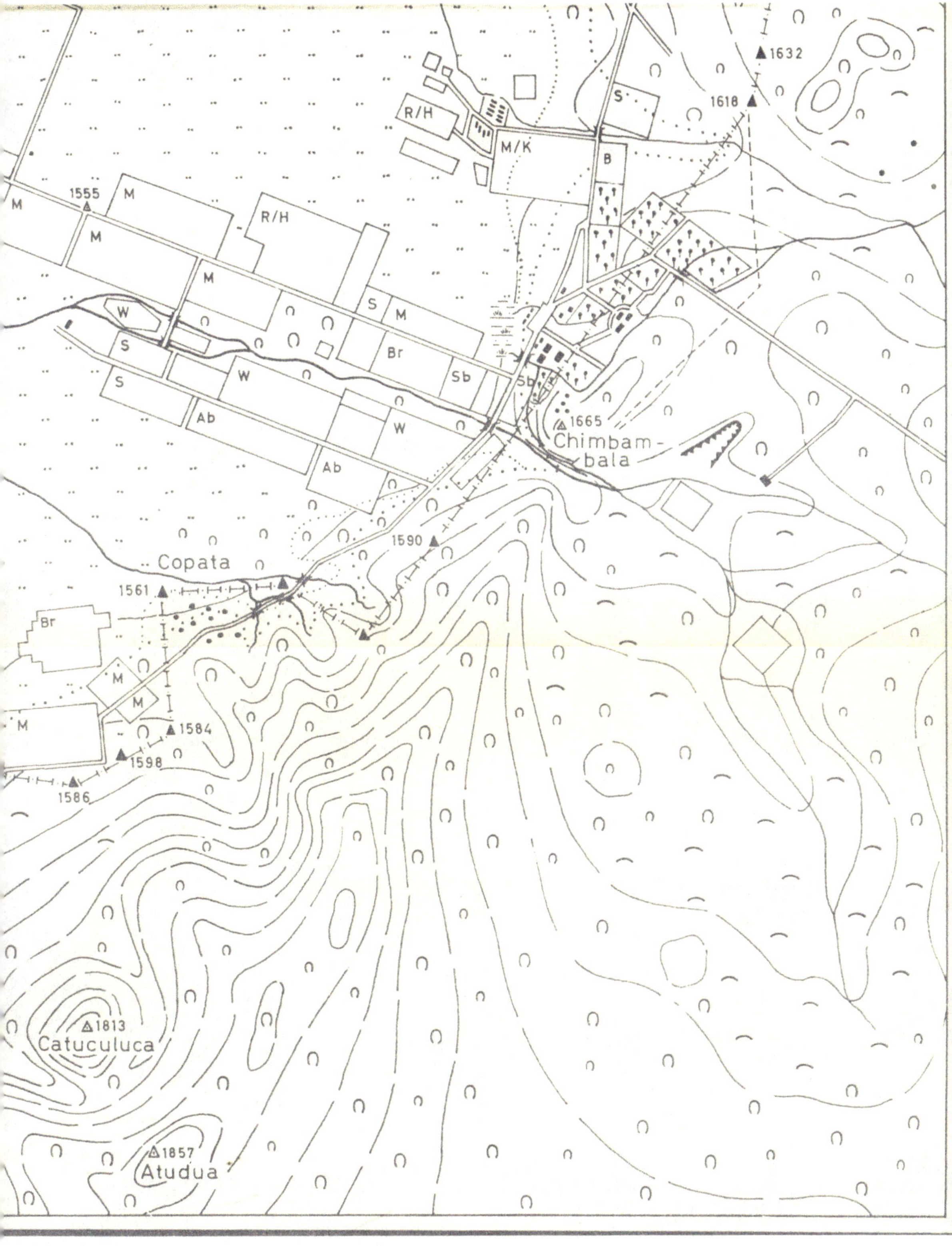
1632
1618
S
R/H
M/K
B
1555
M
M
R/H
M
W
S
M
S
Br
Sb
Sb
1665
Chimbam-
bala
S
W
Ab
W
Ab
1590
Copata
1561
Br
M
M
M
1584
1598
1586
1813
Catuculuca
1857
Atudua

MIX
Papier | Fördert
gute Waldnutzung
FSC® C083411

Kolibri 360 GmbH
Ferdinand-Jühlke-Straße 7
99095 Erfurt, Deutschland
produktsicherheit@kolibri360.de